GEORGES THOMANN

ADMINISTRATEUR-ADJOINT DES COLONIES

ESSAI DE MANUEL

DE LA

LANGUE NÉOUOLÉ

PARLÉE DANS LA PARTIE OCCIDENTALE

DE LA CÔTE D'IVOIRE

OUVRAGE ACCOMPAGNÉ

D'UN RECUEIL DE CONTES ET CHANSONS EN LANGUE NÉOUOLÉ,
D'UNE ÉTUDE SUR LES DIVERSES TRIBUS
BÉTÉ-BAKOUÉ,
DE VOCABULAIRES COMPARATIFS, D'UNE BIBLIOGRAPHIE
ET D'UNE CARTE

Ouvrage honoré d'une souscription du Gouvernement de la Côte d'Ivoire

PARIS

ERNEST LEROUX, ÉDITEUR

28, RUE BONAPARTE (VIᵉ)

1905

ESSAI DE MANUEL

DE LA

LANGUE NÉOUOLÉ

PARLÉE DANS LA PARTIE OCCIDENTALE

DE LA CÔTE D'IVOIRE

DU MÊME AUTEUR

——————

La Sassandra (publication du « Bulletin du Comité de l'Afrique française », Paris, 1901).

De la Côte d'Ivoire au Soudan français. LA MISSION THOMANN, accompagné d'une carte en deux couleurs du bassin de la Sassandra. (Renseignements coloniaux publiés par le Comité de l'Afrique française, Paris 1903.)

De Sassandra à Séguéla, précédé d'une préface de M. A. Terrier, accompagné de nombreuses photographies et d'une carte, (publication du « Journal des Voyages », Paris 1903).

Angers, imp. A. Burdin et Cⁱᵉ, 4, rue Garnier, Angers.

GEORGES THOMANN

ADMINISTRATEUR-ADJOINT DES COLONIES

ESSAI DE MANUEL

DE LA

LANGUE NÉOUOLÉ

PARLÉE DANS LA PARTIE OCCIDENTALE

DE LA CÔTE D'IVOIRE

OUVRAGE ACCOMPAGNÉ

D'UN RECUEIL DE CONTES ET CHANSONS EN LANGUE NÉOUOLÉ,
D'UNE ÉTUDE SUR LES DIVERSES TRIBUS
BÊTÉ-BAKOUÉ,
DE VOCABULAIRES COMPARATIFS, D'UNE BIBLIOGRAPHIE
ET D'UNE CARTE.

Ouvrage honoré d'une souscription du Gouvernement de la Côte d'Ivoire.

PARIS

ERNEST LEROUX, ÉDITEUR

28, RUE BONAPARTE (VIᵉ)

1905

PRÉFACE

I. — Domaine de la langue néouolé. — Quelques mots sur ce Manuel.

Parmi les peuplades de la Côte de Krou (partie ouest de notre colonie de la Côte d'Ivoire), une des plus intéressantes est, sans contredit, celle des Néyau qui fournit aux maisons de commerce de cette région, ainsi qu'aux paquebots français et étrangers, la presque totalité des équipes qu'ils emploient pour le passage de la barre, le transport en baleinières et la manutention de leurs marchandises.

Le territoire des Néyau proprement dits, ne comprend que la région située entre Kotrou, à l'est, et Victory, à l'ouest, mais ces *krooboys* sont employés depuis si longtemps et en si grand nombre dans les ports de la colonie que leur langage, le néouolé (ou néwolé), est connu presque sur tout le littoral de la Côte d'Ivoire.

Une grande partie des traitants d'Assinie et Grand-Bassam comprennent le néouolé, les indigènes de Jacqueville et Grand-Lahou parlent ce dialecte aussi bien que leur langue maternelle. Les tribus de race godié qui habitent le nord de la lagune de Lahou, l'île de Lauzoua, les régions de Fresco et Kotrou ont avec les Néyau une origine commune, elles comprennent toutes le néouolé qui, d'ailleurs diffère très peu de leur propre langage. Il en est de même pour la grande peuplade des Bêté et pour les tribus boboua qui occupent tout le versant oriental du bassin de la rivière Sassandra, entre 7° 30 de latitude nord et la mer. L'autre rive de ce fleuve, le bassin du San-Pédro, la partie inférieure du bassin du Cavally, la région côtière comprise entre Victory et le cap des Palmes sont habités par des tribus bakoué dont le langage a contribué pour une large part à la formation du néwolé. Ceux qui connaissent ce dialecte arrivent très rapidement et facilement à se faire comprendre dans toute cette partie de la Côte d'Ivoire.

C'est en 1893, lorsque M. Binger, alors gouverneur de la Côte d'Ivoire, me confia la direction du cercle du Sassandra, que je commençai l'étude du langage des Néyau, étude indispensable si je voulais entrer en relations avec les indigènes, car, à cette époque, un seul interprète avait pu être mis à ma disposition et il comprenait très mal le français. Mes premières notes sur le néouolé datent de là; depuis dix années je me suis efforcé de les compléter, n'ayant, d'ailleurs, d'autre but que celui que j'ai indiqué plus haut, arriver à connaître aussi parfaitement que possible le langage de mes administrés.

Je suis loin d'être un philologue, aussi lorsque, dernièrement, M. le gouverneur Clozel me pria de livrer à la publicité les résultats de mon travail, grand aurait été mon embarras si je n'avais été invité en même temps à suivre d'aussi près que possible la méthode adoptée par mon collègue et ami Maurice Delafosse pour son *Manuel de la langue agni*.

Il m'était d'autant plus facile d'obéir aux instructions du Gouverneur que j'avais pu apprécier, dans ma récente traversée du Baoulé, la perfection du travail de mon camarade et, surtout, l'utilité de l'alphabet spécial qu'il a adopté. Là je n'avais pas d'interprète, et pourtant il fallait bien arriver à me faire comprendre pour trouver dans les villages des guides, un logement et la nourriture de mon personnel; je n'en serais jamais venu à bout si je n'avais eu, dans ma petite bibliothèque de brousse, le précieux ouvrage de Delafosse. Les Baoulé me comprenaient à la lecture et devaient même se demander, puisqu'ils ne me connaissaient pas, où et quand j'avais appris leur langage. Quelques-uns d'entre eux se rappelaient bien que j'avais fait un court séjour dans leur pays, en 1895, mais comme, à cette époque, je ne savais aucun mot d'agni, ils ne revenaient pas de leur étonnement.

D'autre part, pour suivre un plan différent de celui de M. Delafosse, il eût fallu faire mieux ou moins bien : faire mieux m'a paru impossible et je me suis contenté de l'imiter.

Je sais, pour en revenir à son alphabet, que ce système a été très critiqué, on l'a trouvé compliqué, indéchiffrable; — il est probable que ceux qui n'ont pu arriver à se l'assimiler étaient trop occupés pour consacrer une demi-heure à ce travail. A mon avis, il est absolument indispensable pour écrire d'une façon à peu près compréhensible ces langues indigènes, si différentes de la nôtre. Il est même insuffisant pour représenter exactement le néwolé, langage nasillé et chanté, que les indigènes ne comprennent plus dès qu'on s'écarte un peu de la prononciation dont ils ont l'habitude. Ainsi le verbe « gou » qui signifie « fuir » ne peut s'écrire autrement que le mot « gou » qui signifie « maladie », que le mot « gou » qui signifie « sel » et pourtant les Néyau ne savent plus de quoi on veut leur parler si on oublie de *chanter* le mot sur la *note* qui lui est propre; incapable de mettre le néwolé en musique, j'ai suppléé à cette insuffisance de l'alphabet en ajoutant, à côté des mots, des indications comme : (bref), ou (sourd), ou (nasillé), etc.

Quand on aura, dans ce petit livre, appris les rares et peu compliquées règles de grammaire, les pronoms, les nombres, les verbes et les particules les plus employés, quand on saura par cœur quelques phrases usuelles, quelques noms et quelques adjectifs, il faudra commencer à écouter les Néyau et à essayer de se familiariser avec leur prononciation. Avec cet aide-mémoire les progrès seront rapides et cette langue, d'apparence si bizarre, est si simple au fond, que bientôt on la connaîtra suffisamment pour pouvoir se passer d'interprète, ce qui, comme le dit fort bien Delafosse, est le suprême desideratum de tout colon, fonctionnaire ou officier désireux de ne pas être constamment trompé et de ne pas voir ses efforts demeurer stériles.

J'ajouterai que les indigènes ont beaucoup plus de confiance et même de sympathie pour l'Européen qui comprend leur langage, qu'ils ont toujours une grande répugnance à ne pouvoir entrer en relation avec les *Blancs* que par l'intermédiaire d'un individu qui, souvent, est trop jeune et dont l'impartialité, étant données ses relations dans le pays, est, pour eux, toujours douteuse. Les familles ou tribus qui, cela arrive fréquemment, sont depuis de longues années en mésintelligence avec celle de l'interprète, gênées par la présence de ce dernier et la prépondérance de son rôle, s'éloignent de l'Européen qui voudrait entrer en relations avec elles.

Certes, on ne peut se passer de l'interprète pour assister aux grands palabres où le protocole exige qu'on se serve d'un porte-parole, mais, là surtout, il est bon de pouvoir contrôler cet intermédiaire qui, j'ai vu bien souvent le cas, sans même avoir l'intention de tromper traduit d'une façon inexacte ou insuffisante les phrases qu'il a entendues.

En ce qui concerne la Côte d'Ivoire, sauf à Assinie et Grand-Bassam où quelques étrangers, d'origine apollonienne, comprennent le français, nous ne pouvons trouver pour parler un peu notre langue dans les pays d'occupation récente que des jeunes gens, élèves de nos écoles, dont le plus âgé n'a pas encore vingt ans. Il est impossible de les employer pour entamer des discussions avec les chefs ou les notables qui ne les prendraient pas au sérieux et, dans beaucoup de cas, on est obligé d'avoir recours aux Apolloniens, les étrangers dont je parlais plus haut.

Ou m'a raconté qu'un de ceux qui n'ont eu, au début, que ces auxiliaires médiocres, détestés par les indigènes pour lesquels ils n'ont que du mépris et qui, cependant, a réussi à organiser une des plus vastes provinces de la colonie et à soumettre à notre autorité des tribus fortes et indépendantes, disait en parlant de nos interprètes : « Il y en a trois catégories : les premiers comprennent le français mais ignorent la langue du pays, les autres comprennent la langue du pays mais ignorent le français, enfin, les plus nombreux peut-être, sont ceux qui ne parlent ni le français ni la langue du pays ».

C'est peu flatteur, mais vrai, en tout cas il est toujours fâcheux que l'Européen soit entièrement à la merci d'un intermédiaire plus ou moins intelligent, plus ou moins honnête. — Voilà pourquoi notre gouverneur nous a invités à nous mettre à l'œuvre et à réunir, sous forme de manuel, les documents que nous avons recueillis.

Mon collègue Delafosse y a réussi dans la perfection et ses manuels haoussa, mandé et agni sont des modèles du genre ; ce petit ouvrage, simple adaptation de sa méthode à la langue néouolé, est plus modeste, mais, tel qu'il est, j'estime qu'il peut rendre de bons services à ceux qui vont à la Côte d'Ivoire dans un autre but que de changer d'air et qui ont le temps d'apprendre un alphabet. C'est pour eux que j'ai travaillé et si ce premier essai sur une langue inconnue jusqu'ici peut leur être utile, je ne regretterai pas ma peine.

II. — **Alphabet adopté**[1].

Voyelles.

a prononcez comme a dans « patte ». Cet *a* peut être bref
(ă), ou long (ā).

à   —   â dans « pâtre » (même son grave mais
un peu moins long).

è prononcez comme è dans « père ».

e   —   é — « été »

é   —   é très fermé. (Son intermédiaire entre
é et i.)

i   —   i dans « midi ».

ò   —   o dans « pomme ».

o   —   o — « mot ».

u   —   ou — « chou ».

ü   —   u — « mur ».

ã   —   an — « sang ».

ɨ   —   i — fortement nasillé. (Son intermédiaire entre i dans « midi » et igne
dans « digne ».)

ĩ prononcez comme in dans « pin ».

õ   —   on — « bon ».

œ   —   eu — « peu, vieux ».

Consonnes.

b prononcez comme b dans « bon ».

ch   —   ch — « chat ».

d   —   d — « céder ».

g   —   g — « gant, gorille » et *jamais* comme
dans « gérant, gilet ».

h   —   h — « homard, homme ».

j   —   j — « jeu ».

---

1. Cet alphabet a été emprunté en grande partie au *Manuel de la langue agni* de
M. Maurice Delafosse.

k prononcez comme k — « kyrielle ».
l   —   l — « malin » et *jamais* comme dans « famille ».
m   —   m — « manière » et *jamais* comme dans « empêcher ».
n   —   ꞑ — « manie » et *jamais* comme dans « enfant ».
ñ   —   gn — « dignité ».
p   —   p — « porte ».
r   —   r — « rare ».
s   —   s — « savon » et *jamais* comme dans « maison ».
t   —   t — « ton, tien » et *jamais* comme dans « minutie ».
v   —   v — « vivier ».
w   —   w   dans les mots anglais « win, wax » ou comme ou dans « oui, ouate ».
y   —   y — « Bayonne ».
z   —   z — « zéro ».

REMARQUES. — 1° *Toutes les lettres de n'importe quel mot doivent toujours être prononcées séparément.*

Exemple : *manie* « bracelet », prononcer « ma-ni-é » et ne pas réunir l'i et l'é comme dans le mot français « manié »; *doule* « singe roux », prononcer « do-ou-lé » et non « dou-lé »; *tude* « termitière », prononcer « tou-dé » et non « toud ».

2° *Chaque lettre, voyelle ou consonne, conserve toujours, quelle que soit sa place dans le mot, le son ou la valeur indiqués dans le tableau qui précède.*

Exemple : *gilwè* « baleine », prononcer « guilouè » et non « ji-louè »; *bofrèsu* « papayer », prononcer « bo-frè-su » et non « bo-frè-zu », etc.

3° On devra toujours éviter de prononcer un l franchement liquide ou un r roulé ou grasseyé, ces deux consonnes n'en formant en réalité qu'une seule dont le son est intermédiaire entre l et r.

Toutefois j'ai orthographié par l les mots dans lesquels j'ai cru

entendre plutôt le son l et par r les autres mots. Le son de cette
consonne varie d'ailleurs selon les individus qui la prononcent.

III. — Permutations et suppressions de lettres.

Permutations. — On vient de voir que *l* peut se remplacer par
r et réciproquement.

Les permutations de lettres les plus fréquentes sont celles de

é	avec	*i.*
o	—	*u.*
o	—	*e.*
ü	—	*i.*
ye	—	*yi.*
d	—	*l* ou *r.*
n	—	*l* ou *r.*
ty	—	*ky*

et réciproquement.

Exemple : *nimle* « oiseau » est prononcé *némle* par quelques
indigènes.

Il en est de même pour :

Bogri qu'on prononce *Bugri* et *Bugré*; *Néhiri*, *néwòle* et *Néyo*
qu'on prononce aussi *Nihiri*, *niwòle*, *Niyo*; *ñükpò* « être humain »
qu'on peut prononcer *ñikpò*; *lègrè* « ivoire » qui se transforme
quelquefois en *dègrè*, etc.

Pour former un mot composé de deux substantifs dont l'un
(énoncé toujours le premier) indique, en quelque sorte, l'origine
du second, les Néyau changent la voyelle finale de ce substantif
initial et la remplacent par celle qui termine ce substantif lorsqu'il
est au pluriel, ou qui le terminerait s'il était possible de le mettre
au pluriel.

Exemples :

Le mot *gye* « mer » qui en néouolé ne se met jamais au pluriel,
forme avec les mots *lwè* « éléphant » et *bàbo* « écrevisse », les
noms composés *gi-lwè* « baleine » et « *gi-bàbo* » « langouste ».

Le mot *ble* « bœuf » (pl. *bli*) forme avec les mots *wa* « mâle », *ga* « femelle », *do* « petit » les noms composés *bli-wa* « taureau », *bli-ga* « vache », *bli-do* « veau ».

La même transformation a lieu pour quelques mots qui prennent la marque du pluriel lorsqu'ils sont suivis d'un adjectif. Tel est le cas de *kpăla* ou *kpla* « calebasse », on dira : *kpăle toirè* « une petite calebasse ».

Élisions. — Les voyelles s'élident fréquemment devant d'autres voyelles, pour éviter l'hiatus.

Exemples : *l' ò...* pour *le ò...* « alors, il... » ; *è n' ò kla* pour *è ne ò kla*, « ça ne l'atteint pas » ; *mo k' ò bla* pour *mo ka ò bla*, « pars pour le tuer » ; *mò k' è* pour *mò ka è*, « cela m'appartient », *mo ul' ò* pour *mo ule ò* « va l'appeler », etc. etc.

IV. — **Mots étrangers**.

On trouvera, dans les différents vocabulaires qui suivent, quelques mots anglais ou français assez faciles à reconnaître malgré l'altération que les Néyau leur ont fait subir ; tels sont, par exemple, *taïe* (anglais « time »), *tèble* (anglais « table »).

C'est intentionnellement que je les ai classés parmi les mots néouolé sans les marquer d'aucun signe caractéristique ; il m'a semblé qu'ils pouvaient figurer dans ces vocabulaires au même titre que les mots « tramway, sport, yacht, etc. » dans les dictionnaires français.

PREMIÈRE PARTIE

LES NOMS ET LES NOMBRES

I

Observations grammaticales.

1° *Article*. — Aucun article n'est employé en néouolé.

2° *Genres*. — Il y a deux genres : l'un, masculin ou féminin, est attribué indistinctement aux êtres humains, quel que soit leur sexe ; l'autre, le neutre, est attribué aux mots qui désignent des plantes ou des animaux mâles ou femelles et les objets inanimés.

3° *Pluriel des noms*. — Il est impossible d'établir des règles fixes pour la formation du pluriel. On rencontre, il est vrai, quelques désinences qui se transforment presque toujours de la même façon, les mots terminés par *a* au singulier, se terminent souvent par *e* au pluriel, ceux en *o* également ; les terminaisons *e* et *u* se changent fréquemment en *i*, etc., mais les exceptions et irrégularités sont trop nombreuses pour qu'il soit permis de se baser sur ces règles. Dans les vocabulaires, j'ai, pour chaque substantif variable, indiqué le pluriel à côté du singulier. La marque du pluriel s'emploie en néouolé dans tous les cas où elle est employée en français.

4° *Noms d'unité*. — Beaucoup de noms renferment en euxmêmes l'idée de collectivité : *mà* « des bananes », *saka* « du riz », *gri* « des perles », etc. L'idée d'unité s'exprime en faisant suivre ces noms du mot *bwo* qui signifie « fruit », du mot *üe* « grain », ou du mot *ye* « perle »[1]. Exemples : *mà bwo* « une banane », *mà bu sò* « deux bananes », *saka üe* « un grain de riz », *saka yó sò* « deux grains de riz », *gri ye* « une perle », *gri yi sò* « deux perles », etc.

5° *Rapport de possession*. — Le rapport de possession, de dépendance ou de provenance s'exprime en intercalant la particule *a* entre le nom du possesseur et le nom de l'objet possédé, celui-ci devant toujours être placé le dernier.

---

1. Ce mot ne s'emploie jamais seul.

Exemples : *su a uru* « la cime de l'arbre », *ñõ a lòkwe* « le pagne de l'homme ». La règle est la même quand il s'agit des personnes.

Exemple : *Bugri a Nyagbe* « Nyagbé, fils de Bougri ».

Toutefois cette particule est supprimée quand elle forme un double hiatus avec la voyelle terminant le nom du possesseur et celle qui commence le nom de l'objet possédé. On dira ainsi *su uru* aussi fréquemment que *su-a-uru*, on dira *Dable Able* « Ablé, fils de Dablé » et jamais *Dable a Able*.

Le nom de l'objet possédé et celui du possesseur prennent la marque du pluriel dans les mêmes conditions qu'en français.

Exemples : *ñõ a du* « le village d'un homme », *ñõ a di* « les villages d'un homme », *ñwa a du* « le village des hommes », *ñwa a di* « les villages des hommes ».

6° *Place des déterminatifs.* — Les adjectifs qualificatifs se placent les uns avant le substantif, les autres après, mais jamais indifféremment avant ou après. Dans le vocabulaire j'ai indiqué à côté de chaque adjectif la place qu'il doit occuper.

I. — LE CORPS HUMAIN

abdomen, *nèkpla* (pl. *nèkple*) [1].

aisselle, *bakezò* [2].

anus, *tumo* (pl. *timi*).

avant-bras, *sò-kro*.

barbe, *vya*.

bave, *dade-flefle*.

biceps, *ñenebru*.

blanc des yeux, *ipèpè*.

bouche, *né* (pl. *ni*).

bourses, *bòtò* (pl. *bòte*).

boyaux, *mògbale*.

bras, *sò* (pl. *süe*).

cadavre, *kukuko* ou *kukuñõ*.

cartilage, *unu-unu* (très nasillé).

ceinture, *mobubu-zò*.

cerumen, *ñukru-bòtè*.

cervelle, *mlemli*.

chair, *mlè*.

cheveux, *ñi*.

cheveux blancs, *ñi-ñle*.

cheville, *kokwe* (pl. *kokwei*).

cil, *ikokonèkpe*.

circoncis, *gofi-ka-ñõ*.

clitoris, *bebe* (pl. *bebei*).

cœur, *dwo* (pl. *dui*).

cordon ombilical, *dòlo* (pl. *dòle*).

corps, *ürukañõ*, *ñòku*.

côte, *bake-fe* (pl. *bake-fei*).

côté, *bake-ko*.

cou, *blè* (pl. *ble*).

1. Pour la prononciation, lire bien attentivement dans la préface : *II. Alphabet adopté*, et les remarques qui suivent cet alphabet.

2. Les mots dont le pluriel n'est pas indiqué sont ou des noms collectifs ou des mots invariables.

coude, *sòkote* (pl. *sòkoti*).
crachat, *dāde*.
crâne, *uru-kokoto* (pl. *uru-kokoti*).
crasse, *pue* ou *pwe*.
cuisse, *bòpòlo* (pl. *bòpòle*).
cul, *goa* ou *gwa*.
dent, *gra*.
derrière, *pakweko*.
doigt (de main), *urye, ule, ure* (pl. *uri*).
doigt (de pied), *bòye* (pl. *bòyo*).
dos, *katro* (pl. *katre*).
entrailles (au figuré), *mle*.
épaule, *papako* (pl. *papakwi*).
épine dorsale, *katro-fe* (pl. *katro-fei*).
estomac, *digble ko*.
excrément, *ñini*.
face, *kro* (pl. *kwè*).
favoris, *pakyogò-vya*.
fesse, *togbe* (pl. *togbei*).
figure, *pakyo gò*.
foie, *pòlo* (pl. *pòlè*).
front, *kro-dagbla* (pl. *kro-dagble*).
gencive, *gra-gigri*.
genou, *kotu* (pl. *koti*).
glaire, *kokòlo* (pl. *kokòle*).
gorge, *blè-zò-mlagbolu*.
graisse, *nwane*.
hanche, *bòkrife* (pl. *bòkri fei*).
index, *zòmeule*.
jambe, *bò* (pl. *bwe*).
jarret, *bògeri*.
joue, *pàtyo* ou *pàkyo* (pl. *pàtye, pàkye*).
lait, *blo* ou *bolo*.
langue, *myõ* ou *miõ*.
larme, *miò*.
lèvre, *numlu* (pl. *nimli*).
mâchoire, *zògòlo* (pl. *zògòle*).
main, *groba* (pl. *grobe*).
main droite, *didi-groba*.

main gauche, *kome-groba*.
mamelle, *ñitye* (on emploie surtout le pluriel *ñiti*).
matrice, *ivanegre*.
medius, *ñédi-ule*.
menstrues, *dolu* (m. à m. sang).
menton, *tata* (pl. *tate*).
moelle, *mlamlèmli*.
molaire, *gra-bube*.
mollet, *bogbo* (pl. *bogboyo*).
morve, *flè*.
moustache, *vya-numu*.
muscle, *yekè*.
narine, *mle-a-mlé*.
nez, *mle* (pl. *mli*).
nombril, *ñukolye* (pl. *ñukoli*).
nuque, *blè-gye*.
œil, *ye*.
ongle (de la main), *ñikesu* (pl. *ñikesi*).
— (du pied), *bò-i-ñikesu* (pl. *bò-i-ñikesi*).
oreille, *ñukru* (pl. *ñukrwi*).
orteil, *bòifo* (pl. *bòifi*).
os, *fe* (pl. *fei*).
paume, *grobe-tàkpa*.
paupière, *ikoko* (pl. *ikokwe*).
peau, *pokpa* (pl. *pokpe* ou *pekpe*).
petit doigt (de la main), *urubègbe* (pl. *urubègbei*).
petit doigt (du pied), *baklabòyc* (pl. *baklabòyo*).
pied, *kpele* (le premier e très bref) (pl. *kpli*).
placenta, *pòle*.
plante (des pieds), *kpli-zò*.
poignet, *sòklo*.
poil, *ñi*.
— (fin, « duvet »), *ñidédé*.
poing, *krümo* (pl. *krümi*).
poitrine, *digblé* (pl. *digbli*).
pouce, *urifo* (pl. *urifi*).

poumon, *fefretu* (pl. *fefreti*).
prépuce, *serè-a-pokpa.*
prunelles, *ikpe* (pl. *ikpei*).
rein, *gofa* ou *gofe-ko.*
rides, *biti.*
rotule, *kotupa* (pl. *kotupe*).
salive, *dāde.*
sang, *dolu.*
sein, voir « mamelle ».
sourcil, *ike* (pl. *ikei*).
sperme, *serè-kpo.*
squelette, *kufei.*
sueur, *vòvro.*
taille, voir « ceinture ».
taille (hauteur), *kotromè.*

talon, *kplitete* (pl. *kplitetei*).
tendon, *tro* (pl. *tre*).
testicule, *bukwo* (pl. *bukwi*).
tête, *uru* (pl. *wè*)
tibia, *kekyero-fe* (pl. *kekyero-fei*).
trou (de l'oreille), *ñukru-ye.*
urine, *nè* (bref).
uterus, *ivanegre.*
veine, *tro* (pl. *tre*).
ventre, *nèkpla* (pl. *nèkple*).
verge, *serè* (pl. *sre*).
— (circoncise), *gofo* (pl. *goñ*).
visage, voir « face ».
vulve, *ñelè.*

II. — LA FAUNE ET L'ANATOMIE ANIMALE [1]

abeille, *lovye* (pl. *lovu*).
agneau, *blable-do* (pl. *blable-de*).
aigle pêcheur blanc et noir, *gòple*
  (pl. *gòpli*).
aigle brun, *tata* (pl. *tate*).
aigle de grande taille, *kekyè.*
aigrette, *nokò-blablè* (pl. *noko-blable*).
aile, *papako* (pl. *papakwi*).
anguille, *labe* (pl. *laba*).
animal, *mlè* (pl. *mla*).
antenne, *gbèle.*
antilope rousse, petite, basse sur
  pattes, cornes lisses, raie noire
  sur le dos, *bèlè* (pl. *bèle*).
antilope cheval, *blè* (pl. *bla*).
antilope cochon, *beire* (pl. *beiri*).

antilope très petite, jaune, sans
  cornes, *dea* (pl. *de*).
antilope petite, à très petites cornes,
  robe rousse, *blé* (pl. *bli*).
antilope petite, robe rouge, ventre
  blanc, *nèmla* (pl. *nèmle*).
antilope de grande taille, longues
  cornes tordues, *gè* (pl. *ga*).
araignée, *kòlè* (pl. *kòle*).
araignée d'eau, *ñizakalye* (pl. *ñiza-
  kale*).
araignée (toile d'), *dòlo* (pl. *dòle*).
baleine, *gi-lwè* (pl. *gi-lò*).
barbillon à nageoires venimeuses,
  kebo (pl. *kebi*).
bec, *ñukòlo* (pl. *ñukòle*).

---

1. On indique l'âge et le sexe d'un animal en faisant suivre le *pluriel* de son nom
de l'un des mots suivants : *wa* « mâle », *ga* « femelle », *do* ou *yo* « petit ».
Exemple : *ure* (pl. *uru*) qui signifie « chèvre (en général) » donne : *uru-wa* « bouc »,
uru-ga « chèvre », *uru-do* « chevreau ».

bécassine, *dagwè* (pl. *dagò*).
bélier, *blable wa* (pl. *blable we*).
bergeronnette, *grika*.
bigorneau (coquillage), *trüye* (pl. *tro*).
boa, *gire* (pl. *gri*).
bœuf, *ble* (pl. *bli*).
bouc, *uru-wa* (pl. *uru-we*).
bourses, *bòtò* (pl. *bòte*).
boyaux, *go* ou *mògbale*.
brebis, *blable-ga* (pl. *blable-ge*).
brochet, *sòkodòmō* (pl. *sòkodòme*).
buffle, *inagbè* (pl. *inagba*).
caïman (en général) *pakè* (pl. *pake*).
caïman à gueule courte et dos brun, *bògbo* (pl. *bògbe*).
caméléon, *gro* (pl. *gre*).
canard, *dabadaba* (pl. *dabadabe*).
cancrelat, *grogro* (pl. *grogre*).
capitaine (poisson), *buè* (pl. *buò*).
carapace, *koko* (pl. *koküe*).
carpe (sorte de), *dòmè* (pl. *dò*).
cétoine, *godogolu* (pl. *godogoli*).
charognard, *bobo* (bref) (pl. *bobwi*).
charogne, *mla-zo*.
chat, *mdgwe* (pl. *mdgo*).
chat-tigre (petit), *bogrizala* (pl. *bogrizale*).
chat-tigre roux clair, *gigavro* (pl. *gigavre*).
chauve-souris, *bohio*.
chenille, *dagbe nòpe* (pl. *dagbenòpò*).
cheval, *wòso* (pl. *wòse*).
chèvre (en général) *ure* (pl. *uru*).
— (femelle), *uru-ga* (pl. *uru-ge*).
chevreau, *uru-dò* (pl. *uru-de*).
chien, *ve*, *vye* (pl. *vo*).
chimpanzé, *gwè* (pl. *gò*).
chique, *nòpe* (pl. *nòpò*).
chouette, *bòbo* (pl. *bòbi*).
cigale, *kokodige* (pl. *kokodigi*).

cire, *sro*.
civette, *bobwe* (pl. *bobo*).
coq, *kòkòbèlo* (pl. *kòkòbèle*).
coquillage, *bubwè*.
corbeau, *kòkòbaila* (pl. *kòkòbaire*).
corne, *vo* (pl. *ve*).
coucou (sorte de), *pupu* (pl. *pupi*).
crabe (de brousse), *kümo* (pl. *kümi*).
— (tourlourou), *gwaynō* (nasil.) (pl. *gwayne*).
— (de mer), *kepru* (pl. *kepri*).
— (de rivière), *kata* (pl. *kate*).
crapaud, *pòkpwa* (pl. *pòkpwe*).
crête, *krè*.
criquet, *pàpo* (pl. *pàpwe*).
croupe, *goa* (pl. *gwa*).
cynocéphale, *kabèti*.
crocodile, *pakè* (pl. *pake*).
dard, *pwè* (pl. *pwò*).
dorade, *mòvro* (pl. *mòvre*).
écaillle (de tortue), *lobi-koko*.
écaille (en général), *koko* (pl. *koküe*).
écrevisse (de rivière), *gàmlō* (pl. *gàmle*).
écrevisse (de lagune), *bàbo*, *bagbo* (pl. *bàbe*).
écureuil (voir « rat palmiste »).
— volant à dos noir et ventre blanc, *pòble*.
écureuil volant de petite taille et entièrement noir, *wòro*.
éléphant, *lwè* (pl. *lò*).
— (défense d'), *lègrè* (pl. *lègre*).
épervier, *bobo* (pl. *bobüi*).
escargot (grand, conique, rouge et noir), *sio* (pl. *sie*).
escargot blanc, *topoko* (pl. *topoküi*).
faucon, *kikyè* (pl. *kikya*).
femelle, *ga* (pl. *ge*).
fiel, *kikrè*.

fouine (sorte de), *gitòbè* (pl. *gitòbe*).

fouine (petite, rousse), *biaga* (pl. *biage*).

fourmi (en général), *kukwe* (pl. *kukwo* [1]).

fourmi (rouge, venimeuse), *bruwe* (pl. *browlò*). — Ces deux mots très nasillés.

fourmi (ailée, venimeuse), *kòfye* (pl. *kòfo*).

fourmi (ailée), *tetre* (pl. *tetra*).
　— (ailée, comestible), *kukupèlopè*.

fourmi (manian), *ñafwe* (pl. *ñafo*).
　— (petite, très noire, venimeuse), *sipwe* (pl. *sipò*).

fourmi (noire, habitant les arbres), *zagrabubwe* (pl. *zagrabubò*).

fourmi (dite fourmi-cadavre), *gogòpru* (pl. *gogopri*).

fourmi (des maisons), *kukwe* (pl. *kukwo*).

fourmi-lion, *dodopezepe*.

frelon, *trakpalüe* (pl. *trakpalo*).

gale (parasite de la), *sronwe* (pl. *sronò*).

gardon, *deso* (pl. *dese*).

gendarme (oiseau), *tawa* (pl. *tawe*).

genette, *gitobè* (pl. *gitobe*).

gésier, *kòkòna* (pl. *kòkòne*).

grenouille, *bòlo* (pl. *bòle*).

griffe, *ñikesu* (pl. *ñikesi*).

grillon, *kokodige* (pl. *kokodigi*).

gueule-tapée, voir « iguane ».

hareng, *dupue* (pl. *dupu*).

héron, *dagbabòlo* (pl. *dagbabòle*).

hippopotame, *bàlè* (pl. *bàle*).

hirondelle, *üronimle* (pl. *üronimli*).

huître (de rivière), *waso* (pl. *wase*).

huître (de mer), *kole* ou *kule* (pl. *kolei* ou *kulei*).

iguane, *pomè* (pl. *poma*).

insecte, *bèbèlè* (pl. *bèbèle*).

ivoire, *lègrè*.

lait, *bolo*.

lamantin, *vlè* (pl. *vla*).

langouste, *gibàbo* (pl. *gibàbe*).

larve (en général), *zamlabro* (pl. *zamlabre*).

larve (comestible, des palmiers), *niètye* (pl. *nièté*).

lézard (ordinaire), *miò* (pl. *myè*).
　— (dit margouillat), *kañõ* (pl. *kañe*).

libellule, *tafo* (pl. *tafe*).

loutre, *bàde*.

luciole, *klakosupye* (pl. *klakosu*).

mâchoiron, *bòkwè* (pl. *bòkwò*).
　— (noir, grosse tête plate), *nè* (pl. *na*).

mâle, *wa* (pl. *we*).

mange-mil (oiseau), *uròto* (pl. *uròte*).

mante, *ñukolisawlõ*.

maquereau, *kahe* (pl. *ka*).

margouillat, voir « lézard ».

marsouin, *gava* (pl. *gave*).

martin-pêcheur, *zàlyè nimle* (pl. *zàlyè nimli*).

merlan, *mòvro-kagwe*.

miel, *lovu-kpo*.

mille-pattes, spirobole, *syepru* (pl. *syepri*).

mite, *uru* (pl. *uri*).

mouche (en général), *zakalye* (pl. *zakale*).

mouche (maçonne), *trakpalye* (pl. *trakpalo*).

mouche (noire, très petite et très

---

venimeuse), *nuwunuwue* (pl. *nuwunuwi*), ces deux mots très nasillés.

mouette (de rivière), *diegba* (pl. *diègbe*). .

mouette (de mer), *nòkwè* (pl. *nòkò*).

moule (en général), *dagbe* (pl. *dagbè*.

moustique, *ñiyé* (pl. *ñé*), peu usité au singulier.

mouton (en général), *blablè* (pl. *blable*).

mouton (châtré), *bòtosamlè*.

mulet (poisson), *wàlo* (pl. *wàle*).

musc, *dubo*.

mygale, *gawa* (pl. *gawe*).

myriapode (venimeux), *kumagrogro* (pl. *kumagrogre*).

nageoire, *pāfo* (pl. *pāfe*).

nid; *nunwo* (pl. *nunwi*).

œuf, *ge* (pl. *gei*).

œuf de poule. *kòkòge* (pl. *kòkògei*).

oiseau, *nimle* (pl. *nimli*).

oiseau-mouche, *srèlè* (pl. *srèle*).

pangolin, *zegribo* (pl. *zegribe*).

panthère, *ge, gye* (pl. *gi*).

papillon, *kokomamu* (pl. *kokomami*).

peau, *mleku* (pl. *mlekwi*).

perche (sorte de) *gaza* (pl. *gaze*).

perdrix, *klakòkwè* (pl. *klakòkò*).

perodictique, *wiña* (pl. *wiñe*), imitation du cri de ce quadrupède.

perroquet, *kyä* (bref), (pl. *kye*).

petit (d'une bête), (*mla*) *do* (pl. *de*)·

phacochère, *buzala* (pl. *buzale*).

pigeon (gris), *dāble* (pl. *dābli*).

— (vert). *leble* (pl. *lebli*).

pintade, *kpato* (pl. *kpate*).

plume, *nòkpo* (pl. *nèkpe*).

poisson, *zre* (pl. *zri*), s'emploie plus fréquemment au pluriel.

porc, *buzala* (pl. *buzale*)

porc-épic, *dòbòble* (pl. *dòbòbli*).

— (piquant de), *dei*.

pou, *nébwo* (pl. *né*). Le singulier est peu usité.

pou (de l'aine), *gibu-né* m. à m. « poux du Gabon ».

poule, *kòkò-ga* (pl. *kòkò-ge*).

poulet (en général), *kòkwè* (pl. *kòkwò*).

puce, *né*.

punaise, *bokrie* (pl. *bokri*).

queue, *go* (pl. *gwe*).

raie, *papakwi-zre* (pl. *papakwi-zri*).

rat, *nòmè* (pl. *nò*).

rat palmiste, *gogo* (pl. *gogwe*).

requin, *kpo* (pl. *kpi*).

— (dit « marteau »), *uõ* (pl. *ué*), nasillé.

requin (dit « poisson-scie »), *zagre* (pl. *zagri*).

salamandre, *gupladide* (pl. *gupladidi*).

sanglier (roux, petit), *klabuzala* (pl. *klabuzale*).

sanglier (grand, noir, velu), *blòkpwa*.

sangsue, *plaplie* (pl. *plaple*).

sardine (sorte de), *lòüe* (pl. *lòyo*), *defo* (pl. *defe*).

sauterelle; *pàpo* (pl. *papwe*).

scolopendre, *kokoizabè*.

— (venimeux), *pahīī* (nasillé).

scorpion, *buke* (pl. *buki*).

— ailé (insecte), *tatamèlõ* (pl. *tatamèle*).

serpent (en général), *terè* (le premier *e* très bref), (pl. *tra*).

serpent (à sonnettes), *zadrè*.

— (python), *mlamlagire* (pl. *mlamlagri*).

serpent (vert), *iraõ* (pl. *irawe*), les deux mots très nasillés.

serpent (rouge), *gudezalye* (pl. *gu-dezali*).

serpent (noir, de grande taille), *kròbalo* (pl. *kròbale*).

serpent (sorte de trigonocéphale), *bomlè* (pl. *bomla*).

silure électrique, *dògbo* (pl. *dògbe*).

singe (en général). *koküe* ou *kokwe* (pl. *koko*).

singe (macaque), *kabè* (pl. *kabo*).

— (vert), *ñanine* (pl. *ñanini*).

— (dit « pain à cacheter »), *dwè* (pl. *dwa*).

singe (dit « capucin »), *galè* (pl. *gale*).

— (colob noir), *bòlè* (pl. *bòle*).

— (roux), *doule* (pl. *duulu*).

sole, *niñuku* (pl. *niñukwi*).

souris, *nòmè* (pl. *nò*).

tanche (sorte de), *youle*.

taon, *zakarikwo* (pl. *zakarikwi*).

— (autre, très venimeux), *ifezakarikwo* (pl. *ifezakarikwi*).

taret, *bàkoko* (pl. *bakokwè*.

taureau, *bli-wa* (pl. *bli-we*).

termite, *wònüe* (pl. *wònò*), (ces deux mots très nasillés).

termitière, *tude* (pl. *tudei*).

— en forme de champignon, *klebobwo* (pl. *klebò*).

têtard, *dudu* (pl. *didi*).

tique, *blinòpe* (pl. *blinòpò*).

tortue de mer, *lobo*, bref (pl. *lobi*).

— de terre, *kwala* (pl. *kwale*).

— de rivière, *kobo* (pl. *kobe*).

toucan, *kòpè* (pl. *kòpa*).

— à casque, *kpè* (pl. *kpa*).

touraco, *kobu* (pl *kobi*).

tourterelle, *pòpu* (pl. *pòpwi*).

trigonocéphale, voir : « serpent ».

trompe (d'éléphant), *gbèlo* (pl. *gbèle*), *kropè* (inv.).

vache, *bli-ga* (pl. *bli-ge*).

vanneau (sorte de), *sòkodòmō* (pl. *sòkodòme*).

veau, *bli-do* (pl. *bli-de*).

ver de terre, *zamlabro* (pl. *zamlabre*).

— de Guinée, *nòpòvahi*.

— de palmier, voir : « larve ».

— intestinal, *zamlabro* (pl. *zamlabre*).

— luisant, *klakosupye* (pl. *klakosu*).

veuve (oiseau), *bliüago* (pl. *bliüage*).

III. — LA FLORE

acajou (en général), *su-zalo* (pl. *sizale*), *time*.

acajou (rouge, moiré, dense, grain peu serré), *sipo*.

acajou (rouge, moiré, dur), *dubo*.

— (rouge clair, tendre), *butusu*.

— (rouge brun, très dur), *crara*.

algue, *geñini* (nasillé).

aloès, *gepidididiò*.

amande (en général), *siyo*.

ananas, *didyobwo* (pl. *dididyò*).

arachide, *be-ye* (pl. *bè*), le singulier est peu employé.

arbre (aux feuilles odorantes, *bobonònō*). Feuilles de cet arbre, *meda*.

arbre (dont l'écorce sert de poison d'épreuve), voir « bois rouge ».

arbre (en général), *su* (pl. *si*).

— (dont les cendres contiennent

un sel que les indigènes de la brousse emploient pour l'alimentation), *ñapwe* (pl. *ñapo*).

arbuste (donnant les bâtons pour se nettoyer les dents), *bamè* (pl. *ba*).

arbuste (dont les feuilles servent à empoisonner les poissons), *gètè*.

aubergine (indigène), *bròpbro-bwo* (pl. *bròpbrò*).

bambou (plante), *gobamle*.
— (nervure de palmier raphia), *kòlo* (pl. *kòle*).

bananier, *masikpo* (pl. *masikpi*).

banane (en général), *me* ou *ma-bwo* (pl. *mà*). Ce mot est peu employé au singulier.

banane (longue, sucrée), *dade* (pl. *dada*).

banane (verte, petite, forme longue), *gibume* (pl. *gibuma*).

banane (petite, courte, violette), *gepime* (pl. *gepimà*).

bois (matière), *si* (long).
— (à brûler), *balye* ou *gbalye* (pl. *bale*). Ce mot est plus fréquemment employé au pluriel.

bois rouge (poison d'épreuve), *bòdüru* ou *bògüru* (ne pas appuyer sur l'*ü*).

bois de teinture (camwood), *gezefe*.

branche, *silabo* (pl. *silabe*).
— morte, *gbalye* (pl. *bale*).

buisson, *piti*.

canne à sucre, *bamlò* (pl. *bamle*).

caoutchouc (liane à)[1] *pete-brikpo* (pl. *pete-brikpi*) fruits comestibles de cette liane : *pete*.

caoutchouc (arbre à), *gwe* (pl. *go*).

caoutchouc (arbre)[2], *triye* (pl. *tri*).
— (grand arbre à), *dide* (pl. *didi*).

caoutchouc (préparé), *üroba*.

cassia occidentalis, *sè*.

champignon (blanc, épais, servant à se blanchir le visage), *fofwo* (pl. *fofwi*).

champignon, le même que le précédent, préparé et séché, *fye*.

champignon comestible, *wò*.

chou (du palmier « eleis »), *gadre* ou *wokpo* ou *blàblè*.

chou (du palmier « raphia »), *suku*.

chou (du palmier liane), *gbro* ou *gbolo*.

cime (d'un arbre), *su-uru* ou *su-a-uru*.

citron, *bakezye-bwo* (pl. *bakezye*).

citronnier, *bakezye-su* (pl. *bakezye-si*).

citrouille (sorte de), *ñüsòlo*.

coco (lait de), *za-ñu*.
— (noix de), *ze* (pl. *za*).

cocotier, *za-su* (pl. *za-si*).

cola (noix de), *grie* ou *griye* (pl. *gre*).
— (arbre à), *gre-su* (pl. *gre-si*).

copal (gomme), *zagbeñini*.

coque ou cosse, *koko* (pl. *kokwè*).

corosol, *gekpi-si-bwo*, *samasama*.

coton, *gese*.

cotonnier, *gese-su*.

courge (dont l'intérieur sert d'éponge à filtrer), *urodakwe*.

creux (d'un arbre), *si-fle*.

datte (sorte de petite), *ñafo* (pl. *ñafi*).

dattier (sorte de), *ñafo-gude*.

écorce, *si-pòkpa*.
— (servant de pagnes), *gwèdè*, *gòdè*.

---

1. *Landolphia heudelotii?*
2. *Kickxia africana?*

épi (en général), *blo* (pl. *ble*).
— (dépouillé de ses grains), *pòtu* (pl. *pòti*).
épine, *ñinikye* (pl. *ñiniki* ou *ñliki*).
éponge végétale (sorte d'), *urodakwe*.
erythrophleum guineense, voir « bois rouge ».
euphorbe, *iri-su*.
farine (en général), *po* ou *lèpo*.
feuille, *ñoku* (pl. *ñokwi*).
— de palmier raphia, *gòbò*.
— servant à faire des nattes, *kelèga*.
fibres de palmier raphia, *grègbeyo*.
— de feuilles de palmier raphia préparées pour servir de lien, *nègble*.
ficus, dont l'écorce sert à faire des pagnes, *gwèdè-su*.
ficus dont les feuilles rugueuses servent à polir le bois et la poterie, *ñañõ*.
ficus (en général), voir « caoutchouc ».
fleur, *kwale* ou *dògba*.
fougère, *lòpiwale* ou *mañünu*.
fourche (d'un arbre), *gwàdia* (pl. *gwàdye*).
fromager (sorte de), *veda* (pl. *vede*).
— sans épines, *gòdo* (pl. *gòde*).
fruit (en général), *bwo* (pl. *bu*).
gombo, *inañine* (pl. *inañiño*). Ces deux mots très nasillés.
gomme, voir « copal ».
gousse, voir « coque ».
grain, graine, *ŭe* (pl. *yo*).
graine de palme (avec sa pulpe), *gwe*, (décortiquée) *ze* (pl. *za*).
graine (qui s'attache aux vêtements), *kukwe* (pl. *kukwo*).
gui (sorte de), *rara*.

haricot, petit, rouge, *bèbè*.
— genre du haricot de Lima, *gofa*.
— large, rouge et blanc, *lili*.
herbe (en général), *zekpa* ou *piti*.
— médicinale, *ñokwi*.
— aquatique, à grandes feuilles, *bugògwè*, *kofa*.
herbes (prairie), *pepi* ou *zekpa* ou *mise*.
huile (en général), *kpo*.
ignames, *te*.
indigo (liane à), *kaklaka*, *gra*.
— préparé, *pokpo*.
liane (en général), *blikpo* (pl. *blikpi*).
— servant à faire des liens, *ge* (pl. *ga*). Ce mot est peu usité au singulier.
liane à caoutchouc. Voir « caoutchouc ».
légumes dont on fait les sauces, *nònokale*.
lycopode (sorte de), *wayòlo* (nasillé).
maïs (fruit), *dyò-bwo* (pl. *dyò-bu*).
— (plante), *dyò-vo* (pl. *dyò-va*).
manglier ou rhizophore. Voir « palétuvier ».
manioc vénéneux, *gebye* (pl *gebi*).
— rouge, *sokole* (inusité), (pl. *sokolo* ou *soklo*).
manioc blanc, *gebisokle* (pl. *gebisoklo*).
manioc cuit, *sokolo* ou *soklo*.
— préparé en tapioca, *mlana*.
mousse, *tabubwo*.
nénuphar, *ñivribaba*.
noix de coco et de cola. Voir « coco » et « cola ».
noyau (voir « amande »).
orange, *lèplè-bwo* (pl *lèplè-bu*).
oranger, *lèplè-su* (pl. *lèplè-si*).

ortie arborescente, *wòzòwè*.

palétuvier, *ze* (long) (pl. *zà*).

palme (de raphia), *gòbò* (pl. *gòbc*).
— (graine de), voir : « graine ».
— (huile de), *gukpo* ou simplement *kpo*.

palmier (vin de), voir : « vin de palme ») (XVI. — L'Alimentation).

palmier à huile (eleis guineensis), *wakya* (pl. *wakye*).

palmier bambou (raphia vinifera), *dulu* ou *lulu* (pl. *dili* ou *lili*).

palmier nain, *ñafo* (pl. *ñafi*).
— liane, *ble* (séparer le *b* de l'*l*).

pandanus, *kirega, kèlèga*.

papaye, *bòfrè-bwo* (pl *bòfrè*).

papayer, *bòfrè-su* (pl. *bòfrè-si*).

patate, *ñanè-bwo* (pl. *ñanè*).

piassava, *dulu-nyaka*.

pied (d'un arbre), *su-kpru* (pl. *si-kpli*).

piment (rouge, petit), *yébè* ou *yibè*.
— (gros, rouge), *bayébè*.

plante (en général), *su* (pl. *si*).

poivre indigène, *gàdò*.

pourguère, *sekregre*.

quinquéliba, voir « cassia ».

racine, *blikpi*.

raphia, voir « palmier, bambou », « palme de raphia » et « fibre de raphia ».

régime (de fruits), *ble*.
— de bananes, *mà-ble*.

riz, *saka* (bref).

rônier, *dyo-su* (pl. *dyo-si*).
— (fruit du), *dyo-bwo* (pl. *dyo-bu*).

savon, *sèmlè*.

sève, *su-dolu* ou simplement *dolu* (sang).

son (du riz), *saka-fefe*.

tabac (sur pied), *krotè*.

tabac (feuille de — indigène), *krotè*.
— importé par les commerçants européens, *da*, tête de tabac, *dapu* (pl. *dapi*), feuille de tabac, *dafufu* (pl. *dafefe*).

taro (fruit), *petè-bwo* (pl. *petè*).

tomate, *fle*.

tronc (d'arbre), *su-a-nèkplèbo*.

vin de palme, voir : (XVI. — L'Alimentation.

IV. — LES MINÉRAUX

argent, *srobla*.
— monnayé, *mòni*.

argile (en général), *dodozalo*.
— blanche, *torè* ou *trè*.
— à poterie, *mamè*.

brique, *breka*.

bronze, *kòpa*.

caillou, *tie* (pl. *ti*).

cuivre, *brasc*.

fer, *anya*.

fer (morceau de), *dete* ou *lete* (pl. *detei* ou *letei*).

gravier, *tiokpalye*,

or, *sika*.
— (poudre d'), *sikadodo*.
— (dit or fétiche), *kòsokòsosika*.
— (pépite d'), *sikagbro*.

pierre, *tiòko* (pl. *tioküc*), ne pas séparer l'*ü* de *e*).

pierre à fusil, *butye* (pl. *buti*).

plomb, *drè*.
quartz, *tiòpepe*.
roche (en gén.), *tiòbu* (pl. *tiòbi*).
terre (en gén.), *dodo*.

terre (blanche comestible), *bla*.
— rouge, *dodozalo*.
verre, *glase*.

V. — LA TERRE, L'EAU, LE FEU

alluvion, *siò-dodo*.
baie (golfe), *bogbo, kote*.
baisse des eaux, *èmla*.
banc de sable, *syò kpo* (pl. *syò kpi*).
barre (surf), *lako, nega*.
bois (forêt), *kla, pakezò, klakpo*.
bois à brûler, *gbalye* ou *balye* (pl. *bale*).
bord (d'un cours d'eau), *ñibubu-gye*.
boue, *plaple*.
braise, *susupye*.
brousse (en général), *kla*.
— peu haute, *kladada*.
— épaisse, *paka*.
cap, *gbro*.
cascade, *kòtò-ñu*.
citerne, *ñu-bukwo*.
clairière, *ñido*.
colline, *takpo* (pl. *takpi*).
confluent, *kwata*.
contrée, *ble*.
côte (montée ou descente), voir : « colline ».
côte (bord de la mer), *gye-gò*.
creux, *bukwo* (pl. *bukwi*).
crue (en général), *èbwalèko*.
crue (grande du fleuve Sassandra), *zàlyè*.
crue (moyenne du Sassandra), *ñuguzuñe*.
eau, *ñu*.
— chaude, *ñu sro*.
écueil, *tiòko* (pl. *tiòküe*).

écume, *fefle*.
embouchure, *ne*. L'embouchure d'une rivière, *ñe a ne*.
étang, *ñe*.
falaise, *gbro, kikye*.
fagot, *bale-pu*.
feu, *kosu*.
flamme, *veda-kosu*.
fleuve, *ñe-kadè* ou simplement *ñe*.
fond (de l'eau), *ñu-kogru*.
forêt, *kla, klakpo*.
fossé, *ñi-bukwo*.
frontière, *bugbru*.
fumée, *yàyò*.
gouffre, *bukwo-kada*.
gravier, *tyòkpalye*.
grotte, *tyòko-zò*.
gué, *dida*.
herbes, *pepi* ou *mise* ou *piti*.
île, *lòkpo* (pl. *lòkpi*).
issue, *ye*.
lieu, *da*.
lit (d'un cours d'eau), *ñe a pòto*.
marais, *gule*.
mer, *gye*.
moisissure, *uru* (pl. *uri*).
montagne, *kikye* (pl. *kiki*).
mousse (écume), *fefle*.
ombrage, *pèpè* ou *pakèzo*.
ombre d'une chose, *zuzu*.
pays (en général), *blé*.
patrie, *a blé*.
pierre, *tie* (pl. *ti*).

plaine, *sabla-da.*
pont, *bliki.*
poussière, *mumwe* (nasillé).
puits, voir « citerne ».
rapide (d'une rivière), *de* (pl. *di*)
    (bref).
rocher, *tiòko* (pl. *tioküé*).
rosée, *nèmle.*
ruisseau, *ñidòro* (pl. *ñidèle*).
sable, *dodo.*
sol, *dodo-ko.*
source, *dodo-pli-ñe, ñe a uru.*
suie, *bayro.*
surface de l'eau, *ñe-kro.*

termitière, *tude* (pl. *tudei*).
  — en forme de champignon,
    klebobwo (pl. *klebò*).
terre (globe), *kò.*
  — (matière), voir (IV. — Les Mi-
    néraux).
tison, *kosu-pye* (pl. *kosu-po*).
torrent, *plépliñe.*
tourbillon, *ñubwo* (pl. *ñubwi*).
trou, *bukwo* (pl. *bukwi*).
univers, *kò-a-le.*
vague, *gonu* (pl. *goni*).
vapeur, *wowo.*
vase, *plaple.*

VI. — LE CIEL ET L'ATMOSPHÈRE

air, *vovòlo.*
arc en ciel, *lago a ble bla* (m. à m.
    « Le Ciel a tué un bœuf »).
brise, voir : « air ».
brouillard, *güru.*
chaleur, *bubu.*
ciel, *lago.*
clair de lune, *tyo-lye.*
croissant, *tyo-a-pesò.*
écho, *kla-wolu.*
éclair, *lago wèzè.*
étoile, *dre* (pl. *dra*).
étoile filante, *blibli, dre* (pl *dra*).
feu follet, *gagañõ-kosu.*
foudre, *zagbè.*
froid, *wòtrò.*
halo, *lago prò téte* (m. à m. « Le Ciel
    règle un palabre. »)
harmattan, *kokòmlaka.*
jour (date), *üro* (pl. *iri*).
  — (opposé à « nuit »), *zre.*
lumière, *zreaule, lye.*

lune, *tyo.*
lune nouvelle, *gogru.*
  — (pleine), *tyo-dide.*
nuage, *lago-kpò.*
nuit, *debe.*
obscurité, *tyütyu.*
ombre *pèpè.*
orage, *lulwo, dulwo.*
phosphorescence de la mer, *zagre.*
pluie, *ñu.*
rosée, *nèmle.*
soleil levant, *üro gavra* (m. à m. « Le
    pagne intime du soleil. »)
soleil de midi, *irézabla.*
soleil couchant, *momo üro.*
température, *kò.*
tonnerre, *lago bubrüle.*
tornade sèche, voir : « orage ».
tornade pluvieuse, voir : « orage ».
vent, *vovòlo.*
vent d'Est, voir : « harmattan ».
voie lactée, *üro-gbalye.*

VII. — LES RAPPORTS DES CHOSES

angle, *veko.*

bas (subst.), *zò.*

bord, *nümluko.*

boule, *bwo* (pl. *bu*).

bout, *mlèko.*

bruit, *ire, ile, yèle.*

carré (substantif), *lè ka veve.*

centre, *néde.*

cercle, *bogire, kokople.*

chose, *lè* (pl. *le*).

coin, *kote.*

commencement, *kyekyu.*

côté (en général), *bakeko.*

  — droit, *didyeko.*

  — gauche, *kòmyako.*

  — long, *è zizi ko.*

  — court, *è lè dre.*

creux, *mòbrimò, bukwo* (pl. *bukwi*).

cube, *è srisa.*

dedans (subst.), *è mle* ou *a mle.*

derrière, *beko.*

dessous (subst.), *è zò.*

dessus (subst.), *è kro, è gye.*

droite (à), *didye, didyeko.*

droite (subst.), *è didyeko.*

endroit (d'une chose), voir « dessus ».

endroit (lieu), *da.*

envers (d'une chose), voir « dedans ».

espace, *da.*

est, *zò.*

face (d'une chose), *è kro.*

fin, *è bya be.*

gauche (à), *komya, komyako.*

gauche (subst.), *komya.*

hauteur, *è tromè, uru tromè.*

largeur, *è koromè, kooromè.*

lieu, *da.*

ligne, *balyé.*

liquéfaction, *ñanö* (très nasillé).

longueur, *kotromè.*

milieu, *néde.*

morceau, *dre, pye, pyo, pe.*

nom, *ñle* (nas.).

nord (ne se traduit pas).

ouest, *blèko.*

place, *zèkpako* (voir aussi : « lieu »).

pli, *mòegrelo.*

pointe, *mèlo, gbro, ñliki.*

poudre (quelconque), *po.*

prix, *è pero.*

profondeur, *tromè.*

rond, *kokople, bogire.*

sud (ne se traduit pas).

surface, *kro.*

temps (durée), *taie* (nasillé).

totalité, *elofè.*

tour (d'un objet), *kubibyele.*

trace (des pas), *be.*

trou (dans la terre), *bukwo* (pl. *bukwi*).

trou (dans le bois, l'étoffe, le papier,
    etc.), *fle.*

valeur, *è pero.*

VIII. — L'HUMANITÉ, LA SOCIÉTÉ

accouchée (femme qui vient d'accoucher), *vàdaolè.*

aîné, *lè-kpaka* (pl. *lè-kpake*).

allié, *beko-pleple ñö.*

amant, *bei.*

âme, *zuzu.*

ami, amie, *bei.*

anciens (les), *blagògòñwa.*

bébé, *idòdo* (pl. *idède*).

camarade, *be* (pl. *bei*).

captif, *go* (bref), (pl. *geyio, geyo*).

captive, *geiwñlõ*[1].

chef de famille, *lròkpaneko-a-ñõ*.

chef de village, *du-lo, du kogreñõ*.

chef (en général), *lo* (pl. *leyo*).

conquérant, *bable ñõ*.

domestique (boy), *tyò-yo*.

enfant en bas âge, *kopokopo-yo, i-dòdo*.

enfant (petit), *ide* (pl. *idi*).

— (en général), *yo, ilè*.

— du même âge, *zòkpa*,

ennemi, *avovo-ñõ*.

esclave, voir : « captif ».

— donné en garantie pour dettes, *woba-ñõ*.

étranger, *lòodu-ñõ*.

fantôme, *prikpri-yo*.

femme, *wñlõ* (nasillé) (pl. *wñla*).

— stérile, *kòkowñlõ*.

— (vieille), *ñlepaka*.

fille (féminin de fils), *ñlekeyo*.

— (jeune), *ñlekeyo, ürokwè*.

— (petite), *saboñlekeyo*.

— (opposé à garçon), *ñlekeyo*.

fils, *yuulu-yo*.

fils d'esclave, *ge-ilè* (pl. *ge-ila*).

garçon (opposé à fille), *youle*.

habitants d'un pays, *ñwa, ñükpò*.

héritiers, *gya-li-ñõ-ñwa*.

homme (être humain), *ñò* (pl. *ñwa*), *ñükpò, iuruka-ñõ*.

homme (jeune), *zòkpe* (pl. *zòkpa*), *ilè* (invar.).

homme (mâle), *youle*.

— libre, *kikyañõ*.

homme de peu d'importance, *frèfrè-ñõ*.

homme adulte, *zuboñõ*.

— âgé, *kògreñõ, ñepaka*.

impubère (se traduit par une périphrase) : *ò ne a youle ple* (pour les garçons); *ò ne a wñlõ ple* (pour les filles).

indigène, *blegyañõ*.

maître, *kañõ*.

maîtresse (féminin de maître), *ka-wñlõ*).

maîtresse (amante), *bei*.

maman, *mã*.

menteur, *pòkpla ñõ* (ne pas appuyer sur le *k*).

monsieur, *blasu* (mot emprunté depuis peu au langage de Lahou et encore peu usité).

nain, *ñekrilè*.

nomade, *boiri-ñõ*.

otage, *woba-ñõ*.

pauvre, *nàze-ñõ* (nasillé).

prostituée, *deba-wñlõ*, ou mieux : *wñlõ ka deba*.

pubère (se traduit par une périphrase) : *ò a youle ple* (pour les garçons); *ò a wñlõ ple* (pour les filles).

puceau, voir « vierge ».

riche, *lo* (pl. *leyo*).

sauvage, *nena-ñõ*.

tribu, *lròkpa*.

vieillard, *kògrèñõ, ñepaka*. Au féminin : *kògrewñlõ* ou *ñlepaka*.

vierge (traduire par une périphrase explicative).

voleur, *iri-iri-ñõ*.

---

1. Dans les mots composés se terminant par *ñũ* « homme » ou *wñlõ* « femme » ces deux syllabes seules prennent la marque du pluriel.

IX. — **LA FAMILLE**

aïeul, *ble-ka-ñõ* ou *blogògò-ñõ*[1].
ascendant, *krokoda ñõ*.
bâtard, *bablé-yo*.
beau-frère, *messya*.
beau-père, belle-mère, *wõtrò*.
collatéral, *legre*.
cousin, *nè-a-yo*.
cousine, *nè a ñlekeyo*.
descendant, *beko-a-yo*.
enfant, *yo*.
épouse, *wñlõ* (pl. *wñla*).
époux, *ñoto* (pl. *ñitie*).
famille, *lròkpa* (pl. *lròkpé*).
fils, *yuuluyo*.
frère, *nè-a-yo*.
gendre, *wõtrò, yo*.
grand'mère, *natò*.
—   maternelle, *natò*.

grand-père, *atòtò*.
—   maternel, *atòtò*.
jumeaux, *dable yo*.
maman, *mä*.
mari, *ñoto* (pl. *ñitie*).
mère, *nè* (long), *mä*.
neveu, *yo*.
oncle, *to, ato*.
orphelin, *kuyo*.
papa, *baba*.
parent, *bele*.
parent par alliance, *bilye*.
père, *to, ato*.
petite-fille, petit-fils, *loweyo*.
sœur, *ma-ñlekeyo, nè-a-yo*.
tante maternelle, *ma, nè*.
veuf, *kozreñõ*.
veuve, *kozre wñlõ*.

1. Dans les mots composés se terminant par *ño* « homme », ou *wñlõ* « femme », ces deux syllabes seules prennent la marque du pluriel.

X. — **QUALITÉS, PROFESSIONS**

Les noms désignant une qualité ou une profession se forment presque tous en ajoutant le mot *yo* « enfant » ou *ñõ* (pluriel *ñwa*), « homme » ou le mot *wñlõ* (pl. *wñla*), « femme » au nom ou aux mots qui indiquent la profession ou la qualité.

acheteur, *le-kla-ñõ*.
aveugle, *ife ka-ñõ*.
bavard, *kukiki-ñõ*.
boy, *tyò-yo*.
buveur, *no mla-ñõ*.
brave (subst.), *kalema-ñõ*.
chanteur, *ble-ble-ñõ*.
charpentier, *degale-zré-ñõ, kamònè*.
chasseur, *krabè-ñõ*.

chauve, *pòmla-ñõ*.
commerçant, *pèro-pa-ñõ*.
courrier, *bògo-di-ñõ*.
couturier, *lòkwu-kplu-ñõ, tèla*.
cuisinier, *kukwe*.
cultivateur, *lòlo-ñõ*.
danseur, *lò-ye-ñõ*.
domestique, voir : « boy ».
étranger, *lòodu-ñõ*.

forgeron, *blagbobla-ñõ*.
gardien, *dèdè-ñõ, watyeu-ñõ*.
guerrier, *tavo-ñõ*.
guide, *ñézò-papa-ñõ*.
homme d'équipe, *grabc-yo* (pl. *grabe*).
hôte, *lòodu-ñõ*.
joueur de tambour, *pli-kla-ñõ*.
— d'olifant, *lègre-pa-ñõ*.
maçon, *dodo-ma-ñõ*.
magicien, *zri-ble-ñõ, mèse-pa-ñõ*.
mahométan, *lago-ne·kuki-ñõ*.
marchand, *pèro-pa ñõ*.
marmiton, *kokomete*.
méchant (subst.), *moñumo-ñõ*.
médecin, *gwaze ne·ñõ*.
mendiant, *zrazra-ñõ*.
menteur, *pòkpla-ñõ*.
messager, *wòle-fa-ñõ*.
pagayeur, *lulu-ñõ*.
pêcheur, *fèfya-ñõ*.
pilote, *letye-ñõ*.
poltron, *ñanema-ñõ* (nas.).

porte-canne, *ne-ku·ki-ñõ*.
— parole, *wòle-fa-ñõ*.
porteur, *lè-gbede-ñõ*.
potier, *mama-wñlõ*. (Les femmes seules travaillent à la poterie).
prostituée, *deba-wñlõ* ou *wñlõ-ka-deba*.
querelleur, *lòlo-momo-ñõ*.
raisonneur, *myo-ñõ*.
remplaçant, *bleku-ñõ*.
riche, *lo* (pl. *leyo*).
sculpteur, *degale-zrè-ñõ*.
soldat (des indigènes), *zòkpe* (pl. *zòkpa*).
soldat (des Européens), *sodya*.
tisserand, *lòkwu-bla-ñõ*.
traitant, *tremane*.
vannier (pour corbeilles), *pape-bla-ñõ*.
vannier (pour nattes), *biti·bla-ñõ*.
voleur, *iri-iri-ñõ*.
voyageur, *pléple·ñõ*.

XI. — LE VILLAGE

abri contre la pluie, ou apalam, *pāpä* (pl. *pāpe*) (long).
avant case, *dide*.
banc (poutre servant de), *kpo* (pl. *kpi*).
barrière, *pläkple*.
boutique, *sòpo*.
cabane, *bigbre* (pl. *bigbri*).
campement, *blide* (pl. *blidi*).
case, *uro* (pl. *h'e*).
— à palabres, *kakyè-zò*.
— en terre, *dodo-uro*.
— de femme, *bedi-uro*.
— réservée au chef de famille, *mo-po-uro*.

chaise à dossier, *pata* (bref) (pl. *pate*), *kpata* (pl. *kpate*).
chaise (tabouret), *kpo* (pl. *kpi*).
champ, *lagba* (pl. *lagbe*).
chemin, *ñézò, ñüzò*.
cimetière, *kugre* (pl. *kugri*).
détritus, *ñyañé*.
école, *sœku*.
enceinte, *gbo* (pl. *gbi*).
environs d'un village, *du gò*.
forge, *blagbobla-da*.
fossé, *ñi-bukwo* (pl. *ñi-bukwi*).
fosse mortuaire, *bukwo* (pl. *bukwi*).
fourneau de forge, *pli-kosu*.
fumier, *trugbòzo* (pl. *trugbòze*).

grenier, *uroko*.

habitation (ensemble de l'), *gbo* (pl.
   gbi), *dè*.

hameau, *blide* (pl. *blidi*).

hangar, *pāpă* (pl. *pāpe*).

issue, *ye*.

jardin, voir : « champ ».

magasin, *to, sto, ya*.

maison, *uro* (pl. *hle*), *ya*.

marché, *magete*.

ombrage, *pĕpĕ*.

ordures, voir : « fumier ».

palissade, voir : « enceinte » et « barrière ».

place publique, *zekpa* (pl. *zekpe*).

plantation, voir : « champ ».

pont, *bliki*.

poulailler, *kŏkŏ-uro*.

prison, *geŏ-uro*.

puits, *ñubukwo* (pl. *ñubukwi*).

rue, *pàkpe*.

tesson, *pale-pyo* (pl. *pale-pye*).

tombeau, *losu* (pl. *lesi*).

trou, *bukwo* (pl. *bukwi*).

veranda, *pyăse*.

village, *du* (pl. *di*).

   — abandonné, *duzu* (pl. *dizé*).

   — de culture. Voir : « campement ».

XII. — LA CASE

affaires, bagages, *le*.

bas d'une maison, *uro-a-zŏ*.

cadenas, *kronubwo* (pl. *kronubwi*).

case, voir : (XI. — Le village).

   — comprenant plusieurs bâtiments
   réunis par une cour : *gbo* (pl.
   gbi), *dè*.

case (intérieur de la), *uro a mle*.

chaise, voir : (XI. — Le village).

chambre, *seré, sre* (pl. *sri*).

   — à coucher *mopo-uro*.

coin, *kote* (pl. *koti*).

cour, *dre* (pl. *dri*).

   — d'une habitation européenne,
   ya.

couverture, *tutu* (pl. *titi*), *blăkete* (pl.
   blăketi).

cuisine, *galè* (pl. *gale*).

fenêtre, *wĭdè* (pl. *wĭde*).

foyer, *vade*.

grenier, *uroko*.

haut d'une maison, *hle-gye*.

lien, *bwa*.

lit, *kpayo* (pl. *kpai*), *bèlè*.

magasin, *to, sto, ya*.

marchandises, *le*.

moustiquaire, *ñie uro*.

mur, *hlepyo* (pl. *hlepye*).

natte dure, rigide, *lăgbla* (pl. *lăgble*).

   — demi-rigide, *tyākpă* (pl. *tyākpe*).

   — souple en fibres de pandanus,
   gbite (pl. *gbiti*) (ne pas appuyer
   sur le *g*).

nervure de feuille de palmier raphia
   appelée improprement « bambou », *kŏlo* (pl. *kŏle*).

oreiller, *pina* (pl. *pĭni*).

palissade, *gbo* (pl. *gbi*).

pilier, *hle-su* (pl. *hle-si*).

planche, *plăkepyo* (pl. *plăkepye*).

poutre, *bapo* (pl. *bape*).

salle à manger, *delida* (pl. *delide*).

siège, *kpo* (pl. *kpi*).

sol, *dodoko*.

suie (pendeloques de), *bayro*.
table, *tèble*.
tabouret, voir : « siège ».

toit, *iribubu* (pl. *iribibi*).
ustensiles, *le*.
veranda; *pyase*.

XIII. — INSTRUMENTS, OUTILS, USTENSILES

aiguille, *kwè* (pl. *kwò*).
alène, *mèlo* (pl. *mène*).
allumettes, *màkye*.
assiette, *dapro* (pl. *dapre*).
baguette de cuivre, *gyawi*.
balai, *yòlo* (pl. *yèle*).
balance, *wè*.
baril, *tutu* (pl. *titi*).
bassin, *bo* (bref) (pl. *bi*).
bâton, *zizye* (pl. *zizi*).
bêche, *sèble* (pl. *sèbli*).
boîte (petite), *lòkre-tòire*.
— en fer blanc, *kròka* (pl. *kròke*), *teni*.
bonbonne, *gimigya* (pl. *gimigye*).
bouchon, *pulye* (pl. *puli*), *kòke*.
bougie, *kadroye* (pl. *kadro*) (inusité au singulier).
bourse, *moni-bòtò*.
bouteille, *kpala*, *pala* (pl. *kpale*, *pale*).
cadenas, *kronubwo* (pl. *kronubwi*).
cage, *bru* (pl. *bli*).
calebasse, *dapro* (pl. *dapre*).
— à manche, pour puiser l'eau, *kòmè* (pl. *kò*).
calebasse, servant aux injections, *musukpla* (pl. *musukple*).
caisse, *lòkre* (pl. *lòkru*).
canari, *ñide* (pl. *ñidi*).
canif, *iresabaka* (pl. *iresabake*).
canne, *monamlè-zizye* (pl. *monamlè-zizi*).
cercueil, *kòfe*.

chaîne en métal, *tye*.
chaînette, *tye*.
charge, *gbede-lè* (pl. *gbede-le*).
chasse-mouches en paille, *yòlo*.
— en crin, *biza* (pl. *bize*).
chaudron, *dugbru* (pl. *digbri*).
ciseaux, *sisye* (pl. *sese*).
civière, *bāpo* (pl. *bāpe*).
— pour les morts, *bagbè* (pl. *bagbe*).
clef, *kroneye* (pl. *kroneyo*).
clou, *lete* (pl. *letei*).
— à tête dorée, *buüe* (pl. *buyo*).
coffre, *lòkre* (pl. *lòkru*).
cognée, *dòmè* (pl. *dò*).
corbeille, *pāpā* (pl. *pāpe*).
— dont le fond est formé d'une planchette, *paikpo* (pl. *paikpi*).
corde, *dugrue* (pl. *dugrwi*).
coupe-coupe, *düanō*, *dwaño* (pl. *dwane*).
couteau, *baka* (pl. *bake*).
couvercle, *kruwèlè*.
crayon, *pesro* (pl. *pesri*).
crochet, *bu* (pl. *bi*).
— de portefaix, *bàko* (pl. *bakwe*).
cruche, *bòdoma* (pl. *bòdome*).
cuiller, *tärälä* (pl. *täräle*). (Les ä très brefs, ne pas séparer les syllabes).
cuiller en bois, *si-tärälä* (pl. *si-täräle*).

cuiller (calebasse servant de), *ze* (pl.
    za) (bref).
cuir, *mleku* (pl. *mlekwi*).
dame-jeanne, voir : « bonbonne ».
drapeau, *flaga* (pl. *flage*).
échelle, *bòbatè* (pl. *bòbate*).
écuelle en terre, *dapro* (pl. *dapre*).
   — en bois, *kakripo* (pl. *kakripi*).
   — (sorte de calebasse), *kòmè*
    (pl. *kò*).
enclume, *blagbobla-lete*.
encre, *bògo-ñu*.
entrave, *zokpè*.
enveloppe (en feuilles), *kòfa* (pl.
    kòfe).
enveloppe (en papier), *bògo tòkpa*
    (pl. *bògo tòkpe*).
étoupe, *ukumu*.
éventail, *bubupolè*.
fer d'un outil, *anya, lete*.
filtre à huile de palme, *digble* (pl.
    digbli.
foret, *sùkru*.
fouet, *wope*.
fourche, *bla* (pl. *bale*).
gobelet (fait d'une noix de coco), *za-*
    kòmè (pl. *za-kò*).
gourde, voir : « bouteille ».
   — à injections, voir : « calebasse ».
gourdin, *su kadò*.
grelot, *grie* (bref) (pl. *gri*).
hache, *dòmè* (pl. *dò*).
   — indigène, *bobe-dòmè* (pl. *bobe-*
   dò).
hamac, *hamake* (voir aussi : « civière »).
herminette servant à la construction
   des pirogues, *gbo* (pl. *gbi*) *gòtè-*
   gbo (pl. *gòtègbi*).
hotte, *tukpo* (pl. *tukpi*).

houe, *tòklè* (pl. *tòkle*).
jarre, *gidèli*.
lame, *baka-ne, ne*.
lampe, *lãpe*.
lumière, *lye, kro*.
lunettes, *idyeõ glase*.
maillet, *sidru* (pl. *sidri*).
manche (outil), *kò* (pl. *kwè*).
marteau, *dru* (pl. *dri*).
montre, *watye, wakye*
mortier (à piler), *gule*.
panier (en général), voir : « corbeille ».
panier, pour transporter les poules,
   kòkògbru (pl. *kòkògbri*).
papier, *bògo* (pl. *bògüe*).
parapluie, *kimie* (ne pas appuyer sur
   l'*e*) (pl. *kimi*).
parasol, *kimipèpè*.
peinture, *peni*.
pelle, *sèble* (pl. *sèbli*).
pilon, *wu* (pl. *wui*).
pinces, *kümo* (pl. *kümi*).
pipe, *dāde* (pl. *dādi*).
plat (en terre), *dāpro* (pl. *dapre*).
plat en métal, *anya-dapro*.
plume (à écrire), *bògo-gegra-zizye*.
poids, *wè*.
pot, *ple* (pl. *pli*).
rasoir, *ñisabaka* (pl. *ñisabake*), *brize-*
   baka.
sabre, *afisèdüanõ* (pl. *afisèdwane*).
sac (en toile), *bègè* (pl. *bège*).
   — (en cuir), *floko* (pl. *floküi*).
scie, *soko* (pl. *sokwe*).
seau, *sòlu* (pl. *seli*).
serrure, *lòka* (pl. *lòke*).
sonnette, *grie* (pl. *gri*).
soufflet, *pli*.
tabatière, *polakò* (pl. *polakwè*).
tente, *wène, bògo* (pl. *bògwe*).

torche en bambous, *yüro* (pl. *yire*).

turban (pagne roulé servant de coussin pour porter les charges sur la téte) *gribo* (pl. *gribi*).

van, *betè* (pl. *bete*).

vase (masc.), *ñide* (pl. *ñidi*).

vernis, *valachi*.

verre à boire, *glase*.

XIV. — GUERRE, CHASSE, PÊCHE, NAVIGATION

agrès, *dogrue* (pl. *dogrwi*).

amorce, *kape* (pl. *kapei*).

ancre, *lu* (pl. *li*).

appât, *mlè*.

arc, *plu* (pl. *pli*).

armée, *fakwie* (ne pas appuyer sur l'*i*).

aviron, *blo* (pl. *ble*).

aviron (gouvernail d'une baleinière), *tetye-blo* (pl. *tetye-ble*).

baguette (de fusil), *bu-zizye* (pl. *bu-zizi*).

baleinière, *gèkpo* (pl. *gèkpi*).

balle, *bulye* (pl. *buli*).

baril de poudre, *kobatutu* (pl. *koba-titi*), *bumlu-tutu* (pl. *bumlu-titi*), *gbea-tutu* (pl. *gbea-titi*).

bateau (à vapeur), *me*.

— (à voiles), *gegòlo* (pl. *gegòle*).

bord (d'un navire), *sae*.

boulet, *plibu-a-lye* (pl. *plibu-li*).

cale (d'un navire), *lègye*.

camp, *blide* (pl. *blidi*).

canon, *plibu* (pl. *plibi*).

— (de fusil), *bufe* (pl. *bufei*).

capsule, voir : « amorce ».

cartouche, *bulye* (pl. *buli*).

cartouchière (en forme de ceinture), *laba* (pl. *labe*).

casse-tête (en bois), *kekpo*.

chef de guerre, *irebyo*.

cheminée (de steamer), *fèno*.

chevaux de frise (faits de nervures de raphia très pointues, enfon-cées obliquement jusqu'au ras du sol), *gye*.

chien (de fusil), *bu-a-uge*.

couteau, *baka* (pl. *bake*) (voir aussi : « poignard »).

cri de guerre, *didye*.

crosse (de fusil), *bu-takpo*.

danse de guerre, *dubo*.

dunette, *goa*.

écoutille, *bukwo* (pl. *bukwi*).

épée, *afisè-düanõ* (pl. *afisè-dwane*).

épervier, voir : « filet ».

équipe de pagayeurs, *grabe*.

espion, *üro-ñõ*.

fétiche de guerre. *ta-gu*.

fétiche formé de fibres de raphia et de cauries (indique que le porteur a tué une ou plusieurs femmes), *kubla-lakpa*.

filet (en général), *dada* (pl. *dade*).

— (à crevettes), *sòkle* (pl. *sòklu*).

— (épervier), *dada* (pl. *dade*).

— (seine), *sòklu-kadè*.

flèche, *plilye* (pl. *plili*).

fourreau, *tòkpa* (pl. *tòkpe*).

fronde, *kpòta* (pl. *kpòte*).

fusil, *bu* (pl. *bi*).

— à deux coups, *ñisòkabu*.

— (boucanier femelle), *zàze*.

— (long din), *zàgbè* (pl. *zàgbe*).

— (birding), *kraba* (pl. *krabe*).

— (à pierre, ancien modèle européen), *bòfo* (pl. *bòfi*).

fusil noir, *dibu* (pl. *dibi*).
— Gras, *sodya-bu*.
— de chasse, *krabe-bu*.
gâchette, *bu-a-serè*.
gaffe (nervure de palmier raphia servant de), *tyò* (pl. *tyò*).
gaillard (d'un navire), *bo*.
giberne (renfermant les balles), *keteku* (pl. *ketekwi*).
gourdin, voir « casse-tête ».
gouvernail, *tye-blo* (pl. *tye-ble*).
guerre, *to* (bref).
hameçon, *gwè* (pl. *gwò*).
harpon (en bois), *gòpa* (pl. *gòpe*).
— (en fer), *takpo* (pl. *takpe*).
hauban, *bòbatè*.
homme d'équipe, *grabe-yo* (pl. *grabe*).
javelot, voir : « lance ».
lance courte, *lye* (pl. *li*).
ligne de pêche, *perye*.
mât, *su* (pl. *si*).
nasse, *baya* (pl. *baye*).
otage, *woba*.
pagaie, *blo* (pl. *ble*).
pagayeur, *lulu-ñõ*.
passerelle (d'un ñavire), *bliki*, *bo*.
pêcherie, *zrife-a-da* (pl. *zrife-a-de*).

peau (couvrant la batterie d'un fusil), *klàso* (pl. *klàse*).
piège, *bosu*, *gbòsu* (pl. *besi*, *gbesi*).
pierre à fusil, *butie* (pl. *buti*).
pirogue (en général), *gòlo* (pl. *gòle*).
— (grande), *gòpro* (pl. *gòpre*).
— (à plateforme), *gokàdo* (pl. *gokàde*).
plomb de chasse, *bòlüe* (pl. *bòlüo*).
plume d'aigle pêcheur (piquée dans la chevelure, elle indique que le porteur a tué un homme), *nòkpo* (pl. *nekpe*).
poignard droit, *gbèkè* (pl. *gbeke*).
— en forme de feuille de sauge, *girè* (pl. *gire*).
poire à poudre, *lagrie* (pl. *lagiri*).
pont d'un navire, *bo*, *bliki*.
poste d'équipage, *fògèsre*.
poudre, *bumlu*.
revolver, *kpèleaule*, *bu-tòirè*.
tatouage de guerre, *teato*.
trappes (pour fortifications), *bogbo* (pl. *bogbe*).
vêtement de guerre, *bòlemleku*.
voile, *bògo* (pl. *bògwe*).

XV. — VÊTEMENT, PARURE, TOILETTE

anneau, *bròke*.
— de bras, *manie* (pl. *mani*).
— de jambe, *dagbie* (pl. *dagbe*).
bague, *patrue* (pl. *patrua*).
bijou en or, *sikablè*.
bonnet, *uruble* (pl. *urubli*).
bottes, *si-vae*.
boucles d'oreille, *ñukrwi-wõ-le*.
bouton, *bòlüe* (pl. *bòlüo*).

bracelet (gros, en ivoire), *manie* (pl. *mani*).
caleçon, *dyaba* (pl. *dyabe*).
casquette, voir : « bonnet ».
caurie (coquillage servant à orner divers objets), *nègbie* (pl. *nègbe*).
ceinture, *bèto* (pl. *bète*).
— en ficelle ou en perles main-

tenant le pagne intime des femmes, *bru*.

chaîne, *tye*.

chapeau, *uruble* (pl. *urubli*).

chaussures, *si*.

chemise, *chòte*.

chiffon, *lòkwu-zo*, *lòkwu-pye*, *lòkwu-pyò*.

collier (de perles), *griblè* (pl *grible*), *gribalo* (pl. *gribale*).

collier fait d'une baleine, *syòkpa* (pl. *syòkpe*).

coquillage (servant à orner le fourreau d'un couteau), *alaèkoko* (pl. *alaèkokwe*).

corail, *frase*.

— (faux), *si-frase*.

cordon en soie noire, *blupwa*, *blupoa*.

coton, *gese*.

coudée (d'étoffe), *gavrepyò*.

couverture, *blãkete*, *tutu* (pl. *liti*).

cuir, *mleku* (pl. *mlekwi*).

cure-dents (en bois), *bamè* (pl. *ba*).

dents (écartement artificiel des deux incisives), *grasagelè*.

endroit (d'une étoffe), *lòkwe-a-gye*.

envers (d'une étoffe), *lòkwe-a-mle*.

épingle à cheveux (en fer), *peniye*.

— (en ivoire, fabrication indigène), *dyakò* (pl. *dyakwè*).

étoffe, *lòkwe* (pl. *lòkwu*).

ficelle, *twè*.

fil, *gese*.

— d'ananas, *gyò*.

filasse (de palmes de raphia, se met en paquet autour du cou pour indiquer que l'individu est en grand deuil, qu'il est de retour dans le pays après une longue absence ou qu'il a subi victo-

rieusement l'épreuve du bois rouge), *nègble*.

gourde à injections, *musukpla* (pl. *musukple*).

guinée bleue, *kulòkwu-pwa*.

huile parfumée, *kpo* (bref).

ivoire, *lègrè*.

madapolam, *kükyòlè* (pl. *kükyòle*).

manille, *dagbo* (pl. *dagbe*).

miroir, *mododolè* (pl. *modolole*).

mouchoir, *dyepro*, *lyepro* (pl. *dyepre*, *lyepre*).

mousse (du savon), *sèmlèfefre*.

musc, *dubo*, *nòno*.

nœud, *bwa*.

or, *sika*.

pagne (d'homme), *youle-lòkwe*.

— (de femme), *ñle-lòkwe*.

— (en général), voir : « étoffe ».

pantalon, *trozese*, *bya-lòkwe*.

pardessus, *kotu* (pl. *koti*), *zuku* (pl. *zukwi*).

parfum, *dawéni* (nasillé).

— (obtenu à l'aide de feuilles), *bobonòno*, *meda*.

parfum (obtenu à l'aide de racines), *bu*.

peigne, *fla* (pl. *fale*).

peigne indigène (en bois), *si-fla* (pl. *si-fale*).

peintures blanches, *fie*.

— noires (mélange d'huile et de charbon pilé, se porte avec le *nègble*, voir : « filasse »), *sü-su*, *susu*.

peintures brunes, jaunâtres, *kàtè*.

— bleues, *bru*.

— noires (dessins obtenus à l'aide d'une espèce d'encre), *mle*.

perles, *gri* (nom collectif), *ye* (pl.

yo). Ce mot ne s'emploie jamais seul.

pommade, *mlane*.

sandales, voir : « chaussures ».

savon, *sèmlè*.

serviette, *tao* (pl. *tawi*).

soie, *seleke, sleke*.

tatouage, *ire*.

teinture rouge (employée par les femmes du Moyen Sassandra pour leur cheveux), *geze*.

tissu, voir : « étoffe ».

tresse de cheveux, *blabla-ñi, ñiye*.

veste, *kotu* (pl. *koti*).

vêtement intime des femmes, *gavra* (pl. *gavre*).

vêtement intime des hommes, *mlako* (pl. *mlakwe*).

Appendice.

I. — Nomenclature des pagnes de provenance baoulé ou gouro les plus usités chez les Néyau.

agwadia, grand pagne à larges raies blanches et bleues et à franges.

bèkye, pagne bleu à taches blanches (couleurs fondues).

bèle-lòkwe (pl. *bèle-lòkwu*), pagnes d'origine gouro achetés chez les Bêté).

diase, pagne blanc à raies jaunâtres espacées.

gòdè ou *gwèdè*, pagne d'écorce.

gofi-lòkwe (pl. *gofi-lòkwu*), pagnes d'origine baoulé achetés à Lahou ou à Tiassalé.

kede, pagne blanc.

nakafya, pagne indigène très large.

pro, pagne bleu portant une grande tache blanche (couleurs fondues).

tiago, tissu de fils bleus et blancs.

zuku, pagne entièrement bleu, ajouré).

II. — Nomenclature des perles les plus répandues chez les Néyau.

ableyo, perles genre charlotte, couleur vert foncé.

belimenya, perles grenat à raies blanches et bleues.

bidiñodro, agathe longue à facettes.

bihigye, perles bleues, genre baïacas.

giñrõ, perles blanches, genre baïacas.

kpasò, très grosses perles bleues, rondes.

krakra, perles rondes, moyennes, couleur verte, raies rouges.

kwadye-ñodro, agathe en forme de losange.

lei, perles bleues à reflets verdâtres qu'on trouve dans d'anciennes sépultures.

negrema, perles longues, cylindriques, rouges.

ñodro, agathe plate en forme d'hexagone ou d'octogone.

ñodrope, agathe plate, ronde.

omodoyao, grosses perles cylindriques très longues, rouges à l'ex-

térieur, blanches à l'intérieur.
pòmlanayo, perles, genre charlotte, transparentes.
sawlõsre, perles genre baïacas, rouges à l'extérieur, blanches à l'intérieur.

siyri, perles noires, brillantes, genre baïacas.
yòyro, perles blanches.
zizikpò, perles longues, grosses, noires à l'extérieur, blanches à l'intérieur.

XVI. — L'ALIMENTATION [1]

alcool (en général), *no*.
aliment (en général), *lelidi, delidi, le*.
aliment exotique, *babale*.
— cuit (sauce quelconque avec ou sans viande), *ñumoñu*.
aliment cuit (farineux), *lebwo*.
bananes pilées, *latra-mà, apa*.
biscuit, *sekra*.
boisson fermentée, *no*.
— non fermentée, *mèlemanọ*.
bouchée, *bwo* (pl. *bu*).
eau, *ñu*.
eau chaude, *ñu sro*.
— bouillie, *pipi ñu*.
— froide, *ñu wòto*.
farine, *fòlòpo*.
— (en général), *lèpo*.
foutou (à l'huile de palme), *zo*.
gâteau, *dòfo*.

genièvre, *gine*.
gombo séché, *yèyè inañiñõ*.
graisse, *grisi, nwane*.
huile, *kpo*.
lie (du vin de palme), *nodu*.
manioc pilé et vanné, préparé en tapioca, *mlãna*.
miel, *lovu kpo*.
pain, *fòlò*.
poisson sec, *yèyè-zre* (pl. *yèyè-zri*).
provision, *le, delidi*.
sel, *gu* (sourd).
sucre, *zigri*.
tafia, *klasu*.
viande, *mlè*.
— boucannée, *yèyè mlè*.
— pourrie, *zèzè mlè, mlazo*.
vin de palme, voir : « la flore ».
— rouge, *düvi*.

XVII. — ARTS, MUSIQUE, DANSE, JEUX

accordéon, *lègrekpa* (pl. *lègrckpe*).
baguette de tambour, *pè* (pl. *pa*).
bille (du jeu des 12 cases), *dãgbo*.

calebasse-crécelle, *sèkè*.
castagnettes (formées de deux planchettes), *gòdo* (pl. *gòdc*).

---

1. Pour les noms de certains animaux et végétaux comestibles ainsi que pour les produits animaux ou végétaux qui ne figurent pas ici, voir : « la faune » et « la flore ».

chanson, *lo* (bref).
conte chanté, *nunwo* (pl. *nunwi*).
— parlé, *gribô*.
corne (trompe), *vo* (pl. *ve*), *lègrè*.
danse, *lo* (bref).
— de guerre, *dubo*.
— des femmes, *lubolo*.
— du masque, *grè*.
— des fusils, *dubo*.
— des pagnes, *sagba, adua, luku*.
— de l'amour, *akasera, zaere-*
  kpru.
danse fétiche, *zriblelo*.
flageolet, *fefelye* (pl. *fefeli*)
flûte de Pan, *fefelye* (pl. *fefeli*).
grelot, *grie* (pl. *gri*).
guitare à une corde, *vuba*.
— à plusieurs cordes, *luku* (pl.
  lukui).
histoire, voir : « conte ».
jeu. *dubue*.
— des douzes cases, *wôlo, dagbopru*.
jeu des cauries, *nègbe*.
— de dames (sorte de — où les pions
  sont remplacés par de petits

bambous qu'on pique dans le
  sable), *bà*.
légende, *blagôgonàde*.
masque, *grè*.
olifant, *lègrè*.
poupée (calebasse servant de), *sèkè-*
  kpla (pl. *sèkekpale*).
sifflet, *gbelye, belye* (pl. *beli*).
sonnette, *grie* (pl. *gri*).
sonnette d'appel (avec marteau), *ta-*
  du (pl. *tadi*).
tambour, *ple* (pl. *pli*).
— de guerre, *plidre* (pl. *plidri*).
— d'appel, *plidre* (pl. *plidri*).
— double pour la danse, *teg-*
  bala (pl. *tegbale*).
tambour (petit), *bedre* (pl. *bedri*).
— portatif, *doga* (pl. *doge*).
toupie (sabot, avec fouet), *kpè* (pl.
  kpa).
trompe (en corne), *vo* (pl. *ve*).
— (en ivoire), *lègrè*.
vêtement en fibres de raphia, pour
  la danse, *laure*.

XVIII. — **RELIGION ET SUPERSTITION**

âme, *zuzu*.
amulette, *gwazè*.
arbre-fétiche, *zri-su* (pl. *zri-si*).
bois-rouge (poison d'épreuve), *bo-*
  dûru.
ciel, *Lago-Tapè*.
civière (pour le transport des cada-
  vres à la recherche des sorciers),
  bàgbè.
dieu, *ñüswa*.
enfant (venu au monde les pieds en
  avant), *wakri-yo*.

enterrement, *ayòu* (très nasillé).
envoûtement, *gwazè*.
esprit, voir : « fantôme ».
fantôme, *kplikpliyo*.
fétiche, *gwazè*.
— du Cavally, *bleñiba*.
— pour éloigner les sorciers,
  abòko, adua, gedegri, mato. —
  Ces quatre fétiches ont des cases
  et reçoivent des sacrifices.
génie (bon ou mauvais), *zré* (pl.
  zri).

huile bouillante (pour épreuves), *kposro*.

idole, *zrè* (pl. *zri*).

mort (la). *kwé*.

— (personnification masculine de la), *ko* (pl. *kwo*).

musulman, *lagonekuki-ñõ*.

poison d'épreuve, voir : « bois rouge ».

poison (suc d'euphorbe qu'on introduit dans l'œil du patient), *gò-pò, gètè*.

revenant, *kudu kwo*.

sabbat, *kpè*.

serment, *bàto, gba*.

sorcellerie, *kublagwazè*.

sorcier (envoûteur), *ñõ ka gwazè* ou *kublagwazè-ñõ*.

XIX. — LA MÉDECINE

adénite inguinale, *dyème*.

— de l'aisselle, *zõzõmè*.

ampoule, *dodomu*.

aphte, *nigi*.

aveugle, *ife-ka-ñõ*.

bègue, *gbegbe-ñõ*.

blennorrhagie, *nèkalè*.

blessure (en général), *gye* (bref), (pl. *gi*).

blessure de guerre, *lakya* (pl. *lakye*).

— provenant d'un accident, *blè* (pl. *ble*).

boiteux, *bokio-ñõ*.

borgne, voir : « aveugle ».

bosse, *kwè*.

bossu, *kwè-ñõ*.

bourbouille, *popromu*.

bronchite, *mõyralo*.

cadavre, *kukuko, gàzè*.

cagneux, *bòkòblè-ñõ*.

cancer, *ukògu*.

cécité, *ife*.

chancre, *bavevi*.

chauve, *pòmla-ñõ*.

chique, *nòpe* (pl. *nòpò*).

cicatrice, *pàfo*.

circoncis, *sre-fʒ-ñõ, gofi-ka-ñõ*.

dysenterie, *mõgye, baire*.

eczéma, *sesya*.

éléphantiasis du scrotum, *bumõ*.

enflure des ganglions, *gòkpòulu*.

entorse, *kròkrò*.

épilepsie, *kukumlaple*.

eunuque, *bòtò-sa-ñõ*.

fièvre, *uruirayra*.

— pernicieuse, *ñüzalo*.

fou, *di bla ñõ*.

furoncle, *bwè* (pl. *bò*).

gale bédouine, *dèple*.

— de Guinée, *wehi* (très nasillé).

— des parties génitales, *mapo*.

— marquant la peau de taches plus claires, *wolye*.

gale (parasite de la). *gòplo, sronwe* (pl. *sronò*).

goitre, *blezòklè*.

hernie, *gilye*.

— ombilicale, *ñukòübwa*.

hoquet, *kezeke*.

lèpre, *guzalo, kokofya*.

loucheux, *kpaleyc-ñõ*.

maladie, *gu* (bref).

manchot, *sòdre-ka-ñõ*.

médecin, *gwazè-ne-ñõ*.

médicament, *gwazè*.

monstre, *zriyo*.

morpion, *gibune*.
mort (fém.), *kwe*.
muet, *mumudèle*.
nain, *ñupodrilè*.
nausée, *dedada*.
plaie, *gye* (bref) (pl. *gi*).
plaque muqueuse, *se*.
poison, *gwazè, kublagwazè*.
   — d'épreuve : *bodüru* « bois rou-
    ge », *gètè, gòpò* « euphorbe ».
possédé, *zrible-ñõ, lè ko a gye*.
protubérances aux articulations, *so-
   kòtive*.
purgation, *trotrogwazè*.
pustule, *bwè* (pl. *bò*).

remède, voir : « médicament ».
rhumatisme, *tyòko* (pl. *tyòkwe*).
rougeole, *säkpè* (bref).
sourd, *ñukrwutéli-ñõ*.
syphilis, *bavevi*.
taches cutanées congénitales, *pate*.
   — voir : « gale ».
teigne, *bòbogu*.
tétanos, *kòlo*.
ulcère, voir : « chancre », « cancer ».
variole, *vovòlo-gu*.
ver de Guinée, *nòpovahi*.
   — intestinal, *zamlabro* (pl. *zamla-
    brɛ*).
vomissement, *gòle*.

XX. — DIVERS

acidité, *nene*.
affaires (marchandises, effets), *le*.
affaire (palabre), *wòle*.
amusement, *dubwe, lubwe*.
aumône, *daze*.
beauté, *namè*.
biens (richesses), *le*.
bonté, *namè*.
bruit, *ire*.
cadeau, *daze*.
calcul, *zèlè*.
chagrin, *nazegbe, ñugbo*.
chaleur, *bubu*.
chant, *lo*.
charpente, *hlesi*.
chose, *lè* (pl. *le*).
colère, *de*.
commencement, *kye*.
commerce, *pèro*.
compte, *zèlè*.
conseils (mauvais), *grali wò'e*.
conte, *nunwo, gribò*.

couleur, *ye*.
coutume, *gbe, girama*.
crédit, *kpā, trœse*.
cruauté, *ñumwe*.
danger, *gbo* (pl. *gbe*).
danse, *lo*.
décence, *zo*.
décès, *kwe* (pl. *kwi*).
défrichement, *lo* (long).
demande, *zrazro*.
dette, *kpa*.
difficulté, *ñakale, gbo*.
dimension, *tromè*.
discours, *wòlevahe*.
discussion, *blalè, lòlo*.
disette, *kokwè*.
dispute, *lekpè, lòlo*.
don, voir : « cadeau ».
dot, *le*.
envie, *eto*. Voir : « jalousie ».
fable, voir : « conte ».
faim, *kle, kokwè*.

famine, voir : « disette ».

faute, *gbo* (pl. *gbe*).

force, *fe*.

fortune, voir : « biens ».

froid, *wŏtrŏ*.

gage, garantie, *woba*.

guerre, *to*.

habileté, *fike, degale*.

habitudes, *gbe, fase*.

héritage, *dya, gya*.

histoire, voir : « conte ».

honte, *zo*.

inconvénient, *gbŏ*.

injure, *vralè* (pl. *vrale*), *vravra-wŏle*.

intelligence, voir : « habileté ».

issue, *ye*.

jalousie, *waza*.

jeu, *dubwe, lubwe*.

langue (idiome), *wŏle*.

lieu, *da*.

ligne, *iré, balye*.

loi, *gbe, girama*.

mal, *ñume*.

manières, voir : « habitudes ».

marchandise, *lè* (pl. *le*), *kago*. Voir :
« traite ».

mensonge, *pŏkpla-wŏle*.

milieu, *ñéde*.

mollesse (en parlant des choses), *yŏ-lomè*.

mot, *wŏle-dre*.

nom, *ñle*.

nourriture, *lélidi, délidi*.

nouvelles, *di, wuwudi*.

ordre, *wŏle, lŏ*.

paiement, *pèlè, prupre*.

palabre, *wŏle, tete*.

parole, *wŏle*.

part, *da*.

patience, *dikpo*.

peine, *nazegbe*.

peur, *ñanemè* (la première syllabe
nasillée).

plaisir, *lŏlŏ*.

plaisanterie, *wñlefawŏle, dubowŏle*.

procès, voir : « palabre ».

prodigalité, *dobo*.

pudeur, *zo*.

querelle, *lŏlo, wŏle*.

récompense, *daze*.

respiration, *ñabwo*.

rêve, *ira iro*.

soif, *ñumlato*.

sommeil, *ira, tuè*.

songe, voir : « rêve ».

surnom, *bize ñle*.

trace, *be*.

traite des esclaves, *kŏsyè*.

— (marchandises pour la), *kŏ-syèle*.

traite des esclaves (marchandises
représentant la valeur d'un esclave, prise comme unité : *kŏ-syène*.

travail, *nŏno*.

vérité, *kikya-wŏle*.

XXI. — NOMS DE PEUPLES, DE PAYS, ETC.[1]

Agni, *Plè-yo*.

Anglais, *Brize-yo* (mot à mot : le

---

1. Les noms qui ne figurent pas ici sont, ou bien semblables en français et en néouolé, ou ignorés des Néyau. Voir en ce qui concerne le bassin de la rivière Sassandra la carte au 1 : 500.000ᵉ, publiée par le *Bulletin du Comité de l'Afrique française* (supplément au n° de mai 1903).

ou les enfants de Bristol).
Apollonien, *Plè-yo, Aploni-yo.*
Assinie, *Asini.*
Baoulé, *Baule.*
Bassam, *Grã-Bassa.*
Bérébi, *Aulo.*
Bliéron, *Luane.*
Comoé, *Grã-Bassa-ñe.*
Dabou, *Dabu.*
Drewin, *Kebe.*
Europe, *Kubri.*
Européen, *Gekpi-yo* (m. à m. : le ou les enfants des navires à voiles).
Fanti, *Fãti yo.*
Français, *Frãse-yo.*
France, *Frãse-a-ble.*
Fresco, *Kwãyre.*
Jacqueville, *Ladya, Aludya.*
Kotrou, *Lègrè.*
Lahou, *Blè.*
nègre, *ñukpòpwa.*
Pédro, *Yegò.*
rivière Sassandra, *Nyema.*
— San-Pédro, *Ye.*
— Cavally, *Kavalé, Lua.*
— Tabou, *Uro.*
— Baudama, *Ladyò, Blè-a-ñe.*
— Comoé, voir : « Comoé ».
Sassandra, *Bòkrè.*
Tabou, *Urone.*
Région du bas Sassandra en aval du rapide Brandé, et de la Côte entre la lagune Oua-Oua à l'Est et la lagune Ouatanjé, à l'Ouest (Sassandra et Drewin inclus), *Néhiri, Nihiri.*
Région du Sassandra en aval de Soubré et en amont de Griguibri ou Griguiblé, *Kwadre.*
Région de Drewin (proprement dit), et dépendances, *Kebe.*
Région de Kotrou, *Lègrè.*
— de San-Pedro, *Yegò.*
— de Sassandra (proprement dit) et dépendances, *Bòkrè* (surnom : *Bitie*).
Région de Victory, *Bòdo.*
Indigène de Berebi, *Auru-ñõ* (pl. *Auru-ñwa*).
Indigène de Drewin (proprement dit) et dépendances, *Kebe-a-ñõ* (pl. *Kebe*) (surnom : *madu, dyama-duyo*).
Indigène de Fresco, *kwaya-ñõ* (pl. *kwaya*).
Indigène de Kotrou, *Lègrè-ñõ* (pl. *Lègrè-ñwa*).
Indigène du Kouadré, *kwadre-a-ñõ* (pl. *kiwadya*).
Indigène de Lahou, *Blè-ñõ* (pl. *Blè-ñwa*).
Indigène du Nihiri, *Néyo, Niyo.*
— de Sassandra (proprement dit) et dépendances, *Bòkrè-ñõ* (pl. *Bòkra*), (surnoms : *Bitie, dgablaboyò*).
Indigène de Victory, *Bòdo-ñõ, Bòdo-a-ñõ* (pl. *Bòdokwa*).
NOMS DE RACES : *Bakwe, Bañüa, Bèle, Gòdye, Kwadya, Néyo.*

REMARQUES : 1° Lorsqu'il n'existe aucun mot spécial pour désigner le ou les habitants d'un village ou d'un pays, on peut ajouter au nom du pays ou du village le mot *ñõ* (pl. *ñwa*) ou le mot *yo* pour former le nom de l'habitant ;

2° Les Néyau ajoutent souvent le suffixe *iri* au nom indigène, quand il s'agit de villages ou pays étrangers;

C'est ainsi par exemple que le pays des *Maboa* ou *Mabwa* est appelé par eux *Mabu-iri* (les habitants de cette région : *Mabu-yo*). Le nom de leur propre pays et les noms de quelques tribus néyau se forment également à l'aide de ce suffixe. Exemple : *Nihiri*, *Nuku iri*;

3° Quand le nom d'un pays se termine en *iri*, le nom de ses habitants se termine toujours en *yo*.

Exemple : *Nihiri* ou *Néhiri* (habitants : *Niyo* ou *Néyo*); *Duboiri* (habitants : *Duboyo*); *Duiri* (habitants : *Duyo*); *Grihiri* (habitants : *Griyo*);

4° Le même mot n'est jamais employé pour désigner le pays, les habitants et la langue ;

5° Le nom du langage s'obtient en ajoutant le mot *wòle* au nom du pays.

Exemple : *kwadre-wòle* « langage du Kouadré »;

6° Un grand nombre de noms de villages sont formés du nom propre du chef suivi du mot *du* « village » ou de ce même mot précédé de la particule *a* qui indique le rapport de dépendance (Observations grammaticales : 5°). Exemple : *Zago-a-du*, « village de Zago ». Ce privilège de donner leur nom à leur village n'appartient qu'aux vivants, jamais un village ne porte le nom d'un mort;

7° D'autres sont formés du nom d'une rivière, d'une montagne, d'un arbre, d'un rocher ou d'un terme géographique quelconque suivi de l'un des mots : *ko* ou *gò* « à côté de ...»; *zò* « en bas de ...»; *gye* « sur »; etc...

Exemples : *Dableko* ou *Dablegò* « à côté de Dablé »; *Dagbègò* « à côté de Dagbè »; *Bobosuzò* « au bas de l'arbre de l'épervier »; *Pahegye* « sur la colline Pahé »;

8° Quand l'endroit où le village est bâti possède une particularité quelconque, ce village prend le nom de l'objet remarquable, suivi du mot *du*, (voir : 6°).

Exemple : *ñafi-du* « le village des palmiers nains »; *mise-du* « le village des herbes »; *lòkpi-du* « le village des îles », etc..;

9° Certains villages situés à l'embouchure d'un fleuve ou d'une rivière prennent simplement le nom de ce cours d'eau suivi du mot *ne* « embouchure ».

Exemple : *Dòbone* « embouchure de la Dobo »[1];

10° Au contraire de ce qui a lieu pour les noms de villages formés du nom d'un individu (voir : 6°), les noms de tribu ou de famille, formés du nom du fondateur ou d'un homme célèbre de la tribu ou de la famille, sont conservés bien après la mort de cet individu.

Exemple : tribu de *Kèkèyo* « les enfants de Kèkè » ; tribu de *Badi-yo*, « les enfants de Badi », etc... ;

11° Les villages sont généralement divisés en trois parties : *du-a-blèko, du-a-ñédé, du-a-zò* « Le haut du village, le centre du village, le bas du village ». Dans les villages placés sur le bord d'un cours d'eau on appelle « Le haut du village » la partie située en amont.

Quand le village est sur le littoral, le « haut... » est la partie occidentale.

XXII. — LA NUMÉRATION

1.	*bolo, blo.*	18.	*koba-gbàta.*
2.	*sò.*	19.	*koba-fèna.*
3.	*ta.*	20.	*gro* (pl. *gre*).
4.	*mona* (o long)[2].	21.	*gro-le*[4]*-blègbe.*
5.	*be, gbe.*	22.	*gro-le-sò.*
6.	*befro, gbefro*[3].	23.	*gro-le-ta.*
7.	*bàso, gbàso.*	24.	*gro-le-mona.*
8.	*bàta, gbàta.*	30.	*gro-le-koba.*
9.	*fèna.*	31.	*gro-le-koba-blègbe.*
10.	*koba.*	32.	*gro-le-koba-sò.*
11.	*koba-blègbe, koba-blo.*	40.	*gre-sò.*
12.	*koba-sò.*	41.	*gre-sò-le-blègbe.*
13.	*koba-ta.*	42.	*gre sò-le-sò.*
14.	*koba-mona.*	50.	*gre-sò-le-koba.*
15.	*koba-gbe.*	60.	*gre-ta.*
16.	*koba-gbefro.*	70.	*gre-ta-le-koba.*
17.	*koba-gbàso.*	80.	*gre-mona.*

1. Nom donné par les indigènes au poste et à une partie du village de Boutoubré.
2. Appuyer toujours sur la première voyelle des noms de nombre dissyllabiques.
3. Ne jamais appuyer sur le *g* dans les mots *blègbe, gbefro, gbàso, gbàta.*
4. Le mot *le* sert de liaison : *gro-le-sò* pourrait être traduit « vingt-et-deux. »

90.	*gre-mona-le-koba.*	800.	*di-sò, gre-a-gre-sò.*
100.	*gre-gbe.*	900.	*di-sò-le-gre-gbe, gre-a-gre-*
101.	*gre-gbe-le-blègbe.*		*sò-le-gre-gbe.*
102.	*gre-gbe-le-sò.*	999.	*di-sò-le-gre-fèna-le-koba-fè-*
110.	*gre-gbe le-koba.*		*na, gre-a-gre-sò-le-gre-*
120.	*gre-gbefro.*		*fèna-le-koba-fèna.*
130.	*gre-gbefro-le-koba.*	1000.	*di-sò-le-gre-koba,* etc...
140.	*gre-gbàso.*	1200.	*di-ta, gre-a-gre-ta.*
200.	*gre-koba.*	2000.	*di-gbe, gre-a-gre-gbe.*
300.	*gre-koba le-gre-gbe.*	8000.	*tyème, di-a-gro.*
400.	*gre-a-gro*[1]*, du* (pl *di*).		
410.	*du-le-koba.*		
500.	*du-le-gre-gbe, gre-a-gro-le-*		
	gre-gbe.		
600.	*du-le-gre-koba, gre-a-gro-le-*		
	gre-koba.		
700.	*du-le-gre-koba-le-gre-gbe.*		

(Nota. — En employant le même système on pourrait continuer à compter au delà de 8000, mais les Néyau eux-mêmes ne comprendraient plus!...)

REMARQUES : 1° Il est facile de se rendre compte que cette numération était primitivement quinaire. Les mots *befro* (6), *bàso* (7), *bàta* (8) viennent de *be* ou *gbe* (5) et de *blo, sò, ta* (1, 2, 3). Le mot *fèna* (9) a été emprunté aux *Godyé* qui le prononcent *pèna*.

Chez les Bêté on retrouve presque intact le système quinaire. Ils disent, en effet : *ngbi* (5), *ngbopro* ou *ngbe pro* (5 + 1 = 6), *ngbiso* (5 + 2 = 7), *ngbota* (5 + 3 = 8), *ngbimona* (5 + 4 = 9);

2° Le nombre 20, on a pu le remarquer, a un nom spécial *gro* (pl. *gre*) et forme une nouvelle unité.

Il en est de même de 400 (20 *gre*) et 8000 (20 *di*) qui sous les noms de *du* (pl. *di*) et *tyème* forment de nouvelles unités.

3° La numération n'est jamais employée par les Néyau telle qu'elle est dans le tableau précédent, ils s'embrouilleraient dans leurs nombres avant d'arriver à la fin; ils sont obligés pour se comprendre entre eux de répéter le nom des objets qu'ils comptent entre tous les noms de nombres et surtout avant les noms d'unités.

Exemple : « cinquante-cinq couteaux » se traduira par : « cou-

---

1. La particule *a* pourrait se traduire par « de »; *gre a gro* signifierait donc : « de vingtaines. vingt ». — Voir cette même particule dans les « Observations grammaticales, 5° ».

teaux vingtaines deux, couteaux dix, couteaux cinq » *bake gre sò*
(40), *bake koba* (10), *bake gbe* (5). — Total : 55. « Huit cent trente-
huit hommes » se traduira par : «hommes quatre cents deux fois
(20³ × 2), hommes vingt, hommes dix, hommes huit. » *ñwa di sò,
ñwa gro. ñwa koba, ñwa gbàta*;

4° « Un seul » se dit *blëgbe* ou *a mu*. On ne dira jamais *gòlo blo*
ni *gòlo bolo*, « une pirogue », mais *gòlo blëgbe* ou *gòlo a mu*.

Il en est de même lorsqu'on est obligé d'employer le nombre 1
dans un compte. Exemple : « 151 hommes » devra, selon la règle
énoncée plus haut, se traduire par : « hommes vingtaines sept,
hommes dix, homme un ».

On dira donc : *ñwa gre-gbàso* (140), *ñwa koba* (10), *ñõ a mu* (1).

un seul, *blëgbe*, *a mu*.

un par un, *blo-blo*.

deux par deux, *sò·sò*.

moitié, *dre* (m. à m. : « morceau, partie »).

partie quelconque, tiers, quart, etc., *dre*.

une fois, *blëgbe-ko*.

deux fois, *sò-ko*.

dix fois, *koba-ko*.

combien de fois? *zwogba-ko-a?*

combien? *zwa?*

Il n'y a pas de noms de nombres ordinaux en néouolé, sauf
« premier » qui se dit *tega* et se place devant le nom.

On traduit aussi « premier » par *fœste* qui n'est qu'une altération du mot anglais « first ».

XXIII. — LES MONNAIES ET LES MESURES

I. — Monnaies indigènes.

manille, *dagbo* (pl *dagbe*).

une manille, *dagbo*.

deux manilles, *dagbe sò*.

trois manilles, *dagbe ta*.

dix manilles, *dagbe koba*.

vingt manilles ou « un paquet de manilles ». Le paquet de vingt forme, selon les règles de la numération néouolé, une unité. On l'appelle *dagro* (pl. *dagre*).

deux paquets de manilles, *dagre-sò*.

trois paquets de manilles, *dagre-ta*.

vingt paquets de manilles. — L'ensemble de vingt paquets de manilles forme une troisième unité appelée *dagbedu* (pl. *dagbedi*).

deux dagbédou, *dagbedi sò*.

dix   — , *dagbedi koba*.

vingt   — . L'ensemble de vingt dagbedou forme une quatrième unité nommée *tabru* (pl. *tabri*). Ce mot est peu usité.

Nota. — 1° La manille est une sorte de bracelet en forme de fer à cheval pesant environ 130 grammes et formé d'un alliage de cuivre et d'étain. Elle valait primitivement, paraît-il, 0 fr. 23 en Europe, mais, depuis, les nombreuses importations de manilles de petite taille ou de mauvaise qualité ont fait diminuer la valeur fictive de cette monnaie qui vaut actuellement à Sassandra, pour les indigènes, 0 fr. 20 ou 4 francs le paquet. Cette valeur tend à diminuer de plus en plus jusqu'à la complète disparition de cet incommode article de traite.

Exemple d'un compte de manilles :

. Pour 278 fr. 60 nous aurons 1.393 manilles à 0 fr. 20 ou *dagbedi ta, dagre fêna, dagbe koba, daybe ta.*

C'est-à-dire :

3 dagbedou, chacun de 20 paquets. . .	1.200 manilles
9 paquets de 20 manilles chaque. . . .	180 —
10 manilles	10 —
3 manilles	3 —
Total . . .	1.393 manilles

2° Les indigènes du Moyen-Sassandra ont, comme monnaie, le « sombé », tige mince en fer longue de 0^m,22, convexe sur une face, en forme de gouttière sur l'autre côté, terminée à l'une de ses extrémités par une sorte de spatule large de 2 centimètres et à l'autre bout par une lamelle de 35 millimètres de longueur sur 5 millimètres de largeur, qui forme avec la tige principale un angle de 115 degrés. Les Bêté appellent cette monnaie *urugu* (pl. *urugwi*). Elle représente une valeur de environ 0 fr. 05. — Les sombé sont fabriqués par les Maliukés du sud-ouest et par les Lo ou Gouro ; le paquet de vingt sombé forme une unité.

II. — Mesures pour l'huile de palmes.

hafegala, demi-gallon, valeur 3 manilles.

gala (pl. *gale*), gallon, valeur 6 manilles.

kru (pl. *krwi*), valeur 5 gallons ou 30 manilles.

III. — Mesures pour les graines de palmes.

zatutu (pl. *zatiti*), keg ou baril à poudre rempli de graines ; valeur de 6 à 10 manilles.

zakru (pl. *zakrwi*), caisse à gin remplie de graines. Valeur de 12 manilles.

II. — Mesures pour l'huile de palmes.

agese, valeur 10 kru ou 300 manilles.
boni, valeur de 3 agésé et demi, à 4 agésé.

III. — Mesures pour les graines de palmes.

zasòlu (pl. *zaseli*), petit seau en fer rempli de graines. Valeur de 2 à 4 manilles.

Nota. — La valeur de ces mesures et leur capacité n'ont rien d'officiel. Elles varient au gré des factoreries anglaises qui sont presque les seules à les accepter.

IV. — Mesures pour les étoffes.

coudée ou 1/2 brasse, *gavrepyo, gavrepye*.
brasse [1] d'étoffe, *lòkwusò* (pl. *lòkwusüe*).
pièce d'étoffe, *lòkwubo* (pl. *lòkwubi*).

V. — Mesures pour les perles.

collier de perles (un fil), *gribalo* (pl. *gribale*).
masse de perles, *griko* (pl. *grikwi*).
une perle, *gri-ye*.

On évalue la distance d'un point à un autre selon le nombre des journées de marche ou, pour les points peu éloignés, d'après la durée approximative du trajet évaluée au moyen de la course apparente du soleil.

On dit, par exemple : « Si tu pars au chant du coq » ou « Si tu pars au lever du soleil, quand tu arriveras à tel endroit, le soleil sera là » et on désigne dans le ciel l'endroit où sera le soleil.

VI. — Monnaies européennes.

1° françaises.

pièce de 0 fr. 50, *sele-bese, toku*.
— 1 fr. *frège-ye* (pl. *frège-yi*), *sele* (pl. *sele-yi*).
— 2 fr. *sele-yi-sò*.
— 5 fr. *dulwe, lulwe* (pl. *dulwa-yi, lolwa-yi*).
— 20 fr. *dèblèlulwe, dèblèdulwe*

(pl. *dèblèlulwa, dèblèdulwa*).

2° anglaises.

pièce de 6 d. *brize-sele-bese*.
— 1 sh. *brize-sele* (pl. *brize-sele-yi*).
— 1 livre sterling, *pò* (pl. *pè*).

Argent monnayé.

mòni.

---

1. La brasse se mesure de l'extrémité des doigts de la main droite à celle des doigts de la main gauche, les bras tendus en croix.

XXIV. — **DIVISIONS DU TEMPS**

année de 12 mois lunaires, *lòkpa*
    (pl. *lekpé*).
mois lunaire, *tyo* (pl. *tye*).
semaine, *uke*.
jour, *üru* (pl. *iri*).
— (date), *üru*.
— (opposé à nuit), *üro, irizabla*.
nuit, *debe*.
dimanche, *sòle*.
lundi, *sòle-a-mòne*.
mardi, *sòle-a-sò üru*.
mercredi, *sòle-a-ta-üru*.
jeudi, *sòle-a-mona-üru*.
vendredi, *fraylè, sole-a-gbe-üru*.
samedi, *sòlelè*.
saison sèche (mois de janvier, fé-
    vrier, mars et une partie du
    mois d'avril), *iréba, iriba*.
saison des pluies (fin du mois d'avril,
    mois de mai, juin, juillet), *ño-
    gozo*.
saison des tornades (août-septem-
    bre), *nigye*.
saison intermédiaire (octobre, no-
    vembre et décembre), *bidc*.
aube, *dodwo*.
aurore, *ürogavra*.
matin (de bonne heure), *gegribla,
    zreze, zreaze*.
coucher du soleil, *nünodwa*.
crépuscule, *kòsubo*.
soir, *kòsubo*.
midi, *irézabla, irizabla*.
après-midi, *momo-üro*.

nuit, *debe*.
minuit, *dodokado*.
lune, *tyo*.
— (nouvelle), *gogru*.
— (pleine), *tyodide*.
— (dernier croissant), *tye pyo*.
cette année, *lòkpa èlèa*.
l'année dernière, *beko-lòkpa*.
l'année prochaine, *lòkpa ye*.
il y a deux ans, *lekpe sò a ple*.
dans deux ans, *lekpe sò ne ple*.
ce mois-ci, *tyo èlèa*.
le mois dernier, *tyo a ple èlèa, beko-
    tyo*.
le mois prochain, *tyo i a*.
avant-hier, *kà-a-le*.
hier, *kà-a-la* ou *kà* (long).
aujourd'hui, *zèmle*.
demain, *kè*.
demain matin, *kè a gegribla, gegri-
    bla*.
demain de très bonne heure, *gegri-
    bla-mi* (appuyer sur *mi*).
demain avant le lever du soleil, *zre-
    nezia*.
demain dans la journée, *zrc aze*.
demain soir, *kè a kòsubo*.
demain dans la nuit, *kè a debe*.
il y a trois jours, *iri ta a ple*.
depuis combien de jours? *iri-zu
    èlèa?*
combien de jours? *iri zwa?*
quel jour? *üru gba?*

DEUXIÈME PARTIE

LES ADJECTIFS ET LES PRONOMS

ADJECTIFS QUALIFICATIFS

OBSERVATIONS. — 1° Les adjectifs qualificatifs sont généralement invariables en néouolé. Exemple : *ñumo ñõ* « un mauvais homme », *ñumo ve* « un mauvais chien », *ñumo ñwa* « de mauvais hommes », *ñumo vo* « de mauvais chiens ».

Quelques adjectifs font cependant exception à cette règle et s'accordent en genre et en nombre avec le substantif. Ce sont, par exemple : *kadò* (pl. *kada*) « grand » qui, au neutre fait *kado* ou *kadè* (pl. *kada*), *zalò* « rouge » qui fait, au neutre, *zalè* ou *zalo*. On dit : *ñõ kadò* « un homme grand », *ñwa kada* « des hommes grands », *su kado* « un grand arbre » *ve kadè* « un grand chien ».

Quelques adjectifs qui, au masculin ou féminin, se terminent en *a* changent cette voyelle en *è* lorsqu'ils sont au neutre.

2° Certains qualificatifs doivent être placés après le nom auquel ils se rapportent, d'autres avant ce substantif.

Dans le vocabulaire, on trouvera, à côté de chaque adjectif, le signe (av.) ou (ap.) selon que cet adjectif doit être mis avant ou après le nom qu'il détermine.

3° On remarquera, dans le vocabulaire suivant, que le néouolé possède peu d'adjectifs qualificatifs. C'est quelquefois un verbe qui, dans ce dialecte, sert à exprimer l'idée et remplace l'adjectif que nous avons en français[1].

Ainsi on n'a pas d'adjectif qui signifie « fatigué » mais une forme verbale signifiant « fatiguer, être fatigué »; « un homme fatigué » se traduira par *ñõ òlèa ò a sya* « homme celui-là, il est fatigué ». Lorsque l'adjectif doit ainsi se tourner par un verbe, on a

---

1. Chercher dans le vocabulaire des verbes les adjectifs à forme verbale qui ne se trouvent pas ici.

indiqué ce verbe à la troisième personne du singulier en le faisant suivre de la mention (v.).

4° Plus souvent l'idée que nous exprimons, en français, par un adjectif est exprimée en néouolé par un nom accompagné d'un verbe auxiliaire, « être », « avoir » ou « faire » Exemple : « dangereux » se traduit par *gbo ka* « avoir du danger », « difficile » par *ñakale ka* « avoir des difficultés », « pointu » par *mèlo ka* « avoir une pointe », « intelligent » par *fike ka* « avoir de l'intelligence » « double », par *sò ko* « être deux ».

5° Fréquemment nous avons, en français, deux adjectifs exprimant deux idées contraires, alors qu'en néouolé il n'y en a souvent qu'un seul, qui, comme nous l'avons vu plus haut, n'est en réalité qu'une forme verbale. On obtient alors l'idée contraire en faisant précéder ce mot de la négation *ne*.

Exemple : *du tro-da* « Le village est loin », *du ne da-tro* « Le village est proche », m. à m. : « Le village n'est pas loin ».

6° Le nom verbal peut quelquefois servir d'adjectif. Exemples : *urò-urò* « action de casser ou d'être cassé », nom verbal de *urò* ou *ura* « casser ou être cassé » et *zè-zè* « action de compter », nom verbal de *zè* « compter ». On peut dire *urò-urò dapro* « une assiette cassée », *zèzè-ñõ* « un homme avare, économe; un homme qui compte ».

abandonné (voir aux verbes).

abîmé, *gba* (ap.), en parlant d'outils, d'ustensiles, etc., *zo* (ap.), en parlant d'étoffes, de papiers, de vêtements, etc.

achevé (voir aux verbes).

acide (voir aux verbes).

adhérent, *mèmè* (av.).

adroit (en général), *tetra, degale* (av.).

agile, *tetra* (av.).

agité (en parlant de l'eau), *pepli* (av.).

agréable, *mè* (ap.), *mèlèmè* (av.)

agressif (en parlant d'un animal), *vovo* (av.).

aimable, *nama, sasra* (av.).

amer, *kalma* (av.).

ancien, *blagògò* (av.).

audacieux, *kalema* (av.).

autre, *igra* (av.).

avare, *zèzè* (av.).

aveugle, *ife* (accompagné de l'aux. *ka* « avoir »).

bas (se traduit par « n'être pas haut », « être en bas » ou « morceau de ». Ex. : « une chaise basse » *patedre*, m. à m. « un morceau de chaise ».

bavard, *kukiki, kiki* (av.).

beau, *nama* (av.), *ò na* (v.).

belliqueux, *bable, lòlomomo* (av.).

bête, *nuno, nena* (av.). Voir aux verbes.
blanc, *pòloma* (av.), *ò pò* (v.).
bleu, *blu* (av.).
boiteux, *bokio* (av.).
bon (en général), *nama, namè* (av.),
ò na (v.) (à manger), *mènema*
(av.), *è mè* (v.).
bon marché (voir aux verbes).
brave (voir : « audacieux »).
brillant, *ñlañla* (av.).
carré, *veve* (accompagné de l'aux.
ka « avoir »).
cassé, *urò urò*.
certain (sûrement vrai), *kikyá* (av.),
kyesa, kikyesa (accompagnés de
l'aux. *ko* « être »).
châtré, *bòtò-sa* (av.).
chaud (en général), *sumwe* (av.).
chaude (eau), *sro* (ap.); *è su* (v.).
— (en parlant de la tempéra-
ture), voir aux verbes : « faire
chaud ».
cher (par le prix), *die* (accompagné
de l'auxiliaire *pa* « faire »).
clair (de couleur), voir : « blanc ».
collé, *yemèmè, mèmè* (av.).
content, voir aux verbes : « content
(être) ».
convenable (voir aux verbes : « convenir »).
courbe, *mògregru* (av.).
court, voir aux verbes : « long (n'être
pas ».
craintif, *ñanema* (av.).
creux, *mle, bukwo* (accompagnés de
l'aux. *ka* « avoir »).
cru, voir aux verbes : « cuit (n'être
pas) ».
cruel, *ñumo, moñumo* (av.), *ò ñu* ou
è ñu (v.).

cuit, *iri iri* (av.), *è iri* (v.).
débauché, *dobo* (av.), *deba* (accompagné de l'aux. *ka* « avoir »).
demi, *hafo*.
différent, voir : « autre ».
difficile, *ñakale* (accompagné de
l'aux. *ka* « avoir »).
discuteur, *ñukrutèma, lòlomomo*
(av.).
doux (au goût), *mènèma* (av.), *è mè*
(v.) (de caractère) *sasra* (av.).
Voir aux verbes : « doux (être) ».
droit, voir aux verbes : « droit
(être) ».
dur, *tèma* (av.), voir aux verbes :
« dur (être) ».
ébouriffé, *tète* (ap.).
écervelé, *nena* (av.).
économe, *zèzè* (av.).
écrasé, *uraura* (av.).
effilé, *ñliki, mèlo* (accompagnés de
l'aux. *ka* « avoir »).
effrayant, *ñanemè* (accompagné de
l'aux. *ka* « avoir »).
élégant, *ñubudo* (av.).
emporté (de caractère), *deõ* (av.),
ò fyo deõ da (v.).
engourdi, *toto, bòbwa* (av.).
envieux, *wàza* (av.).
épais (dense), *ku* (ap.).
étourdi, voir : « écervelé ».
étroit, *kooroma* (av.).
exact, voir : « certain ».
fainéant, *wòtòma* (av.), *ò wòtò* (v.).
fatigué, voir aux verbes : « fatigué
(être) ».
faux (pas vrai), *pòkpla* (av.).
— (de caractère), *üro üro* (av.),
pòkpla (accompagné de l'aux.
ka « avoir »).
fendu, *mora* (av.).

fin (au propre), *è ne ku ko* (v.).
— (au figuré), *ŭro* (av.), voir : « intelligent ».
fin (en parlant des poils), *mla* (av.), *dède* (ap.).
fondu, *ñaloè* (très nasillé).
fort, *tèma* (av.), *ò* ou *è tè* (v.), *fe* (accompagné de l'aux. *ka* « avoir »).
fou (malade), *dibla* (av.). Voir aussi aux verbes : « fou (être) ».
fou (pas intelligent), *nuno, nena* (av.).
fourbe, voir : « faux ».
frais (froid), *wòtòma* (av.).
— (humide), *è bòbwò* (v.).
froid, *wòtòma* (av.), *è wòtò* (v.).
gauche, *komya* (accompagné de l'aux. *ko* « être »).
gluant, *dyadya, dèdya* (av.).
gonflé, *bubu* (av.).
gourmand, *leli* (av.).
grand (en général), *kadò* (au neutre *kadè* et *kado*, au pluriel *kada*), se place après le substantif, *vae* (ap.), *ò* ou *è iri* (v.).
grand (par la taille), *pòtòto* (ap.).
gras, *kadò* (ap.), *noa* ou *nwa* (ap.), *ò ñinimo* (v.).
gris (cheveux), *ñi ñle*.
gros (choses), *vae* (ap.).
— (personnes), voir : « gras ».
habile, *degale* (av.).
— (au moral), *fike* (accompagné de l'aux. *ka* « avoir »).
hardi, voir : « audacieux».
haut, *urutroma* (av.), *lago uru* (accompagné de l'aux. *ko* « être »).
heureux, voir aux verbes : « content (être ».
honnête, *sasra* (av.).
honteux, *zo* (accompagné de [l'aux. *ka* « avoir »).

humide, voir : « frais ».
idiot, voir : « bête ».
incestueux, *dobo* (av.).
indocile, *ñukrutèma* (av.).
industrieux, *degalezre* (av.).
intelligent, *fike* (accompagné de l'aux. *ka* « avoir »).
intrépide, voir : « audacieux ».
ivre, *no bla* (v. actif).
jaloux (en général), *wàza* (av.).
— (d'une femme), *ñlega* (av.).
jaune, voir : « rouge ».
joli, *nama* (av.), *è na* (v.).
juste (exact), voir : « certain ».
— (qui pratique la justice), *wòle yèble* (av.).
laid, *ñumo* (av.), *ò ñu* (v.).
large, *vae* (ap.), *uro* (accompagné de l'aux. *ko* « être »), *è iri* (v.).
léger, voir aux verbes : « lourd, (n'être pas) ».
lent, voir aux verbes : « rapide (n'être pas) ».
liquide, *ñaloè* (très nasillé).
lisse, voir aux verbes : « lisse (être) ».
lointain, voir aux verbes : « loin (être) ».
long, *vae* (ap.). Voir aussi aux verbes : « long (être) ».
louche (en parlant des yeux), *kpaleye* (accompagné de l'aux. *ka* « avoir »).
lourd, voir aux verbes : « lourd (être) ».
lourd (engourdi), *talema* (av.).
lumineux, *lye* (accompagné de l'aux. *ka*).
maigre, *grògrò*.
malade, voir aux verbes : « malade (être) ».

malheureux, *naze* (av.).

malhonnête, *iri iri* (av.).

malin, *üro* (av.).

mauvais, *ñumo* (av.), *ò* ou *è ñu* (v.).
Voir aussi aux verbes : « bon (n'être pas) ».

méchant, voir : « cruel ».

même, *gro*, *sèfo*.

— (le), *òmo* (neutre *èmè*).

mendiant (qui quémande sans cesse), *zrazra* (av.).

menteur, *pòkpla* (av.).

méprisable, *frèfrè* (av.).

mince, voir « maigre » et aux verbes : « gros (n'être pas) ».

mobile, voir aux verbes : « mobile (être) ».

moderne, *kamle* (av.).

modeste, *zo bla* (v. act.).

mou, *yòloma* (av.). Voir aussi aux verbes : « dur (n'être pas) ».

moucheté, *wòlè wòlè* (av.).

mouillé, voir « humide ».

mûr, voir aux verbes : « mûr (être) ».

neuf, *yalè* (ap.).

noir, *trima* (av.), *ò ti* (v.), *kpwà* (ap.) (ne pas appuyer sur le *k*).

noir et blanc, *wèlèma* (av.).

nombreux, *zu*.

nouveau, *yalo*, *yalè* (ap.).

nu, voir aux verbes : « nu (être) ».

obscur, *kükyu* (av.).

odorant, voir aux verbes : « odorant (être) ».

orgueilleux, *bovole*.

outrageux, *vravra* (av.).

pacifique, *kwè kwè*, *sasra* (av.).

pareil, voir « semblable ».

paresseux, voir « fainéant ».

patient, voir aux verbes : « patient (être) ».

pauvre, *naze* (av.).

perdu, *two two* (av.).

pesant, voir aux verbes : « lourd (être) ».

petit (de taille), *ñidrilè* (subst.).

— (en général), *toirè* (ap.) (pl. *toyio*).

petit (très), *totoirè* (ap.).

peureux, *ñanema* (av.).

plein, *ye*, *lo* (v.).

poilu, *ñika* (av.).

pointu, *mèlo* (accompagné de l'aux. *ka* « avoir »).

poli (lisse), voir aux verbes : « lisse (être) ».

poltron, voir : « peureux ».

possédé (d'un mauvais esprit), *gwazè* (accompagné de l'aux. *ka* « avoir »).

pourri, *zè*, *zo* (ap.).

premier, *tega*, *tètèga* (av.), *fœste* (av.).

prêt, *rèlè* (ap.) [1].

proche, voir aux verbes : « loin (n'être pas) ».

prodigue, *deba* (av.).

profond, *tromo* (ap.).

propre, *kli* (ap.), voir : « joli ».

puant, voir ce mot aux verbes.

querelleur, *kapakapa*, *lòlomomo* (av.).

raisonneur, *myò* (av.).

rapide, *fyo fyo* (av.), *ò fyo* (v.).

riche, voir aux verbes : « riche (être) ».

rieur, *graña* (av.).

rond, *bògire* (accompagné de l'aux. *ka* « avoir »).

---

1. Les mots *rèlè*, *fœste* sont des corruptions des mots anglais « ready, first. »

rôti, *roso* (av.).

rouge, *zalò* (au neutre, *zalè* et *zalo*), se place après le substantif. Voir aux verbes : « rouge (être) ».

rouillé, voir ce mot aux verbes.

rugueux, *pruku pruku* (avec l'aux. *ko* « être »).

sale, *sese, pue* (av.).

salé (tourner par « avoir du sel »).

sauvage, *nena* (av.).

sec, voir ce mot aux verbes.

semblable, *a mimi* (v.), *sètè, èmè, semwè* (accompagnés de l'aux. *ko* « être »).

sérieux (sévère), *sasra* (av.).

seul (unique), *blègbe, amu* (ap.).

sinueux, *kobehye* (av.).

solide, voir aux verbes « fort (être) ».

sot, *nuno* (av.).

stagnante (eau), *sòkpa* (av.).

sucré, *mènèma* (av.).

tacheté, voir : « moucheté ».

téméraire, voir : « audacieux ».

tendre, *yòloma* (av.).

timide, *zo bla* (v. actif).

tordu (tortueux), *mogrelo* (av.).

touffu, *yemèmè* (av.).

tout, *lobofè, elofè*.

tranquille, *kwè, sasra* (av.).

transparent, voir ce mot aux verbes.

trompeur, *ŭroŭro* (av.).

triste, *koko* (av.).

trouble, voir ce mot aux verbes.

unique, voir : « seul ».

usé, *yekouro* (av.).

vagabond, *boire* (av.).

vaste, *uroma* (av.), *vae* (ap.).

véridique, voir « certain ».

vert (pas mûr), *kpwa* (ap.), *trima* (av.), *è ti* (v.).

vide, *kòfo* (ap.).

vieux (âgé), *kògrè* (av.).

— (ancien), *kògrè, blagogo* (av.).

vigoureux, voir aux verbes : « fort (être) ».

vorace, *mlamla*.

vrai, voir : « certain ».

— (modifiant un nom), *kikya* (av.).

Comparatifs et superlatifs.

1° *Comparatif de supériorité.* — On l'exprime au moyen du verbe *zi* « surpasser ». Exemples : « Tanion est plus grand que Dablé », *Tañõ iri ò zi Dable ko*, m. à m. « Tanion grand, il surpasse Dablé être. » Ce pagne est plus joli que ton pagne » *lòkwe èlèa na ò zi nà lòkwe ko*, m. à m. « pagne celui-là bon (joli) il surpasse ton pagne être ».

2° *Comparatif d'infériorité.* — On tourne par le précédent : « Dablé est moins grand que Tanion », se traduit par : « Tanion est plus grand que Dablé ».

3° *Comparatif d'égalité.* — On l'exprime au moyen du mot *mimi* « être semblable ». Exemple : « Tanion est aussi grand que Dablé » se traduit par : *Tañõ Dable sò a mimi-ko*, m. à m. « Tanion, Dablé

tous-deux, ils sont semblables » ; « Tanion est aussi bon que Dablé », *Tañõ Dable sò a mimi namè*, m. à m. « Tanion, Dablé tous-
deux ils être-semblable bonté ».

4° *Superlatif absolu.* — On l'exprime à l'aide de la particule
kpaị qui signifie « très, excessivement ». Ex. : « il est très grand »
ò iri kpaị, « il est bien bon », *ò na kpaị*, « il est très méchant », *ò ñu
kpaị*.

5° *Superlatif relatif.* — On tourne généralement par le comparatif. Exemple : « de tous les hommes qui sont près de moi, Tanion
est le plus grand », se traduira par : « Tanion grand, il surpasse
tous les hommes qui sont près de moi ». — Souvent aussi on emploie la tournure suivante : « Hommes tous sont moi à-côté-de,
Tanion grand », *ñwa fè ko a mò gò, Tañõ iri*.

II. — ADJECTIFS ET PRONOMS DÉMONSTRATIFS

« Ce, cette », quand il s'agit d'êtres humains, se traduit par *òlèa* ;
quand il s'agit d'animaux ou d'êtres inanimés, par *èlèa*.

« Ces » se traduit par *alèa* : « cet homme », *ñõ òlèa* ; « cette
femme » *wñlõ òlèa* ou, par élision, *wñlõ lèa* ; « ce chien » *ve èlèa* ;
« cette brebis » *blable-ga èlèa* ; « ces hommes » *ñwa alèa*.

« Ceci, cela » se traduit par *sa, sètè* : « Il connaît bien cela », *ò
yi sa kpaị* ou *ò yi sètè kpaị*.

« Celui-ci, celui-là, celle-ci, celle-là » sont, lorsqu'il s'agit d'êtres
humains, traduits par *anõ* et par *anè* ou *ana* lorsqu'il est question
d'animaux, quel que soit leur sexe, ou d'objets inanimés :
« Celui-ci » *nõ anõ* ; « celle-ci » *wñlõ anõ* ; « ce chien là » *ve anè* ;
« cet oiseau là » *nimle ana*.

« Ceux-ci, celles-ci, ceux-là, celles-là » se traduit par *ana* : « ces
hommes là » *ñwa ana* ; « ces oiseaux là » *nimli ana*.

« C'est », devant un nom, se traduit par *õ* (nasillé) placé après le
mot néouolé : « c'est un enfant » *yo õ* ou par le mot *ko* « être »,
employé de la même façon : « c'est un enfant » *yo ko*.

« C'est », devant un pronom, se traduit toujours par *ko* placé
après le mot néouolé : « c'est moi » *mò ko*.

« Ce n'est pas », devant un nom ou un pronom, s'exprime à l'aide des mots *õ* et *ko* précédés de la négation *ne* ou *no* : « ce n'est pas un enfant » *a ne yo õ*; « ce n'est pas moi » *mò no ko*.

Après la conjonction « que » on ne traduit pas « c'est » : « il dit que c'est son père », *ò a ne ò to*, m. à m. « il dit son père »; « ce » sujet d'un verbe se traduit par le pronom personnel de la 3ᵉ personne neutre du singulier *è* : « c'est bon » *è na*; « c'est loin » *è troda* ou par le pronom de la 3ᵉ personne du pluriel *a*, « ce n'est pas un chien » *a ne ve õ*.

III. — ADJECTIFS ET PRONOMS RELATIFS ET INTERROGATIFS

« Qui » ou « que » ne se traduit pas : « l'arbre qui est sur le chemin » *su è ko ñézò ko*, m. à m. « l'arbre il est chemin sur ». On peut cependant le remplacer par un démonstratif et dire : *su èlèa ko ñézò ko*, « arbre celui-là est chemin sur ».

« Celui-qui » ne se traduit pas, on emploie une des tournures suivantes : « Celui qui a pris mon argent » *ñõ ò ba na mòni*, m. à m. « l'homme il prend mon argent » ou *ñõ ba ò na mòni* « homme prend-il mon argent ».

« Moi qui, toi qui, etc.; c'est moi qui, c'est toi qui, etc... » se rendent par les pronoms renforcés à l'aide des mots *gro* ou *sèfo* « même ». Exemples : « C'est moi qui fais cela » *mò gro ñe sètè*, m. à m. « moi même fais cela »; « c'est moi qu'il appelle », *mò gro ò ule*.

« Le jour que » se dit *üro ko* m. à m. « jour être » : « le jour que tu viendras » *üro ko e i i*.

Interrogatifs. — Qui? se traduit par *gba*. « Quel homme? » *ñõ gba?* Fréquemment on supprime ce mot *gba* et on le remplace par la particule *a* qui se met à la fin de la phrase et qui indique l'interrogation. Exemples : « Qui vient là? » *ò i a?* m. à m. « Il vient? »

« Qui a fait cela? » *ò ne a?*

« Qui est cet homme? » *ñõ gba ko dè?* m. à m. « homme quel est ici? » ou *ò ko dè a?* m. à m. « il est ici? »

« A qui? » *ñõ gba kè a?* m. à m. « homme quel a? » ou *ò kè a?* m. à m. « il a? ».

« A qui ce pagne? » *ò ka lòkwe a?* ou *ñõ gba ka lòkwe a?* « à qui ce fusil? » *ò ka bu a?* ou *ñõ gba ka bu a?*

« Qui est-ce que? » se traduit de la même façon : « Qui est-ce que tu as épousé? » *ñõ gba ba a?* ou *e ba a?*

« Quoi? » *è ko a?* m. à m. « il (neutre) est? » ou *lè gba?* m. à m. « chose quelle? »

« Qu'est-ce que c'est? qu'est-ce qu'il y a? » se traduisent comme « Quoi? » Il en est de même pour : « Qu'est-ce que c'est qui? qu'est? qu'est-ce que c'est que? qu'est cela? »

« Que? qu'est-ce que? » se traduisent par *lè gba?* m. à m. « chose quelle? » ;

« Que veux-tu? » *lè gba èyra?*

« Que fait cet homme? » *lè gba ñe ñõ òlèa?*

« Que dis-tu? » *wòle gba ki a?* m. à m. « parole quelle dis? »

« Quel? lequel? » se traduisent par *gba?*

« Quel homme? » *ñõ gba?* « quelle chose? » *lè gba?*

IV. — ADJECTIFS ET PRONOMS POSSESSIFS

mon, ma, mes,		*na*	
ton, ta, tes,		*nà*	
son, sa, ses,		*ò*	(au neutre *a* ou *è*).
notre, nos,	*aa*	*a*	
votre, vos,	*aa*	*a*	
leur, leurs,	*aa*	*a*	

Exemples : « mon fils » *na yo*, « mes enfants » *na yo*, « notre pays » *a ble*, « sa cime » (en parlant d'un arbre), *è uru*, « sa patte », *è bò*.

REMARQUE. — On dit *a to* « mon père », au lieu de *na to*; *e to* « ton père », au lieu de *nà to*; *ma* « maman », au lieu de *na nè* « ma mère »; *nè* « mère » et *e nè* « ta mère », au lieu de *nà nè* « ta mère », *a ble*, « notre, votre ou leur pays », au lieu de *na ble, nà ble ò ble* « mon pays, ton pays, son pays. »

le mien,	*nanò*	(lorsque l'objet possédé est neutre,				*nanõ, nanè*).
le tien,	*nànò*	(—	—	—	—	*nànõ, nànè*).
le sien,	*ònò*	(—	—	—	—	*ònõ, ònè*).
le nôtre,	*aanò*	(—	—	—	—	*aanõ, aanè*).
le vôtre,	*aanò*	(—	—	—	—	*aanõ, aanè*).
le leur,	*aanò*	(—	—	—	—	*aanõ, aanè*).

REMARQUE. — Au lieu de : « le mien, le tien, etc. » les Néyau disent souvent : « moi possède, toi possèdes, etc. » Exemple : « Ce pagne est le mien » *lòkwe èlèa, mò kè* m. à m. « Pagne celui-là, moi possède. » — On traduit aussi de la façon suivante : *lòkwe èlèa, na lòkwe ko* m. à m. « Pagne celui-là, mon pagne est », ou simplement *na lòkwe ko* « c'est mon pagne »; *ò ble ko* « c'est son bœuf ».

« Mon propre fils » se dit : *na mle a yo* « le fils de mes entrailles ». « mon frère » *ma yo* « le fils de maman ».

V. — ADJECTIFS ET PRONOMS INDÉFINIS

un, un certain, quelque, *blègbe, amu* (ap).

des, quelques, *igra* (av.).

de, du; de la, *a* (ap.).

quelqu'un, *ñõ blègbe.*

quelques-uns, *igra ñwa.*

on, *aa, à.*

quelque chose, *lè.*

aucun, *lèpè.*

rien, *lèpeàlèpè.*

un, un seul, *amu* (ap.).

beaucoup de, *kòkòmle.* (On dit aussi *a zu* « Ils sont nombreux »).

l'un et l'autre, *aa sò* (ils, deux).

les uns et les autres, *aa fè* (ils, tous).

tout, tous, *fè, alofè, elofè.*

—   — (expression renforcée), *alofè, elofè,* en détachant les deux premières syllabes et appuyant sur la dernière.

chacun, chaque, *anò* (au neutre, *anõ, anè*).

même, *gro.*

— (lui), *ò mo gro.*

autre (différent), *igra.*

— (nouveau), *yàlè* (ap.), *igra* (av.).

— (en plus), *sa.*

l'un, l'autre, *anò* (au neutre, *anè, anõ*).

les uns, les autres, *ana.*

Exemples : un homme, *ñõ amu*; des hommes, *ñwa* ou *igra ñwa*; on a volé mon argent, *aa na mòni iri*; j'ai mangé quelque chose, *e a lè li*; je n'ai vu aucune pirogue, *ne gòlo a lèpè yè*; il n'y a rien, *lèpeàlèpè no ko*; je n'ai pas un seul poulet, *ne kòkwè amu ka*; on n'en a attrapé qu'un, *blègbe à bri-ko* ou *aa blegbe ko-bri*; tous les hommes sont venus, *ñwa fè a i*; toute l'affaire, *wòle fè*; est-ce tout, *èlofèa?* beaucoup d'hommes, *ñwa kòkòmle* ou *ñwa 'a zu*; il n'y a pas beaucoup de Néyau qui mangent du serpent, *Néyo a ñwa a li tra a ne zu*; va chercher un autre couteau, *momò igra baka*; donne m'en un autre, *ñè mò igra ana*; donne m'en encore un autre, *ñè mò sa igra ana* ; les uns chantent, les autres se battent, *ñwa ana ble be ana voè* ; l'un mange, l'autre le regarde, *anò lye be anò dodoè*.

REMARQUES. — 1° Le mot « personne » se traduit par « Il n'y a pas d'homme » « Personne ne fait cela » *ñō n'è ne*[1]. 2° « Ce n'est rien, il n'y a rien » se traduisent souvent par : *lè no ko* (chose n'est pas).

VI. — PRONOMS PERSONNELS

1° Pronoms isolés.

moi, *mò, emò*.
toi, *mo, emo*.
lui, *lò* (neutre *lè*), *òmo* (neutre *lè, èmè*).
nous, *amò*.
vous, *ama*.
eux, *ama*.

2° Pronoms renforcés.

moi-même, *mògro*.
oi-même, *mogro*.
lui-même, *òmogro, òmòmogro*.
nous-mêmes, *aamògro, amòmògro*.
vous-mêmes, *aamogro, amomogro*.
eux-mêmes, *aamogro, amomogro*.

REMARQUES. — On emploie aussi pour renforcer les pronoms le mot *sèfo* corruption de l'anglais *self* ; les pronoms sujets seuls peuvent être accompagnés de ce mot. Exemples : *na sèfo* « moi-même » ; *nà sèfo* « toi-même », etc.

3° Pronoms réfléchis.

me, *mò*.
te, *mo*.
se, *ò*.
nous, *ae*.
vous, *ae*.
se, *aamogro*.

4° Pronoms sujets.

je, *nà, e*.
tu, *nà, e*.
il, *ò* (au neutre *è, a, o*)[2].
nous, *aa, ā*.
vous, *aa, ā*.
ils, *aa, ā* (neutre *e*).

1. Pour *ño ne è ne*.
2. On se sert le plus fréquemment du pronom *è*, mais souvent aussi du pronom *a* quand le substantif qu'il remplace se termine par *è* ou *a*, du pronom *o* quand le nom finit en *o*.

Exemples : « Il nous tue », *ò bla ae* ; « Ils se tuent », *aamoyro a bla bla*.

5° Pronom « en ».

Ce pronom n'existe pas en néouolé. On le remplace par les mots « ceci, cela, celui-ci, celui-là, cette chose. » Ex. : « Tu en as » *e kè èlèa*.

6° Expressions diverses.

c'est moi, *mò ko*.
c'est toi, *mo ko*.
c'est lui, *òmo ko*.
ce n'est pas moi, *mò no ko*.
ce n'est pas toi, *mo no ko*.
ce n'est pas lui, *òmo no ko*.
ce n'est pas nous, *amo no ko*.
ce n'est pas vous, *ama no ko*.
ce n'est pas eux, *ama no ko*.
est·ce moi? *mò ò?*
est-ce toi? *mo a?*
est-ce lui? *òmo a?*
nous deux, *aa sò*.
nous trois, *aa ta*.
eux deux, *aa sò*.
tous les deux, *aa sò*.
toi et moi, *e a mò sò, aa sò*.
lui et moi, *òmo be mò, aa sò*.
vous et moi, *aa be mò*.

Quand ces expressions sont suivies d'un verbe, on y ajoute le pronom qui les résume : eux et toi êtes partis, *aa be mo aa mo*.

4° Pronoms régimes.

me, moi, *mò*.
te, toi, *mo*.
le, la, lui, *ò* (au neutre *è, a*).
nous, *ae*.
vous, *ae*.
les, leur, *a, aa*.

TROISIÈME PARTIE

LES VERBES

1

Vocabulaire.

Observations. — 1° Pour la prononciation des mots néouolé,
lire bien attentivement dans la préface : *II. Alphabet adopté* et les
remarques qui suivent cet alphabet.

2° Quand il existe plusieurs mots ou expressions pour rendre
une expression française, ces mots ou expressions ont été placés,
autant que possible, en commençant par les plus usités.

3° Quand un verbe ou une expression verbale, en français, se
compose de plusieurs mots, on en trouvera généralement la traduction au mot principal : ainsi « prends garde » se trouvera au mot
« garde ». De même lorsque plusieurs expressions ou verbes sont
synonymes, on trouvera la traduction au mot le plus usité en français. Si l'on ne trouve pas la traduction à l'un des mots, il faudra
la chercher à l'autre mot.

4° Beaucoup de verbes n'ont pas la même forme en français et
en néouolé ; souvent le sujet du verbe français devient régime en
néouolé. Ainsi « j'ai faim, je suis malade » se tournent par « la
faim me tue, la maladie me tue. » Souvent aussi le verbe néouolé
est composé de deux parties : un verbe proprement dit d'abord,
puis un autre verbe ou un nom, un adjectif ou une particule ; alors
il arrive, la plupart du temps, que le régime prend place entre les
deux éléments du verbe. Ainsi « calomnier » se dit en néouolé :
ne...kalò ; le régime se met entre ces deux mots : *ò ne ñõ kalò* « Il
calomnie un homme ».

5° Un grand nombre de verbes néouolé sont séparables. On trouvera plus loin (*II. — Conjugaison*) la manière de les employer.

ABRÉVIATIONS. — (sép.) signifie « verbe séparable ».

   (v. a.) — « verbe actif ».

   (v. n.) — « verbe neutre ».

   (c.) indique la place occupée en néouolé par le nom ou pronom régime du verbe français.

   (s. r.) indique le sujet français devient régime en néouolé.

A

abandonner, *sa-kye* (sép.), *te, two.* J'abandonne, *na kye sa*; abandonne cela, *kye èlèa sa*; abandonne le, *kye ò sa*; je l'ai abandonné, *e a òlèa sa kye.*

abattre, *ora, ura, bla*; abattre un arbre, *bla su* (*bla* signifie exactement « tuer »).

abîmer, *ñatò, ñata*; j'abîme cela, *e ñatè èlèa*; il a abîmé cela, *ò a la èlèa ñata*; c'est abîmé, *è a ñatò.*

abondant (être), *zu*, m. à m. : « être nombreux ». Ils sont nombreux : *aa zu*, les bananes sont en abondance, *ma zu.*

aboyer, on traduit par *pa wòlé*, m. à m. : « lancer la parole ». Il aboie, *è paè wòle.*

abreuver, on dit : donner de l'eau pour boire.

abreuver (s'), *mla* (v. a.), m. à m. : « boire ». Je bois, *na mlae*; j'ai bu, *e a mla*; je vais boire, *e i mla.*

abriter, voir : « couvrir », « cacher ».

 — (s'), voir : « couvrir », « cacher ».

accepter, *ba, bao.* J'accepte cela, *e è ba*; je l'accepterai, *e i lè ba.*

accompagner, *fa* (porter). Accompa-gne-moi sur le chemin, *fa mò ñézò ko.*

accorder, voir : « donner ».

accoucher, *va* (long) (v. a.).

accrocher, *bubwo.*

accroupir (s'), *ko-tovo* (sép.). Je m'accroupis, *e kotovo*; il s'est accroupi. *ò tovo-ko*; accroupis-toi, *tovo-ko.*

accuser, *buuruò* (inusité). On emploie généralement une périphrase. « Il accuse X de … » se traduit par « Il dit que X a … »

acheter, *kla* (v. a.). J'achète un pagne, *na kla lòkwe.*

achever, *zo-bya* (sép.). J'achève mon travail, *e bya na nòno zo*; j'ai achevé mon travail, *e a na nòno zo bya.*

achevé (être), *zo-bya* (sép.), le travail est achevé, *nòno a zo-bya.*

acide (être), *ka* (n.).

adhérer (au propre), *mè, mèo* (n.).

adroit (être), en général, *degale yi* (m. à m. : connaître habileté).

affirmer, *fe sro* (m. à m. : dire fortement), *mò fe e sro*, je t'affirme.

agacer, *ya kro* (sép.), les moutons m'agacent, *blable ya mò kro.*

agenouiller (s'), *sra-kotisa.* Je m'agenouille, *na sra-kotisa*; il s'est agenouillé, *ò a kotisa sra.*

agir mal avec, *ñume ñe* (m. à m. : « mal (subst.) faire »). Il agit mal avec moi, *ò ñe mò ñume* (m. à m. : il me fait du mal).

agrandir, *ñinimo, ñinino.*

aider, *i* (c.) *ko.* J'aide Abley, *e i Able ko.*

aigrir (être aigre), *ka.*

aiguiser, *nè* (v a.). Zahi aiguise son couteau, *Zai nè ò baka.*

aimer, *wa* (v. a.). J'aime ma mère, *e wa ma*; j'aime mon amie; *e wa be*; j'aime l'alcool, *e wa no.*

aimer (ne pas), *ne-wa, no wa.* Je n'aime pas l'alcool, *ne wa no*; je n'aime pas cet homme, *ne wa ñõ òlèa* (ou mieux : *ne ñõ òlèa wa*).

ajouter, *wõ-mò* (sép.).

ajuster, *ne-sralò* (sép.).

aligner, *troyo* (chanter ce mot en prolongeant la dernière syllabe).

allaiter, *ñièa* (v. a.).

aller, *mo.* Je vais, *e mlè* ou *na mlè*; j'irai, *e i lè mo*; il est allé, *ò a mo.* J'irai à Drewin, *e i lè Kebe mo.*

aller (s'en), *mo.*

— (devant un verbe, donnant à celui-ci le sens futur), *i.* Je vais manger, *e i li.*

aller (à la selle), *mo ñõ ka* ou simplement *ñõ.* On dit aussi : *mo kla ko* « aller dans la brousse ».

aller au fond de l'eau, *mo ñu kogru.*

— au devant de..., *mo bedale.* Je vais au devant de lui, *e mlè ò bedale.* On dit aussi : *mo... ñézò ko.* Je vais au devant de lui, *e mlè ò ñézò ko.*

aller mieux (se mieux porter), *ñakae.*

— bien (se bien porter), *ya* (inusité). On emploie de préférence la tournure suivante : je vais bien, *na le na* (mes choses sont bien); ou *na pekpe na* (mes peaux sont bien).

aller chercher (une chose), *mo ba ka* (m. à m. : aller chercher pour), ou *mo la* (m. à m. : aller apporter). Je vais chercher mon fusil, *e mlè na bu ba ka*; je vais chercher mon frère, *e mlè mayo ba ka*; va chercher mon fusil, *mo la na bu.*

allier (s'), *sò ple* (m. à m. : passer deux).

allumer (du feu), *wõ kro.*

amarrer, *goa, gwa* (v. a.).

amener, *la* (l'*a* s'élide souvent devant une voyelle). Amène la pirogue, *la gòlo*; amène-le (cet homme), *l'ò*; amène-le (cet animal), *l'è.*

amincir, *sasa* (c.), *ko.*

amuser (s'), *dubo.* Je m'amuse, *na dubwe*; je me suis amusé, *e a dubo.*

amuser (s', plaisanter), *wñlefa, dubowòle ki.*

apercevoir, *ye, lèbè.*

apparaître, *uro.*

— (en parlant d'un astre), *uro, koolo.*

appartenir (on tourne par le possessif ou en se servant du verbe « posséder »). Cette pagaye m'appartient, *blo èlèa, na blo ko* (cette pagaye est ma pagaye) ou *blo èlèa mò kè* (pagaye celle-là moi possède). Voir le verbe « posséder ».

appeler, *ule*. Appelle le, *ul'ò*.

— (s'), on tourne à l'aide du substantif *ñle* (nom). Comment t'appelles-tu? *nà ñle a?* (m. à m.: ton nom?). Comment est-ce que je m'appelle, *na ñle a?* (mon nom?). Je m'appelle Thomann, *na ñle õ Tòwa* (mon nom c'est Thomann). Comment s'appelle cette chose? *lè èlèa a ñle a?* (chose celle-là son nom?)

apporter, *la* (voir : « amener »), *wõ*.

appointir, *mèlo pa* (faire une pointe)·

apprendre, *kya*. J'apprends le néouolé, *néwòle e kya*.

apprendre (enseigner), *kya*. Apprends-moi le néouolé, *kya mò néwòle*.

apprendre (entendre dire), *nu*.

approcher, *mè*, *mèo* (v. a.) (v. n.).

approprier (s' une chose sans maître), *frè frè lè ba*.

appuyer, *pya-ko* (sép.). Appuie sur la table, *pya tèble ko*.

arracher, *fle*. Arrache les mauvaises herbes, *fle ñumo piti*.

arranger, *gegra*, *kyè*. Arrange mon filet, *gegra na dada*.

arrêter, voir : « attraper ».

— (s'), *ñünovo*, *nünovo*, *ünovo*. « Arrête-toi, *ñünovo*. »

arrêter (s' de parler), *blo*. Je m'arrête là, *na blo da*.

arriver, *ñle* (v. n.). Il arrive, *ò ñle*[1] (inusité), il est arrivé, *ò a ñle*.

arriver à, *ñle* (v. a.). Il est arrivé à Sassandra, *ò a Bòkrè ñle*.

arriver au sujet de la conversation, *i* (m. à m. : « venir »), j'y arrive, *na ie*.

arriver (impersonnel), se traduit par « venir ». Il arrive un palabre, *wòle ie* (m. à m. : « palabre vient »).

arrondir, *tya kokople*.

arroser, *wõ ñu* (m. à m. : « mettre de l'eau »).

assassiner, *bla*.

asseoir, *bo-sa* (sép.).

— (s'), *bò-sa* (sép.). Assieds-toi, *bò-sa* ou *bòe-sa*; je me suis assis, *e a la sa-bo*.

assembler (s'), *bògire-gbla*. Tous les hommes se sont assemblés, *ñwa fè aa bògire-gbla*.

attacher, voir : « amarrer ».

atteindre, *ñle* (v. a.), voir : « arriver à ».

atteindre avec une balle, un projectile, *kla*. Le coup de fusil l'a atteint (en parlant d'un animal), *bu kl'è*; en parlant d'un être humain, *bu kl'ò*.

attendre, *pa-düosa* (sép.) (ne pas appuyer sur l'o), *mla-e* (sép.). Attends, *pa-düosa* ou *mla-e*. Il a attendu, *ò a la düosa-pa*, ou bien *ò a la ye-mla* (inusité).

attendre (v. a.), *pa-düosa*.

attention (faire), *yegò-wõ* (sép.), *lòbo-sa* (sép.), *lòbo-ko* (sép.), *ke* (corruption de l'anglais « care »). Fais attention à ce poisson, il pique. *Lòbo zri èlèa ko, ma è sra*, ou *wõ zri èlèa yegò, ma è sra*.

attraper, *ku-bri* (sép.). Attrape-le, *bri ò ko*; je l'ai attrapé, *e a ò ku-bri*. Attrape, *bri-ko*.

attraper un poisson, *bla* (m. à m. : « tuer »).

---

1. Au présent on dit de préférence *ò ic*, « il vient. »

avaler, *mla*.

avancer, *na* (marcher), *mo kokro* (aller en avant).

avare (être), *zèzè ka* (m. à m. : « avoir de l'avarice »).

aveugle (être), *ife ka*.

avoir (posséder), *ka*. (L'*a* s'élide devant les pronoms *ò* et *è*). J'ai de l'argent, *e ka mòni*.

avoir besoin de, *èyra*.

— chaud, *bubu bla* (s. r.).

— des fourmillements, *nene bla* (s. r.).

avoir envie de, *èyra*. (Le pronom sujet s'élide devant ce verbe à la première personne du singulier), *eto bla* (s. r.). (L'*e* s'élide quand il est précédé d'une voyelle). J'ai envie de ce pagne, *lòkwe eto bla mò*.

avoir envie d'aller à la selle, *ñini ñŏ eto bla* (s. r.).

avoir envie de dormir, *ira bla* (s. r.).

— envie de fumer, *mla to bla* (s. r.).

— envie de pleurer, *èyra ka wi*.

— envie de priser, *popa to bla* (s. r.).

avoir envie de rire, *gra ña bla* (s. r.).

— envie d'une femme, *ñle sa-po to bla* (s. r.).

avoir envie d'uriner, *dò to bla* (s. r.).

— faim, *kle bla* (s. r.).

— froid, *wòtrò bla* (s. r.).

— lé hoquet, *segese bla* (s. r.).

— le temps, *taie ka*.

— mal à, *ka* (faire mal), *bla* (tuer). J'ai mal dans le dos, *na katro ka* ou *na katro bla mò*.

avoir mal au cœur, *dedada bla* (s. r.).

— peur, *ñanemè bla* (s. r.). Voir : « craindre ».

avoir raison, *ge ka* (inusité). « Il a raison », *ò ka ge* ou mieux, *ò wòle na* (m. à m. : son palabre est bon).

avoir du danger, des inconvénients, des difficultés, *gbo ka*.

avoir ses époques, *dolu ka* (m à m. : avoir du sang). On dit aussi : *ò wòrò tyo*, « elle lave la lune ».

avoir des relations amoureuses avec quelqu'un, *li bei*.

avoir soif, *mla to bla* (s. r.).

— sommeil, *ira bla* (s. r.).

— tort, *yo ka* (inusité). On dit : *ò wòle ñu*, « son palabre est mauvais ».

avoir une crampe, *guinagadali bla* (s. r.).

avoir un point de côté, *bagbalè bla* (s. r.).

avoir (y), *ko* (être), il y a des moutons à Sassandra, *blable ko Bòkrè* (m. à m. : des moutons sont).

avoir (ne pas), *ne ka*.

— (ne pas y), *ne ko*, *no ko* (ne pas être).

avorter, *drò mle* (glisser des entrailles).

B

baigner (v. a.), *budo*.

— (se), *budo*.

bâiller, *wuo*.

baiser, *kpè* (bref).

— (dans certains cas), *kri* (v. a.).

baisser (en parlant des eaux), *mla* (boire).

baisser (en parlant du jour), *mo* (partir).

baisser (se), *bli-sa* (sép.).

balancer, *irè*.

balayer, *nünopo*.

bander (un arc, un ressort), *badè* (*a* bref).

bas (être en), *zò ko*.

bâtir (une case), *pa* (*bla* quand il s'agit d'entrelacer des bambous ou des palmes).

battre, *bete*.

— quelqu'un, *sya*.

— des mains, *gwade* (bref).

— (se, à coups de poings ou de bâton), *gòlo vo*.

battre (se, en guerre), *vo*, *to vo* (*vo* fait au présent de l'indicatif *vye*). Ils se battent, *a vye to*.

bavarder, *kikile ko*.

beau (faire le), *gyabè*.

bêcher, *uru*.

belle (se faire), *ürokwè ñe*.

bénéfice (faire un), *profite ñe*.

besoin (voir : « avoir »).

bête (être), *ne uru ka* (ne pas avoir de tête), *ne fike ka* (ne pas avoir d'intelligence).

bien (être), *na*; c'est bien, *è na*; il est bien, *ò na, namasa ko*.

bien (faire du), *namè ne*.

— (être, portant), *ya*.

blâmer, *neko-fa* (sép.), *neko-fafa* (sép.).

blanchir (au propre), *pòlòma*.

— du linge, *wòrò*.

blessé (être), *gye ka*.

blesser, *bla, sra*.

boire, *mla*.

— (faire), *mla*.

— le fétiche (pour mettre fin à une guerre), *mèlo mè*.

boiter, *kpete*.

bon (être), *na*; c'est bon, *è na*.

bon (être, à manger), *na, mè, lè èlèa mè*, cette chose est bonne à manger.

bon marché (être), *ne pa die*.

bondir, *bli·*

bonjour (dire), *yo-pa* (sép.). Dis-moi bonjour, *pa mò yo*.

boucher, *kla*.

bouillir, *gbèdè* (bref).

bouger, *kri*; ne bouge pas, *na krie*.

bourgeonner, *koale* (bref).

bourrer (un fusil), *teta*.

briller, *ñlañla ko* (être brillant), *wazè*.

brisé (être), *ura, urò, zè*.

briser, *ura, urò, zè*.

— en parlant d'une vague, *zyò*.

brûler, *si* (v. n.), *sye* (v. a.).

butter (la terre), *kla* (*dodo*).

C

cacher, *zizwo, zuzwo, zizi, zizüo*.

— (se), *zizwo*.

— (se, dans la brousse), *kla zizwo, kla dwa*.

cagneux (être), *bòkòble ka*.

calmer, *beble, dwo*. Calme le, *bebl'ò*.

— (se), *duo bli* (m. à m. le cœur tombe). Il s'est calmé, *ò duo a bli* (son cœur est tombé).

calomnier, *ne kalò*.

caresser, *beble-ko* (sép.).

casser, voir « briser ».

cauchemar (avoir un), *ira*.

causer (parler), *ki, sro*.

— (avec), *di wõ*.

céder, *sa-kye* (sép.), *ñòko*.

ceindre, *üro, bevye*.

cerner, *gra-kro* (sép.).

cesser, *ñòko, sa-kye* (sép.).

chanceler, *drò*.

changer (v. a.), *blabla-mo, zizye*.

changer (v. n.), *blabla mo*.

— (se), *gegra* (v. a.), *ple* (v. a.), *wñlŏ gegra youle*, la femme se change en garçon ; *le Ko ple wñlŏ*, alors la Mort se change en femme.

chanter, *ble* (*lo*).

— (commencer à, entonner une chanson), *ba-ko* (sép.).

chanter (en parlant de l'eau), *wòle pa*.

charger un poids (sur sa tête), *soro* (*uru*) ; (le premier *o* très bref).

charger un fusil, *teta*.

chasser (aller à la chasse), *krabè*.

— (renvoyer), *gru-sa* (sép.), *wò* (en parlant des animaux).

chatouiller, *niñlè ñe*.

châtrer, *bòtò sa*.

chaud (être), *su* ; l'eau est chaude, *ñu su*.

chaud (faire), *bubu i*. (La chaleur venir).

chaud (avoir), *bubu bla* (s. r.).

chauffer, *su-mo* (sép.).

— (se), *urò*.

chauve (être), *pòmla ka*.

chavirer, *buo*.

chemin (ouvrir un), *ñézò sa*.

cher (être), *die pa*.

chercher, *momò*.

— (aller), *ba* (*mo*).

— dispute, *lòlò momò*.

chiquenaude (donner une), *bòte*.

choisir, *bàze wŏ*.

chuchoter, *nunwe* (nasillé).

cimenter (avec de la terre), *dodo pa*.

clair de lune (faire), *lyè*. Il fait clair de lune, *tyo lyè*.

claquer, *wòle pa*.

— (faire, sa langue), *tale, pa*.

claquer des mains, *gwòde*.

cligner de l'œil, *muo*.

colère (« être en » ou « se mettre en »), voir : « fâché (être) », et « fâcher (se) ».

coller, *mè, mèo*.

commander à quelqu'un, *kòmãlè* (voir : « ordonner »).

commencer, *kye, kie* (*lè*).

comprendre, *nu*. J'ai compris, *e a nu* ; je comprends, *e nué* ou *e nui* ; comprends-tu ? *e nui bla* ? As-tu compris ? *e a bla nu* ?

compter, *zè*.

conduire, *fa*.

connaître, *yi*. Je connais cela, *e yi sa* ; je ne connais pas, *ne yi* ; je ne le connais pas, *n'ò yi*.

consentir, *ulŏ*. J'y consens, *e a ulŏ*.

conserver, *wŏ-sa* (sép.).

construire, *pa, gegra, bla*.

contempler, voir : « regarder ».

content (être), *wa* (aimer), *lòlò bla* (s. r.), *duo bli* (pour ces derniers mots, voir : « se calmer »). Je suis content (heureux), *lòlò bla mò*.

content (n'être pas), *ne wa, no-wa*.

conter, *sa* (*di*).

continuer, *ñe*.

convenir (être convenable), *ne-bli* (sép.). Cela convient, *è bli ne*.

convenir (ne pas), *ne ne-bli*. Cela ne convient pas, *è ne bli ne*.

coucher (se), *po-sa* (sép.). Couche-toi,

poe-sa où *po-sa*; je vais me coucher, *na mlè ka sa po*; je mè coucherái, *e i lè sa po*; il s'est couché, *ò a la sa po*.
coucher (se), en parlant du soleil, *bli.* Le soleil s'est couché, *üro a bli.*
coucher (se, avec quelqu'un), *aa sò sa-po.*
coucher (avec une femme), *kri wñlŏ.*
 — (avec un homme), *aa sò sa-po*, (*aa sò* signifié : « tous les deux »).
coudre, *kpla.*
couler, *lulwò.*
 — (en parlant d'une rivière),*kuli* (descendre), *ple* (passer).
couper, *di* (v. a.), *di-ko* (sép.). Coupe cela, *dye èlèa*; ou *di èlèa ko.*
courber, *gre-mo* (sép.).
 — (se), *kpli, bli-sa* (sép.). Courbe-toi, *bli-sa*; il s'est courbé, *ò a sa bli.*
courbé (être), *kpli.*
courir, *so-fa* (sép.). Cours, *fa-so*; il a couru, *ò a so fa.*
couver, *gbi.*
couvert (mettre le), *sètè* (*tèble*).
couvrir, *wõwè-ko* (sép.).
 — (se), *üro* (*lòkwe*).
cracher, *dade pa.*
 — du sang, *dolu pa.*
craindre, *gu* (bref). Je crains, *na gwe* ou *na gule*; il a craint, *ò a gu.*
craqué (être), *gegèle ka.*
craquer, *gegèle ñe.*
creuser, *uru.*
 — un trou, *uru bukwo.*
crever (v. n.), *ku.* Il crève, *ò kue*; il est crevé, *ò a ku.*
crever (v. a.), *bru.*
crier, *baedi pa, wòle pa, wòle bya.*

croire, *duo kò* (être dans le cœur); je le crois, *na duo ko*; il croit, *ò duo ko.*
croiser (les bras), *pia.*
 — (se, en parlant des chemins), *mèmè, pia.*
croître, *ñlimo, ñinimo, ñinino.*
cueillir, *sa.*
 — du riz, *fa* (*saka*).
cuire, *pi.*
cuit (être) *éiri.*
 — (n'être pas), *ne iri, yalie.*
cultiver, *lo.*

D

damer (le sol d'une case), *bete.*
danser, *iè, yè.*
débander (un arc, un fusil), *kla.*
débarquer, *kuli* (descendre).
déboucher, *kala.*
débourrer, *sa.*
debout (être), *ünovo.*
 — (se mettre), *so-gru* (sép.).
débrousser, *lo, kokò.*
décapiter, *di* (*uru*) *ko.*
décharger (en général), *sa.*
 — (enlever la charge d'un fusil), *sa.*
décharger (un fusil, tirer), *pa.*
déchiré (être), *lra-mo* (sép.).
déchirer, *lra-mo* (sép.).
décider, *laze-mo* (sép.).
découvrir (apercevoir), *yè.*
 — (ôter ce qui couvre), *kuwènè sa.*
défendre (interdire), *kalè-ko* (sép.).
défendre (protéger), *kalè-ko* (sép.),

beko ple (m. à m. : « passer ou venir derrière »).

défendre (dans un palabre), *beko ple.*

déficeler, *vru.*

défricher, *lo, kokò.*

dégaîner, *tokpa sa.*

délier, *vru.*

délimiter, *bubru pa.*

délivrer, *sa.*

demander (interroger), *èyra.* Demande-lui s'il y a des moutons dans le village, *èyr'ò blable ko bla du.*

demander (solliciter), *zra.* Demande-lui une manille, *zr'ò dagbo.*

demander (la permission), *zra.*

— (pardon), *bibye* (v. a.). Je te demande pardon, *e bibye mò*; demande-lui pardon, *biby'ò.*

démanger, *dèle bla* (s. r.).

demeurer, *ko.*

démolir, *so, sa.*

dénoncer (voir : « accuser »).

dépasser, *kokro-ple.*

— (au figuré), *zi.*

dépêcher (se), *vova-ko* (sép.).

déplacer, *bleko-sa* (sép.).

déplier, *vru.*

déposer, *mle-sa* (sép.). Dépose cela, *mle èlèa sa.*

dépouiller (enlever la peau) *sa (mleku).*

dépouiller (quelqu'un, le voler), *sa, gugwo.*

déraciner, *uru, sa, gru-so* (sép.).

dérober, *iri.*

descendre, *kuli.*

déshabiller, *sa-gò, bru-di* (sép.). Déshabille-toi, *sa na lokwe gò.*

désirer, *èyra* (voir aussi : « avoir envie de »).

dessus (être au-dessus de), *gye-ko, zi* (v. a.).

détacher (voir : « délier »).

— (nettoyer), *peta* (bref).

déterrer, *sa-gru* (sép.); déterre-le, *s'è gru.* Je vais déterrer mes manilles, *na mlè ka na dagbe gru sa.*

détruire, *bya, zo-bya* (sép.).

deuil (être en), *ñu-ko* (sép.), *wi* (pleurer). Je suis en deuil, *ñu mò ko,* il est en deuil, *ò ko ñu.*

devenir, *kè-ple* (sép.). Ce village deviendra petit, *du èlèa i lè kè tòirè ple.*

devoir (avoir une dette), *kpa ka.* Je dois beaucoup à la factorerie Rider, *e ka Lèlè a fadre kpa kòkòmle;* tu me dois dix manilles, *e ka na dagbe koba kpa.*

différer (être différent), *ne uro.* Les Européens diffèrent des Néyau, *Gèkpi-yo Néyo sò ne uro.*

difficile (être), *ñakale ka* (voir aussi : « avoir des difficultés »).

diminuer, *kro-dwo* (sép.) Mes richesses ont diminué, *na le a kro dwo.*

dire, *ne* (v. n.). Je dis : *na ne;* il a dit, *ò a ne;* il dira, *ò i lè ne.*

dire quelque chose, *ki, sro* (v. a.).

— le bonjour, *yo-pa* (sép.).

— le nom de quelqu'un, *zè (ñle).*

— (envoyer), *tyo.*

discuter, *aza-bla* (sép.).

disparaître, *mlõ-mlõ, mlõ.* Il a disparu, *ò a mlõ.*

disperser, *gyòlò-sa* (sép.).

dispute (chercher), *lòlo momo.*

disputer (se), *lòlo sra.*

distrait (être), *dro.*

distribuer, *baba.*

divorcer, on tourne par : *èyra ka si,* je désire me marier (sous entendu « avec un ou une autre »).

docile (être), *fi-duo ko*.

donner, *ñè*. Donne-moi, *ñè mò*; donne le moi, *ñè mò èlèa* (momen-
tanément, prêter), *blà*.

dormir, *mwõ* (très nasillé, ne pas
appuyer sur l'*m*). Je dors, *na
wõmè*; tu dors, *nà wõmè*; il dort,
ò wõmè; il a dormi, *ò a la mwõ*;
il dormira, *ò i lè mwõ*.

doux (être), *na* (au figuré, *mè*).

dresser (se, se mettre debout), *so-
gru* (sép.).

dresser (se, se trouver, en parlant
d'un arbre, d'un rocher, etc.),
ünovo.

droit (être), *sri-sa* (sép.).

dur (être), *tè*.

durer (une époque déterminée), *zi*.
La guerre de Kouati contre Boutoubré a duré deux ans, *Kwati
eza Butubwo a to è a lekpé sò zi*.

durer (longtemps), *grwè*. La guerre
de Drewin contre Sassandra a
duré longtemps, *Kebe eza Bòkra
a to è a grwè*.

E

ébloui (être), *kyükyu ye* (m. à m. :
l'obscurité remplit). Je suis é-
bloui, *kyükyu a na ye a mle ye*,
(m. à m) l'obscurité a mes yeux
à l'intérieur rempli).

écarter, *wrawra*.

échanger, *mo blabla*. Je vais échanger mon mouton contre une
chèvre, *e i na blablè ure sò mo
blabla*.

éclairer (v. n.), *lyè*.

— quelqu'un ou quelque chose
(se tourne comme suit : « Va
éclairer ton père », *Mo fa e to
lãpè a ka lyè*, va porter ton père lampe pour éclairer).

éclater, *ga*.

écorcher (voir : « dépouiller »).

— faire une écorchure, *sra*.

écosser, *kukwe sa, kosyè*.

écouter, *po ñukrwi* (m. à m. : « faire
les oreilles »). J'écoute, *e poe
ñukrwi*; il a écouté, *ò a la ñukrwi po*.

écraser, *pya-ko* (sép.).

— (des grains dans un mortier),
bli.

écraser (des feuilles sur une pierre),
su.

écrire, *gegra* (*bògo*).

effrayé (être), *gu*. Je suis effrayé, *na
gwe*; tu es effrayé, *e gwe*; il est
effrayé, *ò gwe*; il a été effrayé,
ò a la gu.

effrayer, *fuo* (v. a.).

égaler, voir : « semblable à (être) ».

égarer, *da mlõ*. J'ai égaré mon fusil,
e a la na bu da mlõ.

égarer (s'), *mlõ*. Je me suis égaré
dans la brousse, *e a kla mlõ*.

égorger, *blezò di*.

élancer (s'), *bli*.

élargir, *ñiñimo*.

élever (un enfant), *ñinimõ, ñini, ñinimo*.

élever (s'), *bò ko* (sép.).

éloigner (s'), *kokro mo, da troma mo*.

embarquer, *pla*.

— quelque chose, *wõ*.

embrasser (au propre), *be, gbi*.

— (baiser), *kpè* (bref).

embusquer (s'), *züzwo.*

emmener, *fa.* Emmène cet homme, *fa ñõ òlèa.*

emparer (s' de), *ku-bri* (sép.).

empêcher de, *kalè-ko.* Empêche-le de chanter, *kalè òmo ko ò ka ble.*

emporter, *fa.* Emporte cela. *f'è* ou *fa èlèa.* Je l'ai emporté, *e a lu èlèa fa.*

emprisonner, *gye wõ.*

emprunter, *bla.*

enceinte (être), *nèkpla ka* (avoir ventre). On dit souvent : « Elle est enceinte » *ò ko Lago uru,* elle est en haut du ciel.

enfanter, *va.*

enfermer, *gye wõ.*

enfiler, *tro* (chanté).

enfler, *bwa.*

enfoncer, *koè.*

— (s') *dwa.* L'hippopotame s'est enfoncé dans l'eau, *bàlè a ñe dwa,* ou simplement : *è a dwa,* il s'est enfoncé.

engendrer, voir : « enfanter ».

engourdi (être), *wòtò* (n. n.).

engraisser, *ñinimo, ñinino.*

engueuler, *neko fafa.* Engueule le, *faf"ò neko.*

enivrer (s'), *no bla* (s. r.), m. à m. : « l'alcool tue... ». Je vais m'eni- vrer, *e i no mla è ka mò bla* : je vais alcool boire, il pour me tuer.

enlever, *sa, sasa, sa-gò.*

ennuyer, *blabla yoro, kro ya.*

— (s'), *yoro bla* (s. r.).

enrouler, *pepya.*

entendre, *nu* (voir : « comprendre »).

entendu (c'est), se tourne par : « avoir entendu, avoir com-

pris », c'est entendu, *e a nu* (j'ai entendu).

enterrer, *wõ* (nasillé).

entourer *kro-gra* (sép.).

entrer, *pla.* Entre dans la chambre, *pla sre;* il est entré, *ò a pla.*

entretenir des relations avec une femme (ou réciproquement), *li bei.*

envier, *waza.* (Voir aussi : « avoir envie de... »).

envoler (s'), *bli* (v. n.).

envoûter, *gwazè pa.*

envoyer, *fa.*

— faire q. chose, envoyer en mission, *kya, ko-kye* (sép.).

épais (être), *ku-ko* (sép.). C'est épais, *è ko ku.*

éplucher, *kwasya.*

époques (avoir ses), *dolu ka;* m. à m. : « avoir du sang ». On dit souvent : « Elle a ses époques », *ò wòrò tyo* « elle lave la lune ».

épouiller, *ira.*

épouser, *si, ba.*

érection (être en), *ge, gele.*

— (cesser d'être en), *ku.*

essayer, *ira, tray.*

espérer (voir : « croire »).

espionner, *dèdè, üro.*

essuyer, *sè-ko* (sép.) *sè.* Essuie celà, *sè è ko;* il a essuyé, *ò a ko sè.*

éteindre, *ñumo.*

éteint (être), *ñumo.*

étendre, *vru.*

— au soleil (pour faire sécher), *yè, ya.*

étendre (s'), *sa-po* (sép.).

éternuer, *tizwo.*

étinceler, *kòsu pa.*

étirer (s'), *balò mo.*

étouffer (étrangler), *ñòpò*.

étourdi (être, au propre), *üre* (v. n.).

— (être, au figuré), *ñòku byò*.

étourdir (assommer), *su zubo*.

— (par le bruit), *bla*.

étudier, *bògo dodo*. Il étudie, *ò dodoe bògo* (m. à m. : « il regarde livre »).

étrangler, *ñòpò*.

être (verbe attributif, quand l'attribut est un adjectif ou un substantif pris adjectivement), *mo*. « C'est un bon homme » *ò mo nama ñõ*, m. à m. : « Il est bon homme. »

être (verbe attributif quand l'attribut est un substantif servant à déterminer la nature du sujet), *ko* et dans certains cas, *õ*. Cet homme est un Néyau, *ñõ òlèa Néyo ko*; c'est mon frère, *ma yo ko*; Qui est cet homme? *ñõ gba ko dèa?* (m. à m. « homme quel est ici? »); c'est un morceau de bois, *si dre ko*. On dit aussi : je suis un enfant, *yo õ*; tu es mon mari, *ñoto õ*. Quelquefois on emploie le verbe *mo*. Je suis un Néyau, *E mo Néyo*. Avec la négation *no ko* ou *ne ko*. Ce n'est pas mon frère, *ma yo no ko*; ce n'est pas un homme, c'est un arbre, *ñõ no ko, su ko*.

être (appartenir), *ko*, avec la tournure suivante : Ce couteau est à moi, *baka èlèa, na baka ko* (m. à m. : « couteau celui-là, mon couteau est »). On se sert aussi du verbe *ka* (posséder), *baka òlèa mò k'è* (m.

à m. : « couteau celui-là, moi je possède »).

être (exister), *ko*.

— (se trouver), *ko*. Il est à Kouati, *ò ko Kwati*.

être (ne pas, ne pas se trouver), *no ko* ou *ne ko*. *ò no ko*, il n'est pas là; *ò ne Kwati ko*, il n'est pas à Kouati.

évanouir (s'), *ku* (m. à m. : « mourir »).

éveillé (être), *ga* (v. n.) Je suis éveillé, *e ga*; il est éveillé, *ò ga*.

éveiller, *ira-sa, galò*.

— (s'), *galò*. Je m'éveille, *e galò*.

exiger, *fesa èyra*. Exige du chef qu'il fournisse des porteurs, *fesa èyra lo ò ñe mo nwa* (m. à m. : « fortement demande chef, il donne toi hommes).

expliquer, *sa-mo* (sép.).

exposer (une affaire), *sa, sao*. Expose ton palabre, *sao nà wòle*.

exprès (faire, de), *dyò*.

extraire, *sa, sa-gru* (sép.). Extraire (du caoutchouc), *(üroba) sa*.

F

fabriquer (en général), *gegra, pa, ñe, tè, sa*.

fabriquer (un filet, une natte ou toute autre chose tissée), *bla*. Les Bambara fabriquent des étoffes, *Kwiyo bla lòkwu*.

fabriquer des objets en terre, *mà*.

fâché (être) *de bla* (s. r.). Je suis fâché, *de bla mò*; je vais être fâché, *de i mò bla*; je serai fâché, *de i lè mò bla*.

fâcher (se), *wõ de, de pla*, il va se fâcher, *ò i de pla*.

faim (avoir), voyez : « avoir ».

faire (en général), *ne, ñe*. Fais cela, *neè èlèa*; je l'ai fait, *e a la ne* ; Que fais-tu? *lè gba ne a?* ou *e ne a?* Ne faites pas cela, *a na ne õ sa*.

faire (avec l'idée de force), *wõ*.

— (fabriquer), *pa sa, ne, gegra, bla*. *Sa, pa* signifient exactement « fabriquer », *ne* « faire » *gegra* « arranger », *bla* « tisser ».

faire attention, voir : « attention (faire) ».

faire du chemin, *bli (ñézò)*.

faire faire, on tourne comme suit : « Je vais faire faire une palissade », *e i ñwa sro a ka gbo pa* (m. à m. « je vais hommes dire pour palissade faire »).

— (savoir), *sa-yi* (sép.).

fait (être), *neõ*. C'est fait, *è a neõ*. On dit aussi : *è a zo-bya*, c'est fini.

fatigué (être), *sya*; je suis fatigué, *e a sya*.

fatiguer quelqu'un, *sya* (v. a.). Ton affaire m'a bien fatigué, *nà wòle a mò kpai sya*.

faux (être, en parlant d'une chose), *pòkpla ko*.

faux (être, être fourbe), *pòkpla ka*. Cet homme est faux, *ñõ òlèa ka pòkpla*.

fêler (une cloche), *gegyèlo ne*; être fêlé, *gegyèlo ka*.

fendre, *di*. Je fends du bois, *bale e die*.

fermenter, *balè*.

fermer, *kla*.

— la bouche, *ko-bri (ne)* verbe séparable. Ferme la bouche, *bri ne ko*.

fermer les yeux, *ko-mumo (ye)*.

— Ferme les yeux, *mumo ye ko*.

fétiche (faire, contre quelqu'un), *gwazè pa*.

fétiche (boire le, tourner autour du fétiche), *gwazè mla*.

fétiche (faire un, salutaire), *gwazè ne*.

ficher (se, de quelqu'un), *ña* (v. a.).

figer (se), *mla*. L'huile est figée, *kpo amla*.

filer (faire du fil), *ne (gese)*.

filtrer (l'huile), *digble (kpo)*.

finir, *bya, zo-bya* (sép.). J'ai fini, *e a zo bya*; finis ton travail, *bya nd nono zo*.

flairer, *kümo*.

fleurir, *kpale pa*.

fond (aller au, dans l'eau), *dwa*.

fondre, *hñanõ* (nas.).

forcer, *wõ fe* (faire fort). Force les Néyau à venir, *wõ fe Néyo gò, a ka i* (m. à m. « fais fort Néyau à côté de, pour venir »).

forger, *bla-bo* (sép.).

fort (être), *fe ka, tè*.

— (être plus, que), *zi, zi-ko*. Je suis plus fort que Abley, *e zi Able ko, fe ka lè* (m. à m. : je surpasse Abley, force pour la chose).

fou (être), *duo bla* (s. r.). m. à m. : « Le cœur tuer ».

fouiller, *uru, sa*.

fouler (pour pétrir), *ñòpò*.

fourbir, *peta* (bref).

fourcher (en parlant de la langue), *mlõ*. Ma langue a fourché, *e a mlõ*.

franchir (un ruisseau, une rivière),
   di.
franchir en sautant, *bli*.
frapper, *bete, lè-zubo* (sép.).
   — fort, *sya*.
   — (avec un couteau, un bâton,
   une arme blanche,) *sra*.
frapper (en parlant du soleil), *poè,*
   bla.
froid (avoir), voyez : « avoir ».
   — (être), *wòtò* (s'emploie au propre et au figuré).
froid (il fait), *wotrò bla*.
froidir, *wòtòma*.
frotter, *süswo*. (L'*o* final s'élide devant les pronoms, *ò, è* etc.).
fuir, *gu* (chanté), *blo*.
   — (en parlant d'un vase), *lulwo*.
fuite (mettre en), *guo, fuo*.
fumer (faire de la fumée), *yayò ka*.
   — du (poisson, de la viande), *ya*.
   — (du tabac), *mla* m. à m. « boire ».
funèbres (pousser des cris), *baedi*
   ou *badidi pa*.

G

gage (donner en), *wobà wõ*.
gagner (au jeu), *ka*.
galoper, *fa-so* (sép.).
garantie (voir : « gage »).
garde (prendre), *yegò-wõ*. Prends
   garde, *wõ yegò*.
garder (conserver), *wõ-sa* (sép.),
   kipe.
garder (surveiller), *dèdè, yegò*.
gavé (être), *lo*.

glisser, *drò*.
gonfler (se, en cuisant), *ba*.
gonfler (voir : « élargir »).
goûter, *ira*.
graisser, *kpo tata*. Graisse mon fusil,
   tata na bu kpo.
graisser (se), *teta*.
grand (être), *iri*.
grandir, *ñini, ñinimo*.
   — (faire un enfant, l'élever),
   ñini (v. a).
gras (être ou devenir), *bu* (sourd),
   ñinimo.
gratter, *kokò*.
griffer, *sra*.
griller (faire), *ñwu* (nasillé), *si*.
grimaces (faire des), *ñumo kro ne*.
grincer (des dents), *talò-ñe*.
grisonner (en parlant des cheveux),
   pòlòma.
gronder, *neko fafa*.
gros (être), voir gras.
   — (ne pas être), *ne iri*.
grossir, *ñinimo, bu*.
guéri (être), *yalema*. Il est guéri,
   ò a yalema. On dit aussi : *ò gu*
   a bya, sa maladie est finie.
guérir (v. a. et v. n.), *yalema*.
guerre (faire la), *to vo*. Il fait la
   guerre, *ò vye to*; je fais la
   guerre, *e vye to* ou *to vye*. Les
   hommes de x font la guerre, *x*
   a ñwa vye to; il a fait la guerre,
   ò a to vo.
guerre (faire la, à), on tourne comme
   suit : Les hommes de Boutoubré font la guerre à ceux de
   Kouati, *Butubwo eza Kwati sò a*
   vye to (m. à m. : « Les Boutoubré et Kouati tous les deux ils
   font la guerre »).

guetter (voir : « espionner »).

guider, *fa* (*ñézǒ ko*). Donne-moi un homme pour me guider, *ñè mǒ ñõ ǒ ka mǒ ñézǒ ko fa* (m. à m. : « donne-moi un homme, il pour moi chemin dans porter »). On dit aussi, *ñè mǒ ñõ ǒ ka mǒ ñézǒ papa*, donne moi homme, il pour à moi chemin montrer.

H

habiter, *si* (bref), *ko*.

habiller (s'), *üro*. Je m'habille, *na üroe*; je vais m'habiller de mon pagne, *e i na lǒkwe üro*.

haïr, *gblc, no wa* ou *newa* m. à m. : (ne pas aimer).

hâter (se), *vova-ko* (sép.).

hausser (les épaules), *vǒgǒ* (*papako*).

haut (être en) *lago uru ko*. Il est en haut, *ǒ ko lago uru*.

hériter (de quelqu'un), *dya li*.

heureux (rendre), *lǒlǒ bla*.

— (être), *lǒlǒ bla* (s. r.). Je suis heureux, *lǒlǒ bla mǒ*.

hoquet (avoir le), voyez : « avoir ».

humide (être), *bǒbwǒ, wǒtǒ*.

I

imiter, *bisako ne*.

immobile (rester), *nà kri* (ne pas bouger), *ünovo*. Reste immobile, *na kri*; il reste immobile, *ǒ ne kri*.

impossible (être), *neka mi*.

incendier, *si*.

incliner (s'), *süǒ-mǒ* (sép.), voir aussi : « baisser (se) ».

inconvénients (avoir des), *gbo ka*.

indiquer, *papa*.

injection (prendre une), *su*.

insulter, *vra, tro*. Ne m'insulte pas, *nà vra mǒ*.

intelligent (être), *fike ka*.

interdire (voir : « défendre »).

interroger, *èyra*.

invoquer, *ule* (m. à m., appeler).

ivre (être), *no bla* (s. r.). Je suis ivre, *no bla mǒ*.

J

jeter, *pa*. Ne jette pas de pierres, *nà pa tyǒküe*.

jeter dedans, *pa mo*.

— à terre, *pa dodo ko*.

— en l'air, *pa lago uru*.

- (se), *bli*.

— (se à l'eau), *dwa* (*ñe*).

— un sort, *pa* (*gwazè*).

jeûner, *po kle*. Il jeûne à cause de la mort de son frère, *ǒ nè a yo aza ǒ po kle*.

jouer (s'amuser), *dubo*.

— (plaisanter), *wñle fa* ou *dubo-wǒle ki*.

jouer au jeu des graines, *wǒlo pa*.

— au jeu des cauries, *nègbe pa*.

— au jeu des bambous, *bà pa*.

— du tambour, *kla* (*plé*).

— d'un instrument à vent, *pa* (*lègrè*).

juger (un palabre), *prǒ teté*.

L

labourer, *sasa (dodo) gru.*

lâcher (voir : « laisser »).

laisser, *sa-kye* (sép.), *te, two.* Laisse-moi, *kye mò sa* ; je l'ai laissé, *e a ò sa kye* ; laisser cela, *kye èlèa sa.*

laisser aller, *kye-sa* (sép.).

— le chemin libre, *sa ñézò* ou *uro ñézò ko.*

laisser tranquille, *kye-sa* (sép.). Laisse-moi tranquille, *kye mò sa.*

lancer, *pa.*

lavement (prendre un), *su.*

— (donner un), *su.*

laver, *wòrò, urò.*

— (se), *budo.*

lècher, *mè, mèlè.*

lever (un fardeau), *ba-ko* (sép.).

— (en parlant d'une plante), *kwale pa.*

lever (faire, quelqu'un), *so-gru* (v. a. sép.).

lever (se), *so-gru* (sép.). Il se lève, *ò soe gru* ; il s'est levé, *ò a gru so* ; lève-toi, *so gru.*

lever (se, en parlant du jour), *zre ye.*

liberté (mettre en), *sa, sa-kye* (sép.).

lier, *gwa.*

ligne (tracer une), *iré lra.*

lire, *bògo dodo.*

lisse (être), *nène ko.*

lit (faire le), *oro (bèlè* ou *gbite).*

loger (chez...), *ko (...dè)*

loin (être), *da-tro* (sép.), *ne bè.* C'est loin, *è tro da* ou *è ne bè.* Le vil-lage n'est pas loin, *du ne da tro.*

long (être), *tro ko* (sép.).

— (n'être pas), *ne ko tro.*

longtemps (rester), *grwè.*

ɪoucher, *kpaleye ka.*

lourd (être), *uñlò ko.*

— (n'être pas), *ne ko uñlò.*

M

mâcher, *ta* (bref), *tàlè.*

maçonner, *ta.*

magie (pratiquer la), *gwazè ka.*

maigrir, *grò.*

main (donner la), *kla.*

mal (avoir, voyez : « avoir »).

— (faire, à, au physique et au moral), *bla. E bla mò,* tu me fais mal ; *è bla mo a?* Qu'est-ce qui te fait mal? (Qu'est-ce qui te prend?) ; *nà bla mò,* ne me fais pas de mal ; *wòle èlèa bla mò kpai,* cette affaire me fait beaucoup de mal (de peine).

mal (faire, à, au physique seulement, *sra* (v. a.), *ka* (v. n.). *Na sra mò,* ne me fais pas de mal ; *na bò ka,* ma jambe me fait mal. (Voir aussi : « souffrir »).

malade (être), *ne ya* (m. à m. : « ne pas aller bien »).

maléfice (jeter un), *gwazè pa.*

malheureux, *ka naze* ou *naze bla* (s. r.). Je suis malheureux, *e ka naze* ou *naze bla mò.*

malin (être), *fike ka.*

manger, *li* (long).

manger (préparer à), *lelidi pi.*

manquer (faire défaut), *mlõ.*

  — (l'objet sur lequel on a tiré), *wa* (long).

manquer (à sa parole), *mlõ.*

  — de, *mlõ* (s. r.).

marcher, *na, da, bli.*

marié (être), *si.*

marier (se), *si,* ou *ba* (v. a.).

masser, *gri, giri.*

mauvais (être), *ñu.*

  — (être, à manger), *ka.*

médecine (prendre une), *mla* ou *li* (*gwazè*).

méditer, *bobo* (*uru*). Je vais méditer, *e i na uru bobo.*

mélanger, *blabla.*

mêler, comme « mélanger ».

  — (le nom de quelqu'un à une affaire), *wõ* (mettre).

menacer, *fuo.*

mendier, *zra.*

mentir, *pòkpla wè* ou *pòkpla wõ.*

merci (dire), *yo-pa* (sép.), *aukwa pa.*

mesurer, *ñaka.*

métamorphoser (se, en), *ple* (v. a.), *gegra* (v. a.).

mettre, *wõ.*

  — à l'air, *güruko wõ.*

  — au soleil, *üro ko wõ.*

  — aux fers, *anya wõ.*

  — une charge (sur la tête), *srò* (*uru*).

mettre un pagne, *üro lòkwe.*

mince (être), *ne ku ko* (ne pas être épais).

mobile (être), *kri, irèo.*

modeste (être), *naze sa.*

moisir, *bò.*

monter, *gbla.*

montrer, *papa* (bref.).

moquer (se, de), *ña.*

mordre, *mli.*

mort (être), *ku.*

moucher (se), *nya-mle.*

moudre, *bla* (sourd), *su.*

mouillé (être), *bòbwò.*

mouiller, *bòbwò.*

mourir, *ku.* Je meurs, *na kwe*; il est mort, *ò a ku* ou, par politesse, *ò a mlõ* (il a disparu).

mousser (en parlant du vin de palmes), *balè, flefle ka.*

mouvoir, *vògò.*

  — (se), *kri, irèõ.*

moyen (avoir, de), *mi* (long).

mûr (être), *zalema.*

mûrir, *zalema.*

N

nager, *lolo, lulu.* Je nage, *na loloe* ou *na lulue.*

naître, on tourne par « on a enfanté ». Je suis né à Sassandra, *a va mò Bòkrè* (ils m'ont enfanté à Sassandra).

nasiller, *mligba ka.*

négliger, traduire par : « ne pas faire attention à ». On peut aussi dire : *sa-kye* (sép.) « abandonner ».

nettoyer, *kpeta, kpetè.* J'ai nettoyé mon fusil, *e a na bu kpeta.*

nier, *zye.*

noir (être), *ti, pò.*

noircir, *trime.*

nombre (être au, de), *bri.* Combien sont-ils? *ā bri zwa?* Il y en a vingt, *a bri gro.*

nombreux (être), *kòkòmle ko, zu.*

nombreux (devenir), *zumo.*

nom (donner un), *ñle wõ.*

   — (appeler par son), *ñle sa.*

nommer (se), voir : « appeler (s') ».

nourrir, *ñini, ñinimo, delidi ñè.*

nouvelles (demander les), *èyra (di).*

   — (donner les), *ñè (di), sa (di), wõ di.*

noyer (se), *ñe two.*

nu (être), *bru di* (couper la ceinture).

nuire à, *ñume ne.*

O

obéir, *ulõ.*

obliger, *fe gò wõ.* Oblige-le à venir, *wõ lò fe gò ò i i.*

obliger (quelqu'un, lui rendre service), *namè ne.*

odorant (être, en bonne part), *nòno ka.*

odorant (être, en mauvaise part), *noè ka.*

ordonner, *sro, ne gò wõ.*

orgueilleux (être), *bovole ko.*

ôter, *ba ko* (sép.), *sa.*

oublier, *dro.*

ouvrir, *ka.* Ouvre la porte, *ka pru.*

   — la bouche, *ure ne.*

   — les yeux, *ure ye.*

P

pagayer, *lu* ; pagayons *ã lu.*

pagayer en faisant jaillir l'eau, *krwa wa.*

palabre (juger un), *tete prò.*

palabrer (voir : « discuter »).

pardon (demander, à), *bibye* (v. a.). Je te demande pardon, *e bibye mo* ; va lui demander pardon, *mo k'ò bibye.*

pardonner, *ñòkò, ulõ.*

parler, *ki.*

   — à l'oreille de, *wũwõ* (sourd et nasillé).

parler du nez (voir : « nasiller »).

   — fort, *bale-mõ* (sép.).

   — à quelqu'un, *sro, a sò ki.*

   — une langue, *ki, nu.* Parles-tu néouolé? *e nui bla néwole?*

partager, *baba.*

partir, *mo.* Je pars, *na mlè* ; tu pars, *e mlè* ; je vais partir, *e i mo* ; je partirai, *e i lè mo* : pars, *mo.*

partir (un coup de fusil), *wòle pa* : le coup est parti, *bu pa wòle.*

passer, *ple* : passe par là, *ple dè.*

   — devant, *ple kokro.*

   — par dessus, *ple gye.*

   — (laisser), *kye-sa ple, kye-sa mo.*

patient (être), *dikpo ka.*

pauvre (être), *naze bla* (s. r.).

payer, *pru pè.*

peigner, *fla.*

peindre, *pè.*

   — (se, en blanc), *nüdo.*

   — (se, en noir), *mleze.*

   — (se, en rouge), *nüdo.*

   — (se, avec de la terre), *kru dodo.*

peine (faire de la), *naze gbe ne.*

peler (un fruit), *kòsyò.*

pendre (un homme), *bubwo.*

pendre (une chose), *bubwe.*

— (se), *buru gra.*

penser, *duo ko* (m. à m. : être dans le cœur).

penser (méditer), *bobo uru.*

percer, *fle sa.*

percher (se), *bo.*

perdre, *two, mlõ, te.* J'ai perdu quelque chose, *e a lè te.*

persuader, *üro ne.*

peser, *wè.* Pèse le riz, *wè saka.*

péter, *ñafro pa.*

pétiller (le feu), *kpoto.*

— (le vin), *gbèdè, balè.*

pétrir, *mumwo.*

— (avec les doigts), *ñòpò.*

peur (avoir, voyez : « avoir »).

— (faire), *fuo.*

piler, *bli.*

piller, *gugwo.*

pincer, *ñòpò.*

piquer, *kwò sra.*

— (en parlant d'une abeille, d'un moustique), *su.*

piquer (en parlant d'un poisson, d'une épine), *sra.*

piquer (en parlant d'un serpent, d'un scorpion), *mli.*

piquer (en parlant du piment, du poivre), *zabo.* Le piment pique, *yébè zabwè.*

place (faire), *ne da.*

placer, *wõ.*

plaider pour, *beko ple.*

plaindre (se), *kwale.*

plaire (on tourne par : « aimer »).

plaisanter, *dubo, dubowòle ki, wñlefawòle ki.*

plantations (faire des), *lo.*

planter, *gre.*

plein (être), *lo, ye.*

pleine (être, être enceinte), *nèkpla ka.*

pleine (être, la lune), *didegre.*

pleurer, *wi* (nasillé).

pleut (il), *ñu blu.*

pleuvoir (il va), *ñu a ka bla.*

plier, *pepyè* (v. a.).

— (courber), *gre.*

— (se), voir « se courber » (ne s'emploie pas au figuré).

plonger (v. a.), *wõ.*

— (quelqu'un dans l'eau), *mla.*

— (v. n.), *dwa, bli.*

plumer, *tutu.*

pointu (être), *mèlo ka.*

polir (avec des feuilles rugueuses), *tè ñañõ.*

pondre, *gei pa.*

porter (sur la tête ou sur les épaules), *gbede.*

porter (suspendu à l'épaule), *gbyamõ* (sép.).

porter (un enfant sur les épaules), *gbede.*

porter (un enfant derrière le dos), *pa gye.*

porter (d'une place à une autre), *fa.*

— (un vêtement), *üro.*

porter (se, bien), *ya.* Il se porte bien, *ò ya.* On dit aussi : *ò le na* « ses choses sont bien »; il ne se porte pas bien, *ò ne ya* ou *ò le ne na.*

poser, *wõ·sa* (sép.).

— (se, en parlant d'un oiseau), *sa-bo* (sép.).

possédé (être, d'un esprit), *sri-ka.*

— (être, d'un esprit malfaisant), *gwazè ka.*

posséder, *ka* (voyez : « avoir »).

pourrir, *zè.*

poursuivre, *ge, gye. girè*.

pousser, *su* (bref).

— (en parlant des plantes), *uro*.

pouvoir, *mi* (long).

précéder, *tètèi, kokro da*.

prendre, *ba*.

— (quelque chose à quelqu'un), *ba, iri*.

prendre du temps, *zi* ; çà leur a pris dix jours pour aller à Drewin *a zi ñézò ko iri koba le a ñle Kebe*.

prendre un chemin, une direction, *fa*.

préparer, *gegra*.

pressé (être), *vova ko*.

presser (au propre), *pya ko, ñòpò*.

— (se), *vova ko*.

prêter, *gbla, bla*.

prévenir, *sro*.

prier, *bibye, zra*. Prie-le de se calmer, *Biby'ò, ò duo ka bli* ; prie-le de te donner son couteau, *zr' ò ò ñè mò ò baka*.

prier (invoquer), *bibye, ule*.

priser du tabac, *po pa* (bref).

prix (faire son), *pèlo wõ*.

proche (être), *ne da-tro* (sép.).

promener (se), *bi-ka mo*.

prononcer (une parole), *bya (wòle)*.

— le nom de quelqu'un, *zè (ñle)*.

propre (être), *ye na, ye nama*.

prosterner (se), *uru-so bla*.

protéger, *beko ple, gròba ñè*.

pubère (devenir, en parlant d'un homme), *youle ple*.

pubère (devenir, en parlant d'une fille), *wñlõ ple*.

puer, *noè ka*.

puiser, *pli*. Va puiser de l'eau, *mo ka ñu pli*.

purger (se), *trotro gwazè mla*.

Q

quereller (voir : « disputer »).

questionner, *èyra*.

quitter (un pays), *uro* (au présent absolu, *ule*), *sa-kye* (sép.).

quitter (quelqu'un), *sa-kye* (sép.). *gò uro*.

quitter un vêtement, *sa lòkwe gò*.

R

raccommoder, *gegra*.

raconter, *sa, pa*. Raconte-moi ton palabre, *sa mò nà wòle* ; raconte-moi une histoire, *sa mò gribò* ou *pa gribò*.

râler, *vye*.

ramasser, *ba*.

ramollir (se, en cuisant), *yòloma*.

ramper, *bè*.

rapetisser, *toirè ne*.

rappeler (au propre), *ule*.

— (se), *duo yi, bobo*. Je me rappelle, *e bobwe*, ou *nà duo yi* (m. à m : « mon cœur connaît »).

rapporter (un objet), *la*.

— (une parole), *fa*.

raser (la tête), *ñi sa*.

— (la barbe), *vya sa*.

rassasié (être), *lo*.

rassembler, *gogralo*.

— (se), *gogralo ko*. Les hommes se sont rassemblés, *ñwa ko gogralo*.

rater (en parlant d'un fusil), *ña*.

ravager, *gugwo*.

recevoir (quelque chose). On tourne par : « on a apporté ».

récolter, *sa, grwe*.

reconnaitre, *yi*.

recoudre, *sòko kpla*.

recourber, *gre-mo* (sép.).

reculer, *beko-mo* (sép.).

redresser, *sri-sa, sru-sa* (sép.), *balè-mo* (sép.).

redresser (se), *sri-sa* (sép.).

réfléchir, *bòbo (uru)*.

refuser (à quelqu'un), *sya* (v. a.), *neka ulõ*.

regarder, *dodo*. Je regarde, *na dodoe*, tu regardes, *e dodoe*.

regarder (ne pas), *nà dodo*.

— (ne pas, ne pas concerner), *gbo no ko*. Ça ne me regarde pas, *na gbo no ko*.

regarder (se, dans la glace), *mo dodo*.

regarder (en arrière), *wezei*.

— (du coin de l'œil, en faisant semblant de dormir), *mumo (ye) ko*.

régler (un palabre, une affaire), *teté prò*.

régner sur, *ka* (m. à m. : posséder).

rejoindre, *ñle* : aller rejoindre, *mo ñle*.

réjouir (se), *lòlò bla* (s. r.).

remercier, *yo-pa* (sép.), *aukwa pa*.

remettre (au fourneau), *wõ (tòkpa)*.

remplir, *ye*.

remuer, *vògò* (v. a.), *kri* (v. n.).

remuer en parlant d'un liquide, *ireke*.

remuer (se), *kri, irèo, vògò*.

rencontre (aller à la, de...), *...gbedale mo*. Je vais à sa rencontre, *na mlè ò gbedale*.

rencontrer, *gbeda*. Je l'ai rencontré dans le chemin, *aa sò ñézò ko gbeda* (m. à m. : « nous deux chemin dans rencontrés »).

rendre, *beko ñè, iriba*.

— (se, à), *bibye* (demander pardon), *uru sra*.

renverser, *kòsò-sa* (sép.), *kokwa*.

renvoyer, *iriba, beko fa*.

— (chasser), *sa-gru* (sép.).

répandre (voir : « renverser »).

réparer, *gegra*.

repentir, *bla* (s. r.).

répéter, *sòko ki*.

répondre, *sra-ne* (sép.). Je lui ai demandé cela, il n'a pas répondu, *èyr' ò lè èlèa, ò ne mò ne sra*; réponds-moi, *sra mò ne*.

répondre (à un appel), *ulõ*.

reposer (se), *bò-sa* (sép.).

réprimander, *neko-fafa* (sép.).

répudier (voir : « renvoyer »).

respirer, *ñobwo pa*.

ressembler à, *uro-uro*. Ils se ressemblent tous les deux, *aa sò uro-uro*.

rester (être de reste), *two*. Il reste quatre fusils, *bi mona two*.

rester (demeurer), *ko*.

— longtemps, *grwè, zi*.

— debout, *ünovo*.

— en arrière, *two beko*.

— collé, *mè*.

— immobile, *ünovo, nā kri*.

ressusciter, *galò, ga*.

retirer, *sa, sasa, sa gò.*

retourner (v. a.), *iriba.* Retourne cela, *irib'è.*

retourner (en arrière), *iriba beko, mo beko.*

réunir (voir : « rassembler »).

revenir, *sòko i.*

rêver, *ira.*

revêtir, *üro.*

réveiller, *ga.*

— (se), *galò.*

riche (être), *le ka* (avoir des richesses), *lo ko* (être un homme riche).

rider (se, en parlant de l'eau), *ire ka.*

rider (se, en parlant de la peau), *peli ka.*

rincer, *wòrò.*

— (se, la bouche), *wòrò ne.*

rire, *nya, ña.*

— (aux éclats), *gra ña.*

— (avoir envie de), *èyra ka ña.*

ronfler, *kpla* (sourd).

ronger, *talè.*

roter, *gogwa.*

rôtir, *nwu* (nasillé).

rouge (être), *za.*

rougir, *zalèma.*

rouillé (être —), *roso kla* (s. r.).

rouler, *bisye* (v. n.).

— (v. a.), *bisye.*

route (faire une), *ñézò bli.*

— (ouvrir une), *ñézò sa.*

rugir, *wòle pa.*

rugueux (être), *pruku-pruku ko.*

ruiné (être), *ne le ka.*

ruminer, *talè.*

S

sacrifice (offrir un), *bla lè.*

saigner (une bête), *uru ko-di.*

— (v. n.), *dolu kuli.*

saisir (voir : « attraper » et « soulever »).

sale (être), *sese ka.*

saler, *gu-wò.*

salir, *sese tatè, pwe kla* (s. r.).

saluer, *yo pa* (sép.).

satisfait (être), voir : « content (être), heureux (être) ».

sauter, *bli, sro.*

— (par dessus), *tò (gye).*

— (sur quelqu'uu), *tò ò gye.*

sauver (v. a.), *blò, sa.*

— (se), *gu* (bref), *blo.*

— (se, dans la brousse), *dwa (kla.)*

savoir, *yi.*

— faire, *sa-yi* (sép.).

sculpter, *degale zré.*

sec (être), *yè.*

sécher, *yè, ya.*

— (faire), *yè.*

secouer, *vògò.*

secourir, *blò, gròba ñè, beko ple.*

selle (aller à la), voir : « aller ».

semblable (être, à), *ko-mimi* (sép.).

semer, *gre.*

sentir, (v. a.), *kümo.*

— mauvais, *noè pa.*

— bon, *nono pa.*

séparer (des gens qui se battent), *sasa.*

serrer, *ñònò.*

siffler, *fèfè lo*.

soif (avoir), voyez : « avoir ».

soigner (un malade), *puo gu*.

soin (prendre soin de), *yegò wõ*.

solliciter, *èyra, zra*.

sommeil (avoir), *to, ira bla* (s. r.).

sommeiller, *twè*. Voir aussi : « dormir ».

sonder, *fofwa*.

sonner, *kla* (*grie*).

sort (jeter un), *gwazè pa*.

sortir, *uro, ble, fro, fro zò*.

souffler, *ñubwo pa*.

— (sur le feu), *veda* (*kosu*) ou *ñubwo pa*.

souffrir, *ka, kikyè*, je souffre, *na le ka* (mes choses font mal).

souffrir de la tête, *uru lralra*.

— du ventre, *mle kikyè*.

— d'une jambe, *bò ka*.

soulagé (être), *duo*, ma tête est soulagée, *na uru a dwo*.

soulever, *ko-ba* (sép.), soulève cela, *ba è ko* ; Venez pour le soulever, *a i a ka è ko ba*.

soumission (faire sa), *uru sra*.

soupirer, *ñubwo dru*.

source (prendre sa), *dodo uro*.

sourd (être), *ñukrwi tèli ka*.

sourire, *ña, memyõ*.

soutenir, *bò-ule* (sép.).

souvenir (se), « voir : rappeler (se) ».

succéder à (hériter de), *gya li, ble ko*.

sucer, *kpè*.

sucer le sang, *kpè dolu*.

suer, *vovro bla* (s. r.), *bubu bla* (s. r.).

suicider (se), *ñòku bla*.

suivre, *gye-ko* (sép.).

— (marcher derrière), *gye-ko* (sép.).

suivre un chemin, *gye ñézò ko*.

supporter, *we-sa* (nasillé), v. séparable.

supposer (voir : « croire »).

supprimer, *sa*.

surnager, *sepyè*.

surnommer, *wô ñle*. Quel est ton surnom ? *Bise ñle?*

surpasser, *zi, ko-zi* (sép.).

surprendre, *vu-zò* (sép.). Tu m'as surpris, *e a mò zò vu*.

surpris (être), *ne-mla* (sép.).

suspendre, *bubwe*.

T

tâcher, *ira* (*i* long). Je tâcherai d'aller à Sassandra, *e i lè ira ka Bòkrè mo*. On emploie souvent aussi le mot anglais *try* sans le conjuguer et en altérant un peu la prononciation.

tailler en pointe, *mèlo pa*. J'ai taillé hier une baguette, *e a la kà zizye mèlo pa*.

taire (se), *ne ko-bri* (m. à m : « attraper la bouche »). Tais-toi, *bli ne ko*.

taper, *bete*.

tarder, *grwè, bwä*.

tarir (se), *mla*.

tâter (au propre), *béblè-kò* (sép.).

— (au figuré), *üro*.

tatoué (être), *ire ka*.

tatouer, *ire pa*.

teindre, *pyè*. Voir aussi : « peindre ».

tendre, *ñè*.

— la main, *ñè* (*groba*).

tendre un piège, *toa* (*bosu*).

tenir, *ba*, *ku-bri* (sép.).

tenter (chercher à persuader), *du-dwo*.

tirer, *gri*. Tire, *grie*.

tirer (une arme du fourreau), *sa* (*tòkpa*).

tirer la langue, *fre* (*myõ*) *zò*.

— un coup de fusil, *pa* (*bu*). On a tiré dix coups de fusil, *aa bi koba pa*.

tirer en l'air, *pa* (*lago uru*).

— du vin de palme, *sa* (*no*).

tisonner, *bibye* (*kosu*).

tisser, *bla* (*lôkwe*).

toit (faire un), *bla* (*iri bubu*).

tomber, *bri-zò* ou *bli-zò*, (sép.).

tomber (en parlant du jour), *bli*.

— (faire), *su* (c.) *bli-zò*.

— (laisser), *kye-sa* (c.) *bri-zò*.

tondre (les cheveux), *sa* (*ñi*).

tonne (Il), *Lago bubru le*.

tordre, *kikyè*, *kikya*.

tornade (il y a une), *lulwo ye*.

torses (avoir les jambes), *bokòble ka*.

tort (avoir), voyez : « avoir ».

toucher, *bò*. Touche cela, *bw' è*; touche-le, *bw' ò*.

toucher quelqu'un à un endroit malade ou sensible, *sra*.

toucher la main de quelqu'un en faisant claquer ses doigts, *kle* (*uri*).

toucher la main à quelqu'un (en signe d'amitié), *kla*. Touche-moi la main, *kla mò*.

toucher (se), *mèmè*.

tourner, *iriba* (v. a. et v. n.).

— autour de, *bi* (v. a.).

— autour du fétiche, *bi zri*.

tourner (se), *iriba*, *irè*.

tousser, *kòtò*.

tracer (un dessin), *ire*, *hla*, *lra*.

trahir, *gre*.

traîner, *gri-sa* (sép.).

traite (faire la, des esclaves), *kòsyè sra* ou *kòsyè pa*.

transformer (se), *ple* (v. a.), *ge-gra* (v. a.).

transparent (être), *mle lebe sa*.

transpirer, voir : « suer ».

transporter, voir : « porter ».

travailler, *nono zri*.

traverser, *di*.

— (être en travers de), *di*.

trébucher, *gozo*.

trembler, *tetè*.

tresser, *bla*.

trier, *bäze-wõ*, *bäze-mo*.

triomphe (porter en), *ba-ko* (sép.).

triste (être), *naze bla* (s. r.).

tromper, *üro ne*.

trotter, *so-fa* (sép.).

trouble (être, en parlant de l'eau), *uñleuli ka*.

trouer, *fle di*.

trouver, *yè*.

tuer, *blä*.

U

uriner, *dò*.

V

vaincre, *gru-sa* (sép.).

vaincu (être), *sya*.

valoir, *bya-ne* (sép.). Ce mouton vaut un baril de poudre, *blablè èlèa bya koba-tutu ne.*

vanner, *po.* Les femmes vannent le riz, *wñla pwe saka.*

veiller (ne pas dormir), *ira kple bla* (s. r.).

veiller sur, *dedè, yegò wò.*

— (faire attention à), *yegò wõ.*

vendre, *sa.*

venir, *i* (long). Viens ici, *i dè;* il vient, *ò ye;* il est venu, *ò a i;* il va venir, *ò i i;* il viendra, *ò i lè i.*

venir de, *uro, ulè.* Il vient de Kouati, *ò ùlè Kwati.*

venir (faire), *ne* (c.) *i.* Fais venir le chef, *ne lo ò i.* On dit aussi *ule lo ò i,* « appelle le chef, il vient. »

vente (il), *vovôlo ye.*

vérité (dire la), *kyesa ki, kikyesa ki.*

verser, *kòso-sa* (sép.).

vide (être), *kòfo.*

vider, *kòso-sa* (sép.).

vieillir, on tourne par « être vieux ».

violer, *fe tete ba.*

viser, *gye.*

visiter (rendre visite à), *grwè.*

vivre, *ga.*

voir (apercevoir), *yè, ko yè* (sép.).

— clair, *lèbè sa.*

— (regarder), *dodo.*

voler (dérober), *iri.*

— (en parlant des oiseaux), *bli.*

vomir, *gwazyò.*

vouloir, *èyra.* (Le pronom sujet s'élide devant ce verbe à la 1re personne du singulier).

vouloir (exiger), *èyra.*

— (acquiescer), *ulõ.*

voyager, *lòodu mo.*

vrai (être), *kyesa ko.*

— (n'être pas), *pòkpla ko.*

II. — CONJUGAISON

REMARQUES GÉNÉRALES. — 1º Le présent absolu se formant par l'addition au radical de la voyelle *e* ou *è,* il y a quelquefois altération du radical lorsque celui-ci se termine par une voyelle qui formerait un hiatus avec *e* ou *è.* Exemples : *mo* « partir, aller » fait au présent absolu *mlè* au lieu de *moè; li* « manger » fait *lye* au lieu de *lie; i* « venir » fait *ye* au lieu de *ie; ka* « avoir » fait *kè* au lieu de *kaè; vo to* « faire la guerre » fait *vye to* au lieu de *voe to;* etc. Dans le vocabulaire précédent j'ai donné le présent absolu de chaque verbe lorsqu'il y avait une modification du radical, les verbes qui ne sont suivis d'aucune indication se conjuguent régulièrement.

2º A la troisième personne, lorsque le sujet est un nom, on peut indifféremment supprimer ou conserver le pronom sujet : les chiens mangent de la viande, *vye li mlè* ou *vye aa li mlè*.

1° VERBES COMPOSÉS D'UN SEUL MOT.

Modèle : *li* « manger ».

1. — Temps indéfini

(*Signification* : je mange habituellement, ou je mangeais, ou j'ai mangé, je mangerai).

Sing. 1re pers. *e* ou *na li*.
— 2e — *e* ou *nà li*.
— 3e — *ò* ou *è li*.
Plur. 1re — *aa* ou *ā li*.
— 2e — *aa* ou *ā li*.
— 3e — *ā* ou *e li*.

Nota. — La forme *ò* du pronom sujet à la 3e personne du singulier ne s'emploie que lorsqu'il s'agit d'êtres humains, la forme *è* est réservée aux animaux mâles ou femelles et aux objets inanimés.

Pour les trois personnes du pluriel, les formes *aa* et *ā* s'employant indifféremment à tous les temps, nous n'indiquons plus que la forme *ā*.

2. — Présent incoatif.

(*Signification* : je commence à manger, je me mets à manger).

Sing. 1re pers. *na* ou *e ka li*.
— 2e — *e* ou *nà ka li*.
— 3e — *ò* ou *è ka li*.
Plur. 1re — *ā ka li*.
— 2e — *ā ka li*.
— 3e — *ā* ou *e ka li*.

3. — Présent absolu.

(*Signification* : je suis en train de manger).

Sing. 1re pers. *na lye*.
— 2e — *e lye*.
— 3e — *ò* ou *è lye*.
Plur. 1re — *ā lye*,
— 2e — *ā lye*.
— 3e — *ā* ou *e lye*.

4. — Futur proche.

(*Signification* : je vais manger).
Sing. 1re pers. *e i li*.
— 2e — *e i li*.
— 3e — *ò* ou *è i li*.
Plur. 1re — *ā i li*.
— 2e — *ā i li*.
— 3e — *ā* ou *e i li*.

5. — Futur.

(*Signification* : je mangerai).
Sing. 1re pers. *e i lè li*.
— 2e — *e i lè li*.
— 3e — *ò* ou *è i lè li*.
Plur. 1re — *ā i lè li*.
— 2e — *ā i lè li*.
— 3e — *a* ou *e i lè li*.

6. — Passé proche.

(*Signification* : je viens de manger).

Sing. 1re pers. *e a li.*
— 2e — *e a li.*
— 3e — *ò ou è a li.*
Plur. 1re — *ā a li.*
— 2e — *ā a li.*
— 3e — *ā ou e a li.*

7. — Passé absolu.

(*Signification* : j'ai mangé).

Sing. 1re pers. *e a la li.*
— 2e — *e a la li.*
— 3e — *ò ou è a la li.*
Plur. 1re — *ā a la li.*
— 2e — *ā a la li.*
— 3e — *a ou e a la li.*

8. — Subjonctif présent.

(*Signification* : Que je mange, que
je puisse manger).

Sing. 1re pers. *na ka li* ou *na ka e li.*
— 2e — *nà ka li* ou *nà ka e li.*
— 3e — *ò ou è ka li* ou *ò ou
è ka e li.*
Plur. 1re — *ā ka li* ou *ā ka e li.*
— 2e — *ā ka li* ou *ā ka e li.*
— 3e — *ā ou e ka li* ou *ā ou
e ka e li.*

9. — Subjonctif passé.

(*Signification* : que j'aie mangé, que
j'aie pu manger).

Sing. 1re pers. *na ka la li.*
— 2e — *nà ka la li.*
— 3e — *ò ou è ka la li.*
Plur. 1re — *ā ka la li.*

Plur. 2e pers. *ā ka la li.*
— 3e — *ā ou e ka la li.*

10. — Subjonctif futur.

(*Signification* : que je mangerai ou
que je pourrai manger.

Sing. 1re pers. *na ka lè li.*
— 2e — *nà ka lè li.*
— 3e — *ò ou è ka lè li.*
Plur. 1re — *ā ka lè li.*
— 2e — *ā ka lè li.*
— 3e — *ā ou e ka lè li.*

11. — Impératif.

Sing. 2e pers. *li* ou *lye.*
Plur. 1re, 2e et 3e pers. *ā li.*

12. — Infinitif.

li « manger ».

Nom verbal.

lye-li ou *li-li* « action de manger ».

Nota. — Ce mot est composé de
l'infinitif répété une seconde
fois ; Exemples : *iri* « voler »,
iri-iri « action de voler » ; *vra*
« insulter », *vra-vra*, « action
d'insulter » ; *zra* « mendier »,
zra-zra « action de mendier ».

Il arrive parfois qu'une des
deux parties du mot ainsi formé
s'altère. C'est ainsi qu'on doit
dire *na-mè* « action de marcher »,
au lieu de *na-na.*

REMARQUE. — Lorsque deux verbes se suivent immédiatement,
le suffixe *ka* ou *aka* se place devant le second :

Je vais faire la guerre, *na mlè ka to vo*; viens manger, *i ā ka li*; va le tuer, *mo k'ò bla*.

2° VERBES COMPOSÉS DE DEUX MOTS SÉPARABLES.

Modèle : *sa-po* « coucher (v. a. et v. n.), se coucher ».

1. — Temps indéfini.

(*Signification* : Je couche habituellement, je couchais, j'ai couché,
je coucherai (quelque chose),
ou je me couche habituellement, etc...).

Sing. 1re pers. *e* ou *na po sa.*
—   2e   —   *e* ou *nà po sa.*
—   3e   —   *ò* ou *è po sa.*
Plur. 1re   —   *aa* ou *ā po sa.*
—   2e   —   *aa* ou *ā po sa.*
—   3e   —   *ā* ou *e po sa.*

2. — Présent incoatif.

Sing. 1re pers. *na ka sa po.*
—   2e   —   *e ka sa po.*
—   3e   —   *ò* ou *è ka sa po.*
Plur. 1re   —   *ā* ou *e ka sa po.*
—   2e   —   *ā ka sa po.*
—   3e   —   *ā* ou *e ka sa po.*

3. — Présent absolu.

Sing. 1re pers. *na poe sa.*
—   2e   —   *e poe sa.*
—   3e   —   *ò* ou *è poe sa.*
Plur. 1re   —   *ā poe sa.*
—   2e   —   *ā poe sa.*
—   3e   —   *ā* ou *e poe sa.*

4. — Futur proche.

Sing. 1re pers. *e i sa po.*

Sing. 2e pers. *e i sa po.*
—   3e   —   *ò* ou *è i sa po.*
Plur. 1re pers. *ā i sa po.*
—   2e   —   *ā i sa po.*
—   3e   —   *ā* ou *e i sa po.*

5. — Futur.

Sing. 1re pers. *e i lè sa po.*
—   2e   —   *e i lè sa po.*
—   3e   —   *ò* ou *è i lè sa po.*
Plur. 1re pers. *ā i lè sa po.*
—   2e   —   *ā i lè sa po.*
—   3e   —   *ā* ou *e i lè sa po.*

6. — Passé proche.

Sing. 1re pers. *e a sa po.*
—   2e   —   *e a sa po.*
—   3e   —   *ò* ou *è a sa po.*
Plur. 1re pers. *ā a sa po.*
—   2e   —   *ā a sa po.*
—   3e   —   *ā* ou *e a sa po.*

7. — Passé absolu.

Sing. 1re pers. *è a la sa po* [1].
—   2e   —   *e a la sa po.*
—   3e   —   *ò* ou *è a la sa po.*
Plur. 1re pers. *ā a la sa po.*
—   2e   —   *ā a la sa po.*
—   3e   —   *ā* ou *e a la sa po.*

1. On dit aussi : *e po la sa*, etc.

8. — **Subjonctif présent.**

Sing. 1ʳᵉ pers. *na ka sa po* ou *na ka
e sa po.*

Sing. 2ᵉ pers. *nà ka sa po* ou *nà ka
e sa po.*

Sing. 3ᵉ pers. *ò ou è ka sa po* ou *ò
ou è ka e sa po.*

Plur. 1ʳᵈ pers. *ā ka sa po* ou *ā ka e
sa po.*

Plur. 2ᵉ pers. *ā ka sa po* ou *ā ka e
sa po.*

Plur. 3ᵉ pers. *ā ou e ka sa po* ou *ā
ou e ka e sa po.*

9. — **Subjonctif passé.**

Sing. 1ʳᵉ pers. *na ka la sa po.*
— 2ᵉ — *nà ka la sa po.*
— 3ᵉ — *ò ou è ka la sa po.*
Plur. 1ʳᵉ pers. *ā ka la sa po.*

Plur. 2ᵉ pers. *ā ka la sa po.*
— 3ᵉ — *ā ou e ka la sa po.*

10. — **Subjonctif futur.**

Sing. 1ʳᵉ pers. *na ka lè sa po.*
— 2ᵉ — *nà ka lè sa po.*
— 3ᵉ — *ò ou è ka lè sapo.*
Plur. 1ʳᵉ pers *ā ka lè sa po.*
— 2ᵉ — *ā ka lè sa po.*
— 3ᵉ — *ā ou e ka lè sa po.*

11. — **Impératif.**

Sing. 2ᵉ pers. *po sa* ou *po e sa.*
Plur. 1ʳᵉ, 2ᵉ, 3ᵉ pers. *ā po sa.*

12. — **Infinitif.**

sa po « coucher (v. a. et v. n.), se
coucher ».

3° Voix passive.

La voix passive n'entraîne pour les verbes neutres aucune modification ; *sa-po* dont on vient de voir la conjugaison signifie aussi
bien « être couché » que « coucher » ou « se coucher ». Exemple :
Il est couché, *ò po sa.*

Quand on a affaire à un verbe actif, on tourne de la façon suivante : les bananes sont mangées, *aa ma li* (m. à m. : Ils ont ou on
a mangé les bananes).

4° Voix réfléchie.

Elle se forme en ajoutant au verbe actif les pronoms réfléchis
ou, de préférence, le mot *ñoku* « personne, corps » précédé d'un
adjectif possessif ; *bla* « tuer », *e bla mò* ou *e bla na ñoku*, je me
tue ; *bete* « frapper », *ò bet'ò*, ou *ò bete ò ñoku*, il se frappe.

5° Voix négative.

Suivant les cas, la négation prend en néouolé l'une des quatre formes *ne, no, neka* et *nà*. Nous donnons deux modèles de conjugaison négative, les verbes *neka li* « ne pas manger » et *neka zò-bri* « ne pas tomber ». On remarquera : 1° que le pronom sujet est supprimé à la première personne du singulier; 2° que les temps de la voix négative ne sont pas les mêmes que ceux de la voix affirmative.

1° Verbes composés d'un seul mot.

Modèle : *neka li* « ne pas manger ».

1. — Temps indéfini.

(*Signification* : je ne mange pas ou je ne mangeais pas).

Sing. 1ʳᵉ pers. *ne li.*
—   2ᵉ   —   *e ne li.*
—   3ᵉ   —   *ò ou è ne li.*
Plur. 1ʳᵉ   —   *ā ne li.*
—   2ᵉ   —   *ā ne li.*
—   3ᵉ   —   *ā ou e ne li.*

2. — Temps de volition.

(*Signification* : je ne veux pas manger ou je ne mangerai pas).

Sing. 1ʳᵉ pers. *neka li.*
—   2ᵉ   —   *e neka li.*
—   3ᵉ   —   *ò ou è neka li.*
Plur. 1ʳᵉ   —   *ā neka li.*
—   2ᵉ   —   *ā neka li.*
—   3ᵉ   —   *ā ou e neka li.*

3. — Futur.

(*Signification* : je ne mangerai pas).

Sing. 1ʳᵉ pers. *neka lè li.*

Sing. 2ᵉ pers. *e neka lè li.*
—   3ᵉ   —   *ò ou è neka lè li.*
Plur. 1ʳᵉ   —   *ā neka lè li.*
—   2ᵉ   —   *ā neka lè li.*
—   3ᵉ   —   *ā ou e neka lè li.*

4. — Passé proche.

(*Signification* : je n'ai pas encore mangé).

Sing. 1ʳᵉ pers. *ne a li.*
—   2ᵉ   —   *e ne a li.*
—   3ᵉ   —   *ò ou è ne a li.*
Plur. 1ʳᵉ   —   *ā ne a li.*
—   2ᵉ   —   *ā ne a li.*
—   3ᵉ   —   *ā ou e ne a li.*

On dit aussi :

Sing. 1ʳᵉ pers. *ne a è li.*
—   2ᵉ   —   *e ne a è li.*
—   3ᵉ   —   *ò ou è ne a è li.*
Plur. 1ʳᵉ   —   *ā ne a è li.*
—   2ᵉ   —   *ā ne a è li.*
—   3ᵉ   —   *ā ou e ne a è li.*

5. — Passé absolu.

(*Signification* : je n'ai pas mangé).

Sing. 1re pers. *ne la li.*
— 2e — *e ne la li.*
— 3e — *ò ou è ne la li.*
Plur. 1re — *ā ne la li.*
— 2e — *ā ne la li.*
— 3e — *ā ou e ne la li.*

On dit aussi :

Sing 1re pers. *ne a la li.*
— 2e — *e ne a la li.*

Sing. 3e pers. *ò ou è ne a la li.*
Plur. 1re — *ā ne a la li.*
— 2e — *ā ne a la li.*
— 3e — *ā ou e ne a la li.*

6. — Impératif.

Sing. 2e pers. *nà li.*
Plur. 1re, 2e et 3e pers. *ā nà li.*

7. — Infinitif.

neka li « ne pas manger ».

2° VERBES COMPOSÉS DE DEUX MOTS SÉPARABLES.

Modèle : *néka zò-bri* « ne pas tomber ».

1. — Temps indéfini.

Sing. 1re pers. *ne bri zò.*
— 2e — *e ne bri zò.*
— 3e — *ò ou è ne bri zò,*
Plur. 1re — *ā ne bri zò.*
— 2e — *ā ne bri zò.*
— 3e — *ā ou e ne bri zò.*

2. — Temps de volition.

Sing. 1re pers. *neka zò bri.*
— 2e — *e neka zò bri.*
— 3e — *ò ou è neka zò bri.*
Plur. 1re — *ā neka zò bri.*
— 2e — *ā neka zò bri.*
— 3e — *ā ou e neka zò bri.*

3. — Futur[1].

Sing. 1re pers. *neka lè zò bri.*
— 2e — *e neka lè zò bri.*
— 3e — *ò ou è neka lè zò bri.*

Plur. 1re pers. *ā neka lè zò bri.*
— 2e — *ā neka lè zò bri.*
— 3e — *ā ou e neka lè zò bri.*

4. — Passé proche.

Sing. 1re pers. *ne a e zò bri*[2].
— 2e — *e ne a e zò bri.*
— 3e — *ò ou è ne a e zò bri.*
Plur. 1re — *ā ne a e zò bri.*
— 2e — *ā ne a e zò bri.*
— 3e — *ā ou e ne a e zò bri.*

5. — Passé absolu.

Sing. 1re pers. *ne a e la zò bri.*
— 2e — *e ne a e la zò bri.*
— 3e — *ò ou è ne a e la zò bri.*
Plur. 1re — *ā ne a e la zò bri,*
— 2e — *ā ne a e la zò bri.*
— 3e — *ā ou e ne a e la zò bri.*

1. Inusité.
2. Ou *ne a zò bri*, etc.

<table>
<tr><td align="center">6. — **Impératif.**</td><td align="center">7. — **Infinitif.**</td></tr>
</table>

Sing. 2ᵉ pers. *nà bri zò.*   *neka zò-bri.*
Plur. 1ʳᵉ, 2ᵉ et 3ᵉ pers. *ā nà bri zò.*

Au *passif*, la voix négative se forme par les mêmes moyens que
la voix affirmative.

6° VOIX INTERROGATIVE.

Elle se forme en faisant accompagner le verbe de la particule
bla ou en ajoutant à la fin de la phrase la particule *a* qui indique
l'interrogation. Exemples : Où vas-tu? *Dà mlè a?* Que fais-tu? *e ne
a?* veux-tu de la poudre? *èyra bla bumlu?* est-il là? *ò ko bla dè?*

III. — **SYNTAXE DES VERBES**

1° VALEUR ET EMPLOI DES TEMPS.

Temps indéfini. — Ce temps est le plus fréquemment employé,
que l'action soit présente, passée ou future, mais il sert surtout
à exprimer le présent d'état ou d'habitude. Exemple : les chiens
mangent de la viande, *vo li mlè.*
Présent incoatif. — Ce temps s'emploie exclusivement pour indiquer que le sujet commence l'action ou qu'il va la commencer
incessamment.
Présent absolu. — Il indique que le sujet fait l'action au moment
précis où l'on parle : *na ye,* je viens, je suis en train de venir. On
l'emploie aussi au lieu du présent incoatif dans certains cas, lorsqu'on veut indiquer que l'action ne saurait tarder. C'est ainsi, par
exemple, qu'un individu appelé à plusieurs reprises répondra à son
interlocuteur pour lui faire prendre patience : *na ye* « je viens, je
suis en train de venir » sans, toutefois, bouger de place.
Futur proche. — Ce temps indique que l'action est proche, il
traduit exactement les mots français « je vais.... », *e i li,* je vais
manger; *ā i li,* nous allons manger.

Futur. — Il indique que l'action est éloignée, je mangerai demain, *e i lè kè li*.

Passé proche. — On emploie ce temps pour exprimer que l'action est terminée depuis peu, *e a li*, je viens de manger.

Passé absolu. — Il indique que l'action est finie depuis assez longtemps : Quand j'étais à Kouati, j'ai bien mangé, *e ko Kwati a, e a la namasa li*.

REMARQUE — On peut remplacer ce temps par la tournure suivante : *e ko Kwati a, e li nama le*. Je suis Kouati, je mange bonnes choses.

Subjonctif présent. — Ce temps s'emploie lorsque l'action doit s'accomplir immédiatement comme résultat d'un souhait, d'une condition ou d'une action précédente : mets le couvert pour que je mange, *sète tèble, na ka e li*; charge mon fusil pour que je tire, *teta na bu, na ka pa*; je veux qu'Abley vienne demain, *èyra Able ka kè i*.

Subjonctif passé et futur. — Ces deux temps sont peu employés; le Néyau tourne généralement sa phrase comme suit : Je crois que je mangerai demain, *na duo ko e i lè kè li* (m. à m. : Je crois je mangerai demain). Je voudrais qu'il ait traversé la rivière avant la nuit, *èyra ò di fè ñe, üro ka bli* (m. à m. : je veux il traverse d'abord la rivière, le soleil commence à se coucher) ou *èyra ò di fè ñé, debe ka i* (m. à m. : je veux il traverse d'abord la rivière, la nuit commence à venir). On peut cependant dire, en étant compris de tous : *na duo ko na ka lè kè li*, « je crois que je mangerai demain » et *èyra, debe ne a i, ò ka la ñe di*, « je veux, la nuit n'est pas venue, qu'il ait traversé la rivière ».

Impératif et infinitif. — L'emploi de ces deux temps ne donne lieu à aucune remarque spéciale.

Nom verbal. — Son emploi est facultatif; il sert dans certains cas à remplacer l'infinitif : « je vais manger », *nă mlè ka li* (infinitif) ou *nă mlè ka lili* (nom verbal).

REMARQUE. — Pour traduire un temps français qui n'a pas son équivalent en néouolé, on choisira le temps néouolé dont le sens s'en rapproche le plus, ou on aura recours au temps indéfini.

2° RÉGIME DES VERBES.

PLACE DU RÉGIME DIRECT : 1° *Voix affirmative*. —- Au temps indéfini, le régime se place après le verbe : *c li mà*, je mange des bananes ; ou entre la particule et le radical, si on a affaire à un verbe séparable : *e ba lòkre ko*, je soulève une caisse.

Au présent inchoatif, le régime est placé entre la particule *ka* et le verbe : *na ka mà li*, je me mets à manger des bananes ; *na ka lòkre ko ba*, je commence à soulever la caisse. Il se place au présent absolu comme au temps indéfini.

Au futur proche, on met le régime après la particule *i* : *e i mà li*, je vais manger des bananes ; *e i lòkre ko ba*, je vais soulever la caisse.

Au futur, le régime se place après la particule *lè* : *e i lè mà li*, je mangerai des bananes ; *e i lè lòkre ko ba*, je soulèverai la caisse.

Au passé proche, le régime se met après la particule *a* : *e a mà li*, je viens de manger des bananes ; *e a lòkre ko ba*, je viens de soulever la caisse.

Au passé absolu, on le met après la particule *la* : *e a la mà li*, j'ai mangé des bananes ; *e a la lòkre ko ba*, j'ai soulevé la caisse.

Au subjonctif présent, le régime se place comme au présent inchoatif après la particule *ka* ou *ka e*.

Au subjonctif passé et au subjonctif futur, on met le régime après la particule *la* et la particule *lè*.

A l'impératif, le régime se place après le verbe ou entre ses deux parties, si le verbe est séparable : *li mà*, mange les bananes, *ba lòkre ko*, soulève la caisse.

Le régime est mis devant le verbe, à l'infinitif.

2° *Voix négative*. — Dans la voix négative le régime se place :

Au temps indéfini, après le verbe : *ne li mà*, je ne mange pas de bananes ; ou entre la particule et le verbe si ce dernier est séparable : *ne ba lòkre ko*, je ne soulève pas la caisse.

Au temps de volition, entre la négation *neka* et le verbe : *neka mà li*, je ne veux pas manger les bananes ; *neka lòkre ko ba*, je ne veux pas soulever la caisse.

Au futur, on le met après la particule *lè*.

Au passé proche et au passé absolu, le régime se place après les particules *a*, *a è* et *la*.

A l'impératif, on met le régime après le verbe ou entre le verbe et sa particule lorsque le verbe est séparable : *nà li mà*, ne mange pas de bananes ; *nà ba lòkre ko*, ne soulève pas la caisse.

Enfin, à l'infinitif, le régime est placé entre la négation *neka* et le verbe.

PLACE DU RÉGIME INDIRECT. — On met le régime indirect à la même place que le régime direct : *na mlè du*, je vais au village ; *e bri ñe zò*, je suis tombé dans l'eau.

Lorsque leur régime indirect est accompagné d'une particule, on supprime la particule de quelques verbes séparables : *e po gbite gye*, je me couche sur la natte (au lieu de : *e po sa gbite gye*), *e bò kpata gye*, je m'assieds sur la chaise (au lieu de : *e bò sa kpata gye*), *e a gbite gye po*, je me suis couché sur la natte (au lieu de : *e a gbite gye sa po*). Cette suppression est, d'ailleurs, facultative.

Régimes pronominaux. — Le pronom régime prend la même place que le substantif : *e bla mò*, tu me tues ; *e bibye mo*, je te demande pardon ; *kye mò sa*, laisse moi ; *e i mo sa kye*, je vais te laisser ; *nà ka mò sa kye*, que tu me laisses ; *nà sra mò*, ne me fais pas de mal, etc.

Quelquefois la dernière voyelle du verbe s'élide devant le pronom : *biby'ò* pour *bibye ò*, demande lui pardon ; *èyr'ò* pour *èyra ò*, demande lui ; *mò k'è*, pour *mò ka è*, moi je possède cela, etc. Quand un adjectif ou pronom déterminatif accompagne le substantif régime, ce dernier n'en conserve pas moins sa place : *ò a nä wñlõ bete*, il a battu ma femme ; *ò bete nä wñlõ*, il bat ma femme ; *nà bete nä wñlõ*, ne bats pas ma femme ; *e i lè nà wñlõ bete*, je battrai ta femme, etc.

Régime de l'infinitif. — Il se place en général avant le verbe, qu'il soit direct ou indirect.

Régime du verbe passif. — Lorsqu'en français le verbe passif est déterminé par un régime désignant l'agent, on emploie toujours la voie active en néouolé et le régime devient sujet · « mon mouton a été tué par Lobonion », *Loboñõ a nä blablè bla*.

3° VERBES UNIPERSONNELS.

Les verbes proprement unipersonnels n'existent pas en néouolé mais des verbes personnels peuvent devenir unipersonnels :

1° Dans certaines expressions dont le sujet est un nom et qui constituent un grand nombre d'idiotismes, comme : *ñu bla*, l'eau tue (il pleut); *wòtrò bla*, le froid tue (il fait froid); *kle bla*, la faim tue (nous souffrons de la famine, ou j'ai faim), *debe ye*, la nuit vient (il fait nuit), etc.

2° Lorsque le sujet est un pronom neutre, « il, ce » : *è na*, c'est bon (c'est bon, c'est assez), *è za*, c'est rouge; *è ñu*, c'est mauvais, etc.

QUATRIÈME PARTIE

LES PARTICULES

PARTICULES DE TEMPS

d'abord, *fè, fyè.* Fais cela d'abord, *ñe èlèa fè.*

alors, *bo, le.* L'*e* de ce dernier mot s'élide devant les pronoms *ò* et *è* et les mots commençant par les voyelles *è* et *ò.*

après, *le* (même observation).

après que, se tourne par « d'abord » : tu feras cela après que je serai parti, *n'e a fyè mo, e i lè èlèa ne* (si je suis d'abord parti, tu feras cela).

auparavant, *tegasa, wa.*

aussitôt, *kamle, kamledè.*

autrefois, *blagògosa, wa, tetegasawa.*

avant que, *bifò.*

bientôt, *kè, kamledè.*

bonne heure (de), *gegribla mi* (*i* long).

champ (sur le), *kamle, kamledè.*

commencement (au, de), *kye.*

dans (après), ne se traduit pas. Dans cinq jours, *iri gbe ne ple* (jours cinq si passés); dans combien de jours? *iri zwa?* (jours combien?).

déjà (auparavant), *tegasa, sòsò.*

— (de bonne heure), *fè.* Il est déjà arrivé, *ò a fè ñle.*

depuis, *èbè.*

— (suivi d'un complément), on tourne de la façon suivante :

« depuis dix jours » *iri koba a ple* (m. à m. dix jours sont passés).

depuis combien de temps? *iri zwa?*

— longtemps, *blagògosa, èbèwa.*

— que, *èbè.*

désormais, *le.*

encore (de nouveau), *sòko.*

— (encore maintenant), ne se traduit pas.

ensuite, *le, bo.*

fois, (à la), *ga-a-ga.*

— (la première), *tetegasa.*

jadis, *tegasa, blagògosa.*

jamais, *za.* Je n'ai jamais fait cela, *ne a za èlèa ne.*

jour (le même), *üro blègbe.*

journellement, *iri fé* (*e* long).

jusqu'à et jusqu'à ce que, ne se traduisent pas. Reste ici jusqu'à ce que mon frère arrive, *ko dè, ma yo ka i,* (m. à m. : reste ici, mon frère qu'il vienne).

lentement, *degasa.*

longtemps, *ī* (long), *ka ka ka.* Voir aux verbes, « longtemps (rester) ».

longtemps (il y a), *blagògosa.*

lorsque, *tai, taie.*

maintenant, *kamle, kamledè.*

moment (au — où), *tai, taie.*

moment (un, quelque temps, peu de temps), *fi*.

naguère, *blagògosa*.

nouveau (de), *sòko*.

où (le jour où), *üro ko*.

pendant, *mo* (sourd) ; pendant le 2ᵉ mois, *sò tyo mo*.

plus (ne), *neka sòko* ; je ne le ferai plus, *neka sòko ne*.

quand, voir : « lorsque ». Quand? *bà? gbà? taįe gba?*

quelquefois, *taį-anè*.

souvent, *kò-ò-kò*.

suite (tout de), *kamle, kamledè*.

tantôt... tantôt..., *taį-anè... taį anè*.

tard, *bwä* (v.).

temps (tout le), *kò-ò-kò, ka ka ka*.

— (en même), *da blègbe*.

tôt, *gegribla mi, kamledè*.

toujours, *kò-ò-kò, taįe fe, ebretaį*.

vite, *fyoko*.

voici que, voilà que, *èlèbè*.

II. — PARTICULES DE LIEU

REMARQUE. — En néouolé, la plupart des particules de lieu sont des « postpositions » et doivent être placées après leur régime.

à (avec ou sans mouvement, indiquant le lieu) : *ko, mo*. Je vais à Sassandra, *nä mlè Bokrè ko* ; je vais au village, *nä mlè du ko* ; il est à Drewin, *ò ko Kebe ko* ; il est dans le chemin, *ò ko ñézò ko*.

Souvent on supprime cette particule et on dit : *nä mlè Bokrè*, je vais à Sassandra, etc.

à (après les verbes « acheter, vendre, prendre, etc. », *gò* (m. à m. « auprès de »). Je l'ai acheté à Bougri, *Bogri gò e kla èlèa*.

ailleurs, *dàna, igru da*.

air (en l'), *lago uru*.

amont (en — de), *blèko*.

après, *beko be*.

arrière (en), *beko, be*.

auprès de, *gò* ; auprès de moi, *mò gò*.

autour de, *gò*. On emploie de préférence la tournure suivante : Il y a de la brousse autour du village, *kla gra du kro* (m. à m. : la brousse entoure le village. — Verbe *kro-gra* « entourer »).

aval (en — de), *zò*.

avant, *tètè*.

— (en), *kokro*.

avec, *è a sò* ou *aa sò* (m. à m. : tous les deux) ; le couteau avec la fourchette, *baka fòke sò*.

bas (en), *zò*.

bord (au — de), *numlu ko*.

bout (au — de), en général, *bya da* ; extrémité supérieure, *uru*.

chez, *a dè*. Chez Zago, *Zago a dè*.

chez-nous, *agbaka*.

coin de (au), *kote ko*.

commencement (au — de), *a kye*.

contre, *ko, gò*.

côté (à — de), *gò, ko*.

— (de ce), *pye èlèa*.

côté (de ce — ci de), *pye èlèa.*

— (de l'autre — de), *igra pyãnõ.*

dans (avec les noms de village, de pays et les termes géographiques en général, *mo* (sourd), *mõ, ko, a mle*; (avec les noms d'objets, de parties du corps, etc.), *a mle.*

de (indiquant la provenance), *mõ.* Je viens de Sassandra, *Bòkrè mõ e ule.*

dedans, *a mle.*

dehors, *güruko.*

delà (au — de), *kokro.*

depuis, *ba.* Depuis ici jusque là, *ba dè a ñle dè* (m. à m. : prendre ici pour arriver là).

derrière, *beko, be.*

dessous, *zò.*

dessus, *gye, kro.*

— (au — de), *blèko, lago uru.*

devant, *kokro.* Marche devant, *na kokro.*

droite (à), *didye-ko.*

endroit (à l', du bon côté), *è kro, è gye.*

endroit (au même), *da blègbe.*

ensemble, *ga-a-ga.*

entre, *ñéde.*

envers (à l' — de), *è mle.*

environs (aux — de), *gò.*

face (en — de), *krogalè.*

fond de (au), *kogru.*

gauche (à), *kòmya-ko.*

haut (en), *lago uru, blèko.*

hors de, *güruko.*

ici, *dè, da.*

importe (n' — où), *da fe.*

jusqu'à, ne se traduit pas. On emploie la tournure suivante : depuis ici jusqu'à Boutoubré, *e*

uro dè e ñle Butubre (m. à m. : Tu quittes ici, tu arrives Boutoubré).

là, *dè, da.* Ne reste pas là, *nà ko dè.*

là-bas, *ñabè.*

— (par), *ñabè, dè.*

loin, *da-tro* (v. sép.); *ne bè* (v.). Le village est-il loin? *du è tro bla da?* ce n'est pas loin, *è ne da tro*; c'est loin, *è tro da* ou *è ne bè.*

loin (plus), *kokro.*

maison (à la), *uro a mle.*

milieu (au — de), *a ñéde.*

où (précédé d'un antécédent), se tourne par « le même ». La roche où il y a un fétiche, *tiòko gò èmè gwazè ko* (m. à m. : à côté de la roche, la même, il y a un fétiche).

où (sans antécédent), *dè*, avec la tournure suivante : montre moi où est Zahi, *papa mò dè Zai ko a.*

où? *dàgbà? dà?* où vas-tu? *dàgbà mlè a?* ou *dà mlè a?*

où? (par), *dàgbà?* par où as-tu passé? *dàgbà ple a?*

où? (employé seul), *dàgbà?*

parmi, *a ñéde*; parmi les moutons, *blable a ñéde.*

partout, *da fè, kò, kò fè.*

près, on tourne par : « n'être pas loin » ou par le verbe *mè* « être proche, être adhérent à » : il est près d'ici, *ò ne da tro* (il n'est pas loin) ou *ò a gò mè* (il est à côté de, proche).

près (près de), *gò, ko*; près de Sassandra, *Bòkrè gò.*

près d'ici, *dè gò.*

sous, *zò*; sous la table, *tèble zò.*

sur, *gye, kro'*; sur la table, *tèble gye*.

terre (par), *dodoko*. Il est par terre, *ò ko dodoko*; jette le par terre, *pa lè dodoko*.

vers, *gò*; je vais vers mon père, *e mlè a to gò*.

vis à vis de, *krogalè*.

voici, voilà, *dè, èlèbè* : voici du vin de palme, *dè no*, ou *èlèbè no*.

voici que, voilà que, *dè, èlèbè* : voilà que les Baniuas viennent, *dè Bañüa ye* ou *èlèbè Bañüa ye*.

III. — PARTICULES DE QUANTITÉ

assez, *na, nae*. Il y a assez d'eau, *ñu nae*. C'est assez, *è na*.

aussi (également), *sa*; le chien mange aussi de la viande, *ve li sa mlè*.

aussi (en plus, encore), tu m'as donné du riz, donne moi aussi des bananes, *e a mò saka ñè, ñè sa mò mà*; il est aussi grand que moi, *ò iri sa ò uro mò* (ou *aa sò mimi ko*).

autant, autant de… que, tourner par : tous les deux sont la même chose, Kouati a autant d'hommes que Boutoubré, *kwati ñwa* (ou *kwatya) aa Butubre ñwa* (ou *Butubwo) sò mimi ko*.

beaucoup, *kòkòmle*. On emploie aussi le mot *zu* (être nombreux); il y en a beaucoup, *kòmòmle ko* ou *ā zu*; il y a beaucoup d'hommes, *ñwa kòkòmle ko* ou *ñwa ko, ā zu*.

bien, *kpai̲*. Il est bien joli, *ò na kpai̲*.

combien? *zwa?* combien d'hommes? *ñwa zwa?* combien de poulets? *kòkwò zwa?*

combien (quel prix?), *zwa?*

davantage, *zumo*.

encore (davantage), *ple… gò, sòko*. Donne moi encore des perles,

ñè mò sòko gri ou *ñè mò gri ple èlèa gò*.

entièrement, *fè, alofè, èlofè, krwakrwa* (ce dernier mot ne s'emploie qu'à la fin d'un palabre pour indiquer qu'il est entièrement fini).

environ (à peu près). On tourne par : « Je crois que.. » Il y a environ cent hommes, *nä dwo ko ñwa gre gbe*.

excepté, *samò* (inusité). On emploie la tournure suivante : On a tout tué excepté trois femmes, *ā bla alofè, wñla ta two* (m. à m. : on a tué tous, femmes trois restent).

guère, *ne zu* (m. à m. : n'être pas nombreux).

moins, n'a pas d'équivalent en néouolé, on tourne par « plus », en renversant la phrase.

ne… que (on tourne par *a mu*, « seul, unique ») : il n'y a que des femmes dans ce village, *wñla a mu ko du èlèa a mle*. (m. à m. : femmes seules sont village celui-là dans).

outre (en), voir : « encore ».

pas de, *no ko* (n'être pas). Il n'y a pas de bananes, *mā no ko*.

pas un, *lèpè a lèpè*; il n'y en a pas
un, *lèpè a lèpè no ko*.

pas du tout, *koko bi* (*i* long).

peu, *zwo* (inusité). Il y a peu d'hommes, *ñwa zwo*.

peu (un), *degasa, toipè, pêpè*.

— (très), *sotoipè*.

plus (davantage), voir : « davantage ».

plus (comparatif), *ko-zi* (v. s.). Les
chiens sont plus méchants que
les moutons, *ve zi blable ko ā
ñumo*.

plus (ne), *neka, neka sòko*.

que (exclamatif), *zu*. Que d'eau! *ñu
zu!*

quelque, *ana*.

sans (n'a pas d'équivalent en néouolé). On tourne comme suit :

Je suis allé là-bas sans fusil, *e
mo ñabè ne bu fa* (m. à m. : je
suis allé là-bas, ne pas fusil emporter).

seulement, *èmè fè, kèè*; *tyotyo*. Il a
attrapé deux poissons seule-
ment, *zri a sò kèè ò a bla*; il n'a
attrapé qu'un poisson, *ò a bla
zri a mu tyotyo*.

suffisamment (voir : « assez »).

tant, tellement. On emploie la tournure suivante : Il y a tellement
d'eau qu'on n'a pu passer, *ñu
zu kpai a neka ple*.

tout, *elofè*.

tout à fait (voir : « entièrement »).

très, *kpai*.

trop, *kpai*; c'est trop grand, *è iri
kpai*.

IV. — PARTICULES D'ORDRE, DE CAUSE ET DE MANIÈRE

à (marquant la possession). On tourne par les auxiliaires « être »
ou « avoir » (voir ces verbes).

à cause de, *za, aza, eza*.

afin de, afin que, *aka, ka*. Je vais à
Nahoua afin d'attraper du pois-
son afin que je mange, *nà mlè
Nawa aka zri bla, aka li*.

afin de ne pas, *neka*. (L'*a* s'élide devant les pronoms *ò* et *e*). Tiens
cela afin de ne pas tomber, *bri
èlèa ko e neka zò-bri*; marche
doucement, afin de ne pas le
réveiller, *na degasa nek'ò ga*
(pour *neka ò*).

ainsi, *sètè, satè, tatè*; c'est ainsi, *sètè
ko*.

alors (particule de liaison au cours

d'un récit), *le, lè, bo, bwalè*.

aussi (dans le sens de « comme les
autres, à mon tour, à son tour »,
etc.), *sa*; moi aussi, *mò sa*.

avec, *a*.

bien, *kpai*.

car (voir : « parce que »).

comme (de même que), *semwè*.

comme cela, *sètè, satè, tatè*.

comment, *sagbà?* (au commencement de la phrase), *a* (à la fin
de la phrase). Comment t'appelles-tu? *nü ñle a?* (ton nom
comment), comment as-tu fait
cela? *sagbà e ñe a?*

de (marquant la possession, l'origine), *a*. Le pagne de Até, *Ate
a lòkwe*. On se contente quel-

quefois de l'inversion, le pagne de Até, *Ate lòkwe.*

de (devant un infinitif), ne se traduit pas : dis lui de venir, *sro ò i* (m. à m. : dis, il vient).

donc (par conséquent), *eza.*

effet (en), *kyesa, kikyesa* (m. à m. : vraiment).

et (entre deux mots), *eza, a, be… sò, le… sò*; Zahi et Gozoua, *Zai eza Gòzwa, Zai be Gòzwa sò, Zai le Gòzwa zò.*

et (entre deux phrases, deux propositions), *be, eza.*

fortement, *fe, fesa.*

inutilement, *frè, frè sa.*

mais, *mà* (sert quelquefois de liaison entre deux propositions).

mal, *ñumosa.*

même, *sèfo.*

— (quand), *mà* (devant la proposition); tu es fatigué, travaille quand même, *e a sya mà zri nòno.*

ne pas, *ne, no, nà, neka* (voir : conjugaison négative).

ni, *ne.*

ou, ou bien (n'a pas d'équivalent en néouolé, on tourne par une périphrase). Va chercher des bananes ou des ignames. *Mo la mà, n'èyra la le* (m. à m. : Va apporte bananes, si tu veux apporte ignames, *n'èyra* pour *ne èyra*).

pas du tout, très mal, *bĭ* (long). Il n'est pas bon du tout, *ò ne na bĭ.*

parce que (on tourne par : « voici pourquoi »), je fais cela parce

que j'ai peur, *nä gwe eza e ñe* (m. à m. : j'ai peur, voici pourquoi je fais).

peu (un peu), *pèpè.*

peut-être, *nä dwo ko* (m. à m. : c'est dans mon cœur).

pour, *ka, a ka*; avec une négation, *neka* (voir : « afin de.. »).

pourquoi? *agaza? ègèza? èkèza? èkoa?* (Ce dernier mot signifie exactement « qu'est-ce que c'est? »

pourquoi? (interrogatif, devant une proposition), *agaza? ègèza? èkoa?* Pourquoi fais-tu cela? *agaza e ñe satè a?* ou *èko be e ñe satè a?* (m. à m : Qu'est-ce que c'est et tu fais cela?)

pourquoi (relatif, n'a pas d'équivalent en néouolé); je ne sais pourquoi il est venu, *lè ko le ò i a, ne yi* (m. à m. : chose est alors il est venu, je ne connais pas).

pourquoi (voici), *eza.*

puis (et), *be, le.*

puisque, *àbè.*

quant à, *anè wõ da.*

que (ne se traduit pas); il a dit qu'il viendra demain, *ò a ne, ò i lè kè i* (m. à m. : il a dit il viendra demain).

si (affirmatif), *u* (sourd et très nasillé). N'aimes-tu pas les bananes? — si. *Ne bla mà wa? — u.*

si (conditionnel), *ne* (se place après le sujet : si tu aimes les bananes, *e ne wa mà.*

vainement, *frè, frèsa.*

vraiment, *kyesa, kikyesa.*

V. — PARTICULES D'INTERROGATION

bla (se place avant un régime), *èyra bla mà?* Veux-tu des bananes? *ne bla mà wa?* n'aimes-tu pas les bananes?

a (nasillé, se place à la fin de la phrase), *dà mlè a?* où vas-tu? *e ñe a?* que fais tu? *è ko a?* qu'est-ce?

VI. — PARTICULES D'EXCLAMATION

ah! (étonnement), *sya! kwé!* (brefs), *sia!* (*i* long).

ah! (forte surprise), *sia!* en appuyant plus ou moins sur l'*i* selon que la surprise est plus ou moins forte.

ah! (soulagement), *uo!* (nas.).

— (impatience), *bè!*

— (joie), *awè!* (*è* long).

— (douleur), *ĩ!*

— (reproche), *hò! sia! kwé!*

aïe (douleur), *ĩ!*

après (et), pour encourager quelqu'un à parler), *wõ fe! è me fe?*

bien! bon! *namasa! awè!*

bonne heure (à la), *namasa ko! awè!*

bravo! *awè!* (*è* long).

certainement, *blè.* C'est bon certainement, *è na blè!*

chut! *didini!* (le dernier *i* long, nasillé).

compris? *e nu i? c a bla nu?*

compris! *e a nu!*

dehors! *uro dè! fro dè!* (On ajoute *mĩ* pour donner plus de force à ces deux expressions), *iswè* ne s'emploie que pour les animaux).

dis-donc! *hoa! sya!*

donc! *mĩ!* Laisse moi donc! *kye mò sa mĩ!*

doucement! *degasa! degasa blèblè!*

eh! (appel), *ho-a!* (*ɔ* long).

eh! (interpellation), *ò! hò!* (avant le nom) *o* (après le nom).

eh bien? *è ko a?* (m. à m. : Qu'est-ce?)

fi! *u!* (nasillé).

halte! *ünovo! nünovo!*

hein? *o?* (long).

hélas! *weyio! mao!* (ce dernier mot signifie : « maman! »).

merci, *aukwa, ayo.*

non, *ò* (bref).

oui, *ĩ, a, u* (nasillés).

présent! *hò* (long).

silence! *bli ne ko!* (m. à m. : « attrape ta bouche »).

vite! *fyoko!* faites vite! *ā fyoko!*

vraiment? *kikyesa?*

Particules intraduisibles.

aè, s'emploie pour donner plus de poids à une prière, à une demande : *e bibye mò aè!* « je te demande pardon! » *a è,* est répété plusieurs fois si on n'a pas obtenu satisfaction dès la première demande.

be, wè, sert à renforcer une interpellation : *ā i be, ā i wè!* « venez donc! »

blè, sert à renforcer une affirmation : *ī blè!* « oui, mais oui! oui certes! »

bè! (long, *è* très ouvert), signe d'impatience. On pourrait le traduire par notre « ah zut alors! » s'il m'est permis d'insérer une pareille expression dans ce manuel.

ī! (long), s'emploie après un verbe pour indiquer que l'action dure très longtemps : *ā i ī* « ils viennent, ils marchent sans trève ». Dans un discours on répète la phrase plusieurs fois pour mieux faire comprendre la durée de l'action.

ka ka ka, répété autant de fois que l'on veut, même emploi que le précédent.

mī! (long, nasillé), se met à la fin d'une phrase pour indiquer l'impatience : *fro dè mī!* « mais va t'en donc! »

òpo! cri d'étonnement, de reproche.

wei! (nasillé), cri poussé par un enfant effrayé.

we! weyio! employés par les femmes comme cris funèbres.

womu! cri de satisfaction après avoir échappé à un danger ou achevé un travail très pénible. Sert aussi à exprimer l'étonnement ou l'indignation.

REMARQUES. — 1° On ajoute souvent à la fin des phrases, pour leur donner une tournure exclamative ou plus d'expression, la particule *a*.

2° Il importe de ne pas oublier que la réponse aux interrogations négatives n'est pas, en néouolé, la même qu'en français.

A la question : « N'as-tu pas d'argent?... Tu n'as pas d'argent? » le Néyau répond « oui » là où, en français, on répondrait « non » et ce « oui » signifie alors : « oui, c'est vrai, c'est exact, je n'ai pas d'argent. » Si, au contraire, le Néyau répond « non », sa réponse veut dire : « non, tu te trompes, j'ai de l'argent » et équivaut au mot français « si ». Quelquefois, cependant, il dit dans ce dernier cas : « non, j'en ai. »

CINQUIÈME PARTIE

PHRASÉOLOGIE ET CONVERSATION

I

Accent.

Il y a deux manières d'étudier l'accent tonique d'une langue :
l'une, fort savante et réservée aux linguistes, exige non seulement une connaissance approfondie du langage étudié, mais
encore, en dehors de la langue parlée si fugitive dans ses intona-
tions, des documents plus stables tels qu'une prosodie régulière
dont nous ne saurions trouver les éléments dans les naïves chansons des Néyau. En l'absence de tels moyens d'étude, il est difficile de déterminer les règles précises de l'accentuation d'une
langue, surtout lorsqu'elle est aussi « chantée » que celle qui
nous occupe. L'accent expiratoire, tel que nous le possédons dans
les langues européennes, n'a, en effet, qu'une importance secon-
daire en néouolé et se confond en général avec un accent musi-
cal caractéristique qui suffit parfois seul à différencier un mot d'un
autre ; ainsi le mot *ma*, selon qu'il est prononcé sur une intona-
tion ou une autre, signifie soit « maman » soit « banane ». Dans
les mots disyllabiques cet accent est généralement placé sur la
première syllabe ; mais pour les mots plus longs, simples ou composés, les règles deviendraient compliquées et seraient traversées
de nombreuses exceptions.

La seconde méthode, qui peut-être est moins scientifique mais
assurément plus simple et plus sûre, est d'apprendre l'accent sur
place, par l'usage, en entendant parler les indigènes.

Signalons toutefois, au sujet de l'accent, que le néouolé possède
un accent de phrase placé généralement sur la dernière syllabe
du dernier mot de chaque membre de phrase et surtout sur la
particule exclamative *a*, chantée et nasillée, qui termine souvent
les périodes.

11. — **SALUTATIONS ET FORMULES DE POLITESSE**

§ 1. — Le *bizeñle* ou surnom joue un grand rôle dans le proto-cole des Néyau ; en règle générale on ne doit jamais appeler quel-qu'un ni l'interpeller par son nom.

Le surnom se compose d'un mot suivi parfois d'une phrase explicative assez longue ; souvent, quand on s'adresse à quelqu'un ou qu'on le salue, on se contente de dire le premier mot de son surnom et l'individu interpellé complète lui-même la phrase. Quel-quefois aussi le surnom comporte une réponse, tel est, par exemple, le cas du *bizeñle* : « *Bum! nà gbo ko!* » auquel l'intéressé répond : « *Bum! nă wòle ko!* ». Lorsqu'on ignore le surnom de la personne à qui on s'adresse, on le lui demande par ce seul mot : « *bizeñle?* » et on répète ensuite le surnom qui a été indiqué, en le faisant suivre de la salutation habituelle, *ayo*.

Généralement le surnom a été choisi par l'individu qui le porte, mais souvent aussi il lui a été donné en raison d'une qualité qui lui est propre, d'une circonstance importante de sa vie ou d'une action remarquable.

Certains *bizeñle*, surtout ceux attribués à des guerriers, ne sont pas en néouolé pur, quelques mots sont tronqués, et d'autres em-pruntés aux dialectes bêté et bakoué.

Voici, à titre d'exemple, quelques surnoms de Néyau :

Gòdo!... ò ko bla da[1], « Le fromager !... il est à l'endroit où on tue » ; *Zau!... kési vo ñõ*, (*kesi* pluriel de *kesu* mot bêté signi-fiant « fusil »), « Zahou !... l'homme qui fait la guerre avec les fusils » ; *Zadrè! ka wòle kalè* « le serpent à sonnettes, il fait un bruit effrayant » ; *Meda!... wñlõ wa*, « parfum !... les femmes l'aiment » ; *Besro! ò te grò le mlõ* (*besro* nom bêté de la genette, *te grò* mots bêté, signifient « entrer au village »), « la genette ! quand elle entre dans le village, quelque chose manque (s. e. parce que les poulets effrayés se sont réfugiés dans la brousse); *Du!... uñlõ ko*[2], (*du* pour *dwɔ* « cœur »), « cœur (s. e. son) est lourd, cruel » ; *Gògo! na wñle sa*[3], « Gogo, il marche élégamment comme

---

1. Surnom du chef Zago, de Sassandra.
2.   —   —   Bougri, de Sassandra.
3.   —   —   Zago, de Sassandra.

les femmes ! » ; *Gògo ble ñõ swa* « Il fait ce qu'il veut » ; *Bro dwo*[1],
« cœur puissant » ; *Tutu !... a ge irimo a kpa to* (phrase bêté),
« Baril de poudre !... sans lui on ne peut faire la guerre », *Ne nà
krwa wa*, « On peut pagayer sans toucher le sable » ; *Tata !... ò ya
sa*[2] « Corbeille !... il sèche la viande, le poisson » ; *Valasi*, « vernis » ; *Blake*[3], « soie noire », etc., etc.

Quelques surnoms de femmes :

Gine !.. ka yo mla to « le gin ! donne aux jeunes gens envie d'en
boire, d'y goûter » ; *Dòmõ !.. ò yòlomõ !* « Brochet ! sa chair est
tendre » ; *A dyò gò* (mots étrangers), « elle est jolie » ; *Srobla*,
« argent », etc. Plus un personnage est considéré dans le pays,
plus il a de surnoms et il est de bon ton de ne pas toujours lui
donner le même quand on l'interpelle.

Le *bizeñle* est quelquefois remplacé par l'un des mots suivants :

a to, « mon père » employé par un jeune homme ou une jeune
fille en parlant à un vieillard.

ma, « maman », s'adresse à une femme âgée.

gòmlă, « chef », s'adresse à un chef important ou à un commandant européen.

tòkpa, se dit en parlant à un homonyme.

messya, « beau-frère », s'adresse à un parent de la femme qu'on
a épousée.

wõtrò, « beau-père, belle-mère », s'adresse à un ascendant de
la femme qu'on a épousée.

atogru, s'adresse à une femme de la même famille.

gru yo, à un homme d'un autre village auquel on est allié par
les femmes.

nă yo, « mon enfant », à un jeune garçon ou une petite fille.

be, « camarade », à un égal ou un individu plus jeune.

blasu, « monsieur », mot emprunté à la langue de Grand-Lahou,
encore peu répandu chez les Néyau qui ne l'emploient guère qu'en
s'adressant à des Européens.

§ 2. — Il est sévèrement interdit par le protocole néyau de pro-
férer devant une personne plus âgée des paroles malsonnantes ou
même simplement grivoises ; transgresser à cette règle lorsqu'on

1. Surnom du chef Zaouri, de Blihiri.
2.   —   de l'interprète Abley, de Sassandra.
3.   —   du chef Ahoura, de Drewin.

est soi-même dans l'obligation de se faire respecter est un bon moyen de perdre la considération des indigènes ; sauf, cependant, si on ne plaisante qu'avec quelques intimes.

Cette interdiction est encore plus rigoureuse lorsqu'on est en présence des parents de la femme qu'on a épousée, ils se lèvent et s'éloignent sans dire un mot si l'on a prononcé une parole choquante ; la femme du délinquant est alors en droit de retourner dans sa famille et ne rejoint son mari que lorsque ce dernier a fortement indemnisé les parents outragés.

§ 3. — Lorsque, dans un palabre ou une conversation, on est amené à parler d'un individu, on peut, même si cet individu est présent, le désigner par son nom, précédé ou non du nom de son père.

§ 4. — C'est *toujours* l'étranger, le nouvel arrivant, qui, quel que soit son âge ou son rang social, *doit saluer le premier*. Un Européen qui pénètre dans un village ne doit donc pas se formaliser si les indigènes restent immobiles et font mine de ne pas l'apercevoir, ils ne font que se conformer aux coutumes de leur pays. Il n'y aurait impolitesse de leur part que si, après le salut du nouvel arrivant, ils ne lui répondaient pas ; ils seraient encore fautifs, à leur propre point de vue, si, entrant dans le poste ou l'habitation de l'Européen, ils ne saluaient pas les premiers.

Nous devons d'autant moins nous étonner de cette coutume que, chez nous, dans une auberge de village par exemple, le nouvel arrivant salue généralement le premier les personnes déjà assises et que nous avons l'habitude, quel que soit notre position sociale, de nous découvrir et de saluer les gens quand nous entrons chez eux. Il serait donc un peu excessif de se considérer comme outragé, si, conformément à ces usages qui sont les nôtres, on n'était pas salué le premier par les indigènes chez lesquels on s'introduirait. Je dois ajouter d'ailleurs, en ce qui concerne les Néyau proprement dits, que ceux d'entre eux qui n'ont pas encore été pervertis par un long contact avec les matelots français ou étrangers, sont généralement très polis et qu'il n'est pas rare de les voir sortir de leur village et se porter en groupe au-devant de l'étranger quel qu'il soit, qui les a prévenus de son arrivée et qui, en entrant dans leur village, trouvera une case confortable, de (:) du bois et quelquefois du vin de palmes, un poulet ou un

mouton; ces prévenances sont plus rares de la part des Néyau
éduqués par les marins et qui n'ont généralement comme formu-
laire de politesse qu'un vocabulaire français ou anglais tout à fait
spécial.

Si deux habitants d'un même village se rencontrent dans la rue,
ou deux individus quelconques sur une route, c'est en général
celui dont le domicile est le plus éloigné qui salue le premier, à
moins que l'autre ne soit très jeune ou de condition tout à fait
inférieure. Quand l'un de ces deux individus est un Européen, c'est
toujours l'indigène qui salue le premier; il ne s'abstient que lorsqu'il a été antérieurement insulté ou injustement maltraité par
l'Européen (en Afrique, comme ailleurs, on ne peut prétendre au
respect des gens pour lesquels on n'a pas les égards qui leur sont
dus).

En cas d'adieux, c'est celui qui part qui salue le premier.

§ 5. — La véritable salutation néyau est le mot *ayo* qu'on peut
répéter plusieurs fois et auquel on ajoute souvent *ka ka ka* (voir :
Particules d'exclamation), pour lui donner plus d'expression.
Lorsque le *ayo* s'adresse à plusieurs personnes on le fait suivre
de la particule *be* ou *wè* : *ayobe!... ayowè!...*

Deux individus, Bougri et Ahoura se rencontrent. Le surnom de
Bougri est *du*, celui de Ahoura, *blake*; celui, Ahoura par exemple,
qui, selon les conditions énoncées plus haut, doit saluer le premier,
dira : *du, ayo!* l'autre répondra *ao* ou *yo* (long), *blake, ayo!*

Dans le cas où il s'adresserait à plusieurs personnes, il dirait :
apaté, ayowè ou *ayobe.*

Il y a en néouolé des salutations spéciales, selon le moment où
elles sont échangées; mais ces formes tendent à disparaître et
sont bien moins fréquemment employées que le *ayo* habituel;
ce sont :

Le matin de bonne heure :

> D. — *a galò.*
> R. — *ao ayo.*

vers midi :

> D. — *a ko sa.*
> R. — *yo ayo.*

dans l'après-midi :

> D. — *e kri a e.*
> R. — *yo ayo.*

le soir :

         D. — *a ba üro.*
         R. — *ao ayo.*

avant de se coucher :

         D. — *a ka ze.*
         R. — *ao ayo.*

Lorsqu'on quitte quelqu'un pour aller en voyage on dit : *ayo* et la réponse est : *wõ ñoku yegò* « fais attention à ton corps, à ta personne », ou *degasa blèblè* « doucement, doucement. »

Quand on rencontre un étranger ou quelqu'un qu'on n'a pas vu depuis longtemps et qui revient de voyage, il demande après les *ayo* habituels : *ā ble a di*, « les nouvelles de votre pays. » On lui répond alors invariablement : *igra di ne ko*, ou *igra wòle neko*, « il n'y a aucune nouvelle, aucun palabre, puis on lui fait part des événements peu importants. Il raconte ensuite ce qu'il a à dire sur le pays d'où il vient et on se sépare avec les salutations accoutumées. Si un individu doit séjourner dans un village, ou s'il vient pour une affaire quelconque, on le reçoit par les mots : *ā ble a di*, « les nouvelles de votre pays. » Il répond alors suivant les cas : *di ne ko, bi ka i* « Pas de nouvelles, je viens me promener » ou *e ka wuwu di pè ka wõ* « j'ai quelques petites choses à dire. » On lui donne alors l'hospitalité plus ou moins complète selon les circonstances, bain, nourriture, logement, puis on va l'attendre sous le hangar qui sert aux réunions. Quand l'étranger a mangé ou s'est un peu reposé, il rejoint ses hôtes, qui, les premiers, lui racontent ce qui se passe chez eux; il dit ensuite une partie de ce qu'il a à dire en passant sous silence les choses ou les événements les plus importants. Lorsqu'il a terminé, on le remercie, on transmet à l'assistance ce qu'il vient de raconter, puis on s'adresse de nouveau à lui en demandant *gogo* « ce qui reste, ce que tu caches », il s'exécute, on le remercie une deuxième fois, suivant les cas on lui répond, ou on remet la question à un autre jour.

Le procédé est à peu près le même lorsqu'un indigène va déposer une plainte auprès d'un chef ou lorsqu'un chef règle un palabre important, mais, dans ce cas, on n'adresse jamais la parole directement. Un porte-canne choisi pour sa facilité d'élocution (le choix n'est pas difficile avec les Néyau qui, tous, sont beaux parleurs), transmet les paroles du chef aux assistants et réciproquement ; il répète presque tout comme si on n'avait pas entendu. — Le chef fait dire au plaignant ou au témoin : *Sa nà wôle*, « raconte ton palabre » à quoi l'autre répond : *wôle ne ko* « il n'y a pas de palabre », ou *di ne ko*, « je n'ai rien à dire », ce qui ne l'empêche pas de continuer par un interminable discours pour exposer l'affaire dont il s'agit et dont il fait remonter les causes à l'époque la plus reculée. Lorsqu'il a enfin achevé, il dit : *na blo da*, « je m'arrête là », le porte-canne répond *blo* « c'est arrêté », tout le monde reste silencieux pendant quelques minutes et le porte-canne reprend la parole en demandant au narrateur : *gogo* « ce qui reste », celui-ci répond : *krwakrwa* « c'est tout », ou donne de nouveaux détails.

Le porte-canne, ensuite, s'adresse à l'assemblée ; se tournant vers les gens de Sassandra (s'il y en a de présents), il crie leur surnom collectif, *dyablaboyo* ! aux indigènes de Drewin, il crie *dyamaduyo* ! puis appelle individuellement les chefs et notables présents et dit enfin : *sètè ò ki wè* ou *sètè ò pa wè* « c'est ainsi qu'il a parlé » et, pour finir, *dè ò blo ā blè blo* « là où il s'est arrêté, nous nous arrêtons » ou *blo ò blo ā blè blo* (même signification), le chœur répond par un *u* sourd et très nasillé.

Les assistants remercient du mot *ayo* le narrateur et l'intermédiaire, le chef prend enfin la parole et son discours est transmis par le porte-canne avec les mêmes formules ; lorsque tout est terminé on se sépare, ou, s'il a été question de choses intéressant la guerre, l'intermédiaire, agitant sa main droite, dit rapidement *bàtibàtibàtibàti*... etc. et le chœur lui répond *bàti* à tue-tête lorsque, ayant fait précéder son dernier *bàti* du nom de la peuplade chez laquelle on se trouve, il a manifesté l'intention de s'arrêter ; c'est le chef qui se lève le premier et donne ainsi le signal du départ.

En se saluant, les Néyau se donnent quelquefois la main droite, mais ils se touchent simplement les doigts sans les serrer.

Deux amis intimes ou parents qui se retrouvent après une longue séparation s'embrassent ; l'un dit à l'autre *i gbi mà* « viens m'embrasser » et lorsqu'ils sont enlacés ils disent ensemble *bà*, en traînant sur l'*à*.

Le baiser sur les joues ou le front, tel que nous le donnons à nos parents, à nos amis ou aux enfants est absolument inconnu des Néyau.

Pour manifester la joie causée par la rencontre d'un ami ou le plaisir que l'on a eu en entendant les paroles prononcées par quelqu'un, on lui donne la main droite en faisant claquer les doigts à plusieurs reprises contre les siens; on félicite un jeune enfant qui vient de faire quelque chose de remarquable, ou de sortir vainqueur d'un pugilat, en l'élevant à bout de bras maintenu sous les aisselles et en disant *bà*, comme lorsqu'on embrasse un parent.

Il est peu convenable de répondre à quelqu'un qui s'informe d'un individu dont il ignore le décès : « Il est mort », on dit *ò a mlõ*, « il manque ».

Lorsqu'on passe devant quelqu'un et, en général, dans tous les cas où nous disons en français « pardon » pour nous excuser, on dit en néouolé *kafrinya* ou *kafriñwa*; ce mot est employé dans tout le bassin de la Sassandra, même chez les Lo.

Pour remercier quelqu'un d'un cadeau on lui dit *amukwa* ou *aukwa* en déposant à ses pieds un petit objet quelconque ou une pincée de sable; si le cadeau est important on invite les personnes qui se trouvent là à remercier aussi le donateur; le lendemain on peut faire une visite à ce dernier et lui dire *aukwa la*, mais cette démarche n'est pas obligatoire. Pour implorer le pardon ou la clémence de quelqu'un on dit *e bibye mò, e bibye mò aè*, en agitant la main droite, la paume en dessus, ou en entourant de ses bras la ceinture de cette personne. A quelqu'un qui souffre, au physique ou au moral on dit *ayo* et *tèma mo* « sois fort »; on sépare deux individus qui se battent en leur disant *ā ñòkò* « calmez-vous ». C'est par ces deux mêmes mots qu'on aborde des gens qui sont en état de guerre, ils répondent *a i vo* « nous nous battrons » ou *a a nòkò*, « nous sommes calmés ».

III. — **NOMS PROPRES DE PERSONNES**

En dehors du surnom, dont nous avons parlé plus haut et qui est seul employé dans les salutations, le nom complet d'un Néyau se compose du nom (ou quelquefois, mais rarement, du surnom) de son père, suivi de son propre nom qui lui a été donné par son père, au moment de sa naissance.

Ces indigènes croyant vaguement à la métempsychose, on consulte les magiciens quand un enfant vient au monde et, par leur intermédiaire, on interroge le bébé; après avoir dansé et bu beaucoup de gin, les savants docteurs font part de la réponse aux assistants et disent : « C'est un tel, ancêtre de l'enfant, qui revient »; on donne alors au bébé le nom du dit ancêtre.

Le nom de l'individu et celui de son père sont souvent reliés par la particule *a*. Voici, comme exemples, quelques noms complets : *Zago Ayè* « Ayè fils de Zago », *Kuye Zai* « Zahi fils de Kouyé », *Dable able* « Ablé fils de Dablé », *Gra Ate* « Até fille de Gra », *Bogri Yeye* « Yeye fille de Bogri », *Izalo a Bòga* « Boga fils de Izalo », *Nyanõ a Kragbe* « Cragbé fils de Nianon », etc.

Quand une jeune fille se marie, elle reçoit de son époux un nouveau nom ou un surnom, mais les membres de sa famille continuent à lui donner le nom qu'elle a reçu en naissant.

Les Néyau connaissent l'étymologie de plusieurs de leurs noms, mais quoique tous les noms propres aient dû, comme partout, avoir au début un sens, la plupart d'entre eux n'ont plus maintenant aucune signification pour les indigènes. Voici quelques noms dont j'ai pu trouver, d'une façon certaine, l'étymologie :

Noms de garçons : *Kragbe* (*kla* ou *kra* « fermer », *gbe* pluriel de *gbo* « danger, inconvénient, mauvaise affaire »), *K:rañõ* (*kla* ou *kra* « brousse » *ñõ* « homme ») « homme de la brousse », *Kukuñõ* (*ku* « mourir » *ñõ* « homme ») « homme mort »[1], *Lègrè* (*lègrè* « ivoire »), *Tanõ* (*ta* « trois » *ñõ* « homme ») « troisième homme », *Tyòko* (*tyòko* « rocher ») *Wawa* (*wawa* nom d'une petite rivière), *Yoneba* (*yo* « enfant » *ne ba* « ne pas prendre »), « je ne prends pas, je n'ai pas beaucoup d'enfants ».

Noms de filles : *A Kadubo* (1re pers. du plur. du présent incoatif du verbe *dubo* « s'amuser ») *ū ka dubo* « nous allons nous amuser », *Bòzò* (*bòzò*, nom donné au résidu dans la fabrication de l'huile de palmes), *Da* (*da* « tabac européen »), *Drè* (*drè* « plomb »), *Dwonekabli* (*dwo* « cœur » *neka* « ne pas » *bli* « tomber ») « mon cœur ne tombera pas, je ne me calmerai pas », *Kòòkò* (*kò-ò-kò* « tout le temps »), *Krawñõ* (*kra* ou *kla* « brousse » *wñõ*

---

1. Revenant.

« femme ») « femme de la brousse », *Kuwñlõ (ku* « mourir » *wñlõ*
« femme ») « femme morte », *Lulu wñlõ (dulu* « palmier raphia »
wñlõ « femme ») « lafemme du palmier » *Nemaule (ne* « ne pas »
mo « toi » *ule* « appeler ») « Je ne t'appelle pas » *Tawñlõ (ta*
« trois » *wñlõ* « femme ») « troisième femme », *Wñlõkale (wñlõ*
« femme » *Ka* « posséder » *le* « richesses ») « la femme riche ».

Il serait difficile de réunir ici tous les noms des Néyau ; en voici
quelques-uns dont l'étymologie est inconnue ou douteuse, malgré
la ressemblance de certains d'entre eux avec des noms communs :

Noms de garçons : *Able, Abusu, Adwa, Ahura, Ahure, Ako,
Alebe, Avi, Ayè, Azale, Baba, Bàda, Bade, Bàdu, Bagè, Bayu,
Bedikri, Beli, Bleyio, Blòwa, Bòga, Bogré, Bogri, Brò, Bròzo,
Bugri, Bwali, Dà, Dăble, Dugba, Dali, Dèri, Djiprò, Dògi, Dògò,
Doñi, Dubo, Dukwa, Duñõ, Duzu, Dyabla, Dyayo, Gaza, Gbei,
Gètè, Girate, Gite, Gòfri, Gozwa, Gra, Gregi, Gyene, Inabo, Inagò,
Inagòi, Kàda, Kaku, Kaswa, Kăta, Keke, Kekyè, Kikre, Kokla,
Kòmlã, Krifo, Krwate, Kukwa, Kukwei, Lafri, Lele, Loboñõ,
Lòwa, Mădi, Madu, Màgo, Màgu, Matu, Mòse, Nabo, Nado, Nadu,
Nadwa, Nemaple, Nèmlè, Ñiple, Ñine, Ñleka, Nomo, Nyadre,
Nyanõ, Nyagbe, Nyeba, Nyebato, Oba, Okutè, Ope, Orè, Osro,
Padre, Palye, Rabe, Rahe, Seri, Tosañõ, Trika, Tyakro, Tyèkpeè,
Uire, Urati, Weya, Ye, Yebwa, Yüywa, Zabo, Zagbè, Zago, Zai,
Zauri, Zikai, Zike, Zòble, Zye,* etc., etc.

Noms de filles : *Aboze, Aigrè, Alwo, Ate, Azò, Bàlè, Balo, Bali,
Banõ, Blabe, Bobya, Brwawñlõ, Dabla, Dăgò, Dàgyè, Dai, Dali,
Dàtè, Dàtyo, Degrei, Deka, Dukwawñlõ, Flekò, Gagye, Gagyu,
Gbei, Gesa, Gibane, Gogowñlõ, Gòtyo, Gra, Griò, Ié, Igbane, Ipe,
Ita, Kaka, Kako, Kamala, Katu, Kaze, Klakonè, Kòbe, Kpaekò,
Kraba, Kukwa, Kukwane, Laga, Lageyo, Lakpa, Lege, Lòbo,
Logone, Lòula, Mà, Mahyo, Mèkè, Mene, Mliñüa, Nane, Ñible,
Ninaga, Nyebà, Nyeda, Nyehi, Nuku, Orò, Palesa, Papò, Păza,
Pleke, Pòlè, Poluo, Sagwa, Sekewñlõ, Sòkowñlõ, Sòsòwa, Titi,
Tiwñlõ, Tòblo, Tyekro, Tyòkò, Uirenè, Uragryu, Urò, Walè,
Wăwa, Yeblia, Yègre, Yekebwo, Yenè, Yeri, Yeye, Zagbawñlõ,
Zàka, Zaüo, Zaüro, Zowñlõ, Zògwè,* etc., etc.

Les esclaves qui viennent d'être achetés reçoivent de leur nouvel acquéréur un nom dans le genre de ceux qui suivent :

Garçons : *E ne ñle ka* « je n'ai pas de nom », *A nà sòko* « ne recommence pas », *To ne bya* « la guerre ne finira pas », *A gble* « on le hait », *E ne fe ka* « je suis sans force », *Gu bya le* « la maladie a tout fini », *a nà nwõ sa* « ne faites pas comme cela », *Nà ka ò yè* « tu vas voir cela », etc.

Filles : *Wòle ko mle* « Il y a un palabre dans mon cœur », *E ko kò* « je l'ai déjà vu », *Fa bla* « elle a la fringale », *E na* « c'est bon », *Le a two* « les richesses sont perdues », *Naze wñlõ* « malheureuse femme », *A i ò ko* « venez l'aider », *Yuka* (sans signification), *E ka n'ò to* « j'ai envie de l'essayer », etc.

IV. — QUELQUES PHRASES USUELLES

En réunissant les quelques phrases usuelles suivantes, je 'n'ai d'autre prétention que de compléter les exemples que j'ai donnés dans les chapitres précédents et d'enregistrer un petit nombre de locutions néouolé dont la traduction littérale n'aurait aucun sens raisonnable, mais qui possèdent un sens général qu'on peut traduire par quelques idiotismes français. On sera donc moins désorienté en entendant prononcer ces locutions par les indigènes, et, s'il est vrai que ce n'est que par le contact de ces derniers et avec le secours de la grammaire et des vocabulaires qu'on peut apprendre la conversation, il n'en est pas moins certain que les quelques locutions qui suivent peuvent être utiles en quelques circonstances ; toutefois, comme leur traduction est tout à fait libre, on fera bien de se servir plutôt de la traduction mot à mot de la légende et des contes, pour apprendre la construction des phrases en néouolé.

§ 1. — Le temps.

gye a bli, le vent (m. à m. : la mer) s'est calmé.
lago wèzè, il fait des éclairs.
ñu bla, il pleut.
ñu a ka bla, il va pleuvoir.
lulwo a ka i, nous allons avoir une tornade.
lagro bubru le, il tonne.
üro gavra, le soleil levant (m. à m. : le pagne intime du soleil).

lago prò tete, il y a un halo (m. à m. : le ciel règle un palabre).
lago a ble bla, il y a un arc-en-ciel (m. à m. : le ciel a tué un bœuf).
bubu ye zèmle, il fait chaud aujourd'hui.
wòtrò ye zèmle, il fait froid aujourd'hui.
zèmle na kpai, il fait bon aujourd'hui.
üro pwè kpai, le soleil tape dur.
bubu bla mò, j'ai trop chaud.
wòtrò bla mò, j'ai trop froid.
tyo a uro, la lune est nouvelle.
tyo a dide gre, c'est la pleine lune.
tyo lyè, il fait clair de lune.
zi zye da, le jour se lève.
kokwè a wòle pa, le jour va se lever (m. à m. : un poulet vient de
     chanter).
güru blie, il fait du brouillard.
ñugozo a ka i, la saison des pluies va commencer.
lagbe a lo da n'a ka i, il va être temps de commencer les cultures.
kokomlaka tè mõ, le vent d'Est est très fort, très froid.
zalyè ñügru bla, il tombe une pluie fine.

<h3 style="text-align:center">§ 2. — En rivière.</h3>

ñe a mla, les eaux ont baissé.
ñe a ye, la rivière est pleine.
tyòküe a ko uro, les roches sont découvertes.
syò kpo ko, il y a des bancs de sable.
ā lêbè kobo a gblagbla be! voyez les traces d'une tortue d'eau douce
     qui est montée sur le sable!
ā ka kobo gei ba ka mo, allons chercher les œufs de tortue dans le
     sable.
balè a dè gbla, un hippopotame a monté là.
è a dwa, il a plongé dans l'eau, il s'est enfoncé.
ā gri gòlo, tirons ensemble la pirogue.
su gòlo, poussez la pirogue.
a lu, pagayez.
a wõ tyò küe yegò, faites attention aux roches.
de èlèa a ñle a? Comment s'appelle ce rapide?
blè ko, c'est le rapide Bret.
è ou a ñu, il est dangereux.
è ou a ka ñubwi, il a des tourbillons.
a lu a mo, ā wõ gòlo yegò, en route, mais attention!
komyako, à gauche!
didye ko, à droite!
a sru-sa, redressez la pirogue!
a srra, poussez les perches!

a pla tyò, changez les perches de côté !
a kla ulé, maintenez la proue ! (ou la poupe, si ce sont les hommes de
     l'avant ou de l'arrière qui crient).
o a pè, nous sommes échoués.
a so, tirez sur la pirogue.
a bri o ko, retenez la pirogue.
a lu a di, pagayez fort pour traverser le courant.
a ki ü sa, laissez aller au courant.
a pè, abordez.

§ 3. — Dans la barre.

a pa gèkpo u a, roulez la baleinière.
a iriba, redressez-la.
a wõ blo, fixez l'aviron de queue.
a gri a sa, tirez en avant.
a bri a ko, retenez la baleinière.
a uro, a bri a ko, évitez la lame et reprenez ensuite.
a su a! poussez au large !
a pla! sautez dans la baleinière !
a lu a mo, a lu a mo, a wõ fé! pagayez, pagayez, fort !
gye ye, gye ye, a lu a mo! la lame vient, elle vient, en avant !
a lu be o zyò! en arrière, laissez la lame briser !
a bri a ko, è ñu! retenez, la lame est mauvaise !
é! a lu a mo! ça va bien, en route !
a ayo wè! merci à tous !
a di blé a ka mo! en avant, à l'allure ordinaire !

§ 4. — Jeux et danses.

lo a yè ñabè, on danse là-bas.
lo a ble a ñabè, on chante là-bas.
lo kadò ko, c'est un grand tam-tam.
a ba ko, chantez.
a ulõ ko, répondez au chant.
a yè, dansez.
a blé lo, chantez le nom du chef.
i a ka negbe pa, viens jouer aux coquillages.
e a li, j'ai gagné.
négbe a mò sa, j'ai perdu.

§ 5. — Nourriture.

mlè ne kpai iri, la viande n'est pas assez cuite.

né mla dili-no, ñè mò wakyé-no, je ne bois pas le vin du palmier raphia,
    donne moi du vin du palmier à huile.
è na, c'est bon.
è mè, c'est sucré.
kle mo polè, je suis en deuil, je ne mange pas.
ò mla no kpaị, cet homme boit trop.
é lye blable mlè a? manges-tu la viande de mouton?
ò, nă zré ko, non, elle m'est interdite par le fétiche.
e a lo, je suis gavé.
pi mlana, prépare le manioc.
bli saka, pile le riz.
po saka, vanne le riz.
saka pi a mla ñu, fais cuire le riz à l'étouffée.

§ 6. — Cultures.

iriba ko èlèa, a ka lolo, c'est la saison sèche, on va défricher les plan-
    tations.
saka ā gre, on plante le riz.
saka a zalema, yo fè ko kla ā wò tawe, le riz est mûr, tous les enfants
    sont dans la brousse pour éloigner les oiseaux.
ā nama nòno zri, nous avons bien travaillé.
aa lo zò-bya, nos plantations sont achevées.
mo wò sa ka, va chercher des champignons.
sasa ñumo piti gru, arrache les mauvaises herbes.
mà a zalema, les bananes sont mûres.
saka ne a zalema, le riz n'est pas mûr.
aa za si gre, on a planté des cocotiers.
gbla su uru, monte dans l'arbre.
ā fa saka, moissonnez le riz.
ā gwa saka gròbe, mettez le riz en bottes.

§ 7. — Commerce.

mo kpo ba ka, va chercher de l'huile.
mo za ba ka, va chercher des palmistes.
sagba nà lègrè fu? combien vends-tu ta défense d'éléphant?
èyra bi sò, j'en demande deux fusils.
neka bumlu kpa wõ, je ne vends pas la poudre à crédit.
nà kpo ka sese mle, ton huile est impure.
nà üroba ka sese mle, ton caoutchouc est impur.
nà üroba a ne namasa ne, ton caoutchouc est mal préparé.
e sa mò sese üroba gò a, e i gòmlā gò mo, si tu me donnes du caout-
    chouc impur, je déposerai une plainte contre toi.

taię gba e i lè mò pru a? quand me paieras-tu ce que tu me dois?

la mò pero gò, e i mo daze, apporte-moi des affaires et je te récom-
penserai.

mo na üroba kla ka kla, va acheter du caoutchouc pour moi.

lè gba èyra ka fa? quelle pacotille veux-tu emporter?

*èyra bi gbe, èyra titi sò, èyra urubli môna, èyra gine lòkru gbé, èyra
gri kwi sò, ñè mò lòkwu bi a gro, dwane lokre a mu, ñè mò fale
bògo a mu, blâkete koba, ñè mò slike bi gbáta, ñè mò gbi a gro
gbi koba, ñè mò dò ta, ñè mò lăpe gbefro,* je veux cinq fusils, je
veux deux barils de poudre, je veux quatre chapeaux, je veux cinq
caisses de gin, je veux deux masses de perles, donne moi vingt
pièces d'étoffe, une caisse de matchetts, donne moi une boîte
de peignes, dix couvertures, donne moi huit pièces de soie, donne
moi trente ciseaux à bois, donne moi trois haches, donne moi six
lampes.

e ka è na dagbedi gbe, dagre koba, dagre gbefro le dagbe mona, je te
dois encore deux mille trois cent vingt quatre manilles.

kru a mu mo dagro dagbe koba, un krou vaut trente manilles.

ò õ nama pèro pa ñò du èlèa a mle a? quel est le meilleur traitant dans
ce village?

§ 8. — **Maladies.**

ne ya, je suis malade.

nă le na, je me porte bien.

dagba kă? où çà te fait-il mal?

nă uru tralra, j'ai mal à la tête.

nă mle kikyè, j'ai des coliques.

nă pekpe su, j'ai la fièvre.

wòtrò kokwa mò pekpe, j'ai des frissons.

nă mle ple, j'ai la diarrhée.

paire bla mò, j'ai la dysenterie.

zòzòmè bla mò, j'ai un abcès à l'aisselle.

bwè bla mò, j'ai un furoncle.

e a ñoku lè bla, je me suis blessé.

gye bla mò, j'ai une blessure.

dolu a mo mo bya, j'ai saigné beaucoup.

nă mle tè, je suis constipé.

nă digble ko bla mo, j'ai mal à la poitrine.

mòyralo bla mò, j'ai une bronchite.

nà bwè è a mli pla, ton furoncle est mûr.

wñlò òèla ò le ne ne bli, cette femme n'est pas saine.

nà bla mò, tu me fais mal.

e mlè su ka, je vais prendre un lavement.

ò gu a bya, il est guéri.

sagba na le ko gye? comment vas-tu?

e ñakae pèpè, je vais un peu mieux.

nä wñlõ a tyo yè, ma femme a ses règles (a vu la lune).

ò wòrò tyo, elle lave la lune.

ò ko ñumo sa, elle est dans un mauvais moment.

nä wñlõ ko lago uru, ma femme est enceinte (elle est dans le ciel).

§ 9. — Chasse, guerre.

ò yi bi pa sa, il tire très bien.

ò yi besi toa sa, il sait tendre les pièges.

néyo ne lovu sasa yi, les Néyau ne savent pas prendre le miel.

ā gule lovu, ils craignent les abeilles.

ā gra, ils chassent à l'affût.

dè beire a be dè, voici des traces d'antilope.

ne koküe bisa ko, imite le cri du singe.

dè koko ye, voilà les singes qui viennent.

ñõ òlèa ò yi lò bla sa, cet homme chasse l'éléphant.

wõ terè yegò, prends garde au serpent.

bañua i amo bla, les Baniua vont nous attaquer.

wõ dèdè ñõ, place une sentinelle.

aa du sye, ils ont brûlé le village.

a bri wñla ta ko, ils ont pris trois femmes.

aa lagbe fè ñata, ils ont détruit les plantations.

to a bya, a ka mèlo mè, la guerre est finie, nous allons boire le fétiche.

ā la wñlõ a dyepro, apportez le pagne intime d'une femme.

ā la bu, apportez un fusil.

ā la bumlu, ā la baka, ā la kokwè, ā la bleñiba gwazè, apportez de la poudre, un couteau, un coq et le fétiche du Cavally.

bri ou *bli dyepro piò alõ ko*, tenons chacun une extrémité du pagne.

to a bya, a ka lròkpa ple, la guerre est finie, nous ne formerons qu'une famille.

ā nà sasa dolu, on ne versera plus de sang.

ne sa ñõ dolu a, ā lròkpa fè ku a bya, si on verse le sang d'un homme toute la famille du meurtrier périra.

alofè a bu wñla ko, les femmes appartiendront à tous (promesse illusoire).

wñlõ o ne ne si a, gwazè ne ne bli, si la femme qui a fourni le pagne n'est pas mariée et nubile, le fétiche n'a pas de valeur.

§ 10. — La pêche.

pa dada, lance l'épervier.

mè o gòlo gò, approche la pirogue.

gri dada, tire l'épervier.

a a yé, il est plein.

fokoyo ko, ce sont des sardines.

wõ è yegò mà bukò ko, fais-y attention, c'est un mâchoiron.

è srra ñwa, il pique, ses arêtes sont venimeuses.

pa gwè, jette la ligne.

nà wõ fe zri k'è di, ne tire pas fort, le poisson la casserait.

e wõ gwè ne a? qu'as-tu mis comme amorce?

ma a ñene sò wõ ne, des bananes et des coquillages.

nà mo zèmle fya ka mà gye ñu, ne vas pas à la pêche aujourd'hui, la
   mer est mauvaise.

dè lòbo! voilà une tortue de mer!

srra lè blè, harponne-la dans le cou.

ā ka zri baba, partageons le poisson.

ba yire mo fya ka, prends des torches pour aller pêcher.

§ 11. — Voyages, visites.

iri a ta e i Bòkrè mo, dans trois jours j'irai à Sassandra.

i fa mò ñézò ko, viens me conduire.

e mlè ò bedale, je vais au devant de lui.

ñézò a kla, ce chemin est plein de broussailles.

krabè ñézò ko, c'est un chemin de chasseurs.

telegra-ñézò ko, c'est la route du télégraphe.

ne a tyòko kadò gò ñlé a, fa didyé-ko, quand tu seras arrivé au grand
   rocher, tourne à droite.

ple ñabè, passe de ce côté.

a ne mimi ñézò mo, bo a i sa bò, quand nous serons à moitié chemin
   nous nous arrêterons.

du è tro-da, le village est très loin.

ko nä beko, reste derrière moi.

aa ñézò mlõ, nous nous sommes trompés de chemin.

ā mlè le sa, allons poser les charges.

ā sa uru, posez les charges par terre.

ā gegra dè a ka sa-po, défrichez une place pour faire le campement.

ā so-gru, debout.

ñabè gba ñe èlèa kuli a? où va cette rivière?

è bli le ñema, elle se jette dans la Sassandra?

bliki ko ñe kro a? y a-t-il un pont?

ñubwo ko a ple lè, on la passe à gué.

ñabè gba ule a? d'où viens-tu?

kwadre ule, je viens du Kouadré.

mo a di? quoi de nouveau là-bas?

dāgba ple a? par où es-tu passé?

Zaebre e ple, j'ai passé par Zaébré.
bò dè, assieds-toi là.
nà wñlõ ka nà delidi a nòno-zri, ma femme va te préparer à manger.
i gbi mò, viens m'embrasser.
e a nà bagba grwè, je languissais après toi depuis longtemps.
ñwa fè a ne ayo, tout le monde t'envoie le bonjour.

§ 12. — Palabres.

sa na wòle, raconte ton affaire.
ki kikyèsa, dis la vérité.
ā po ñukrwi, écoutez.
bli ne ko! silence!
wòle gba ki a? que dis-tu?
ò a ne..., il a dit que...
nà ne..., je dis que....
nà ye, j'arrive à la question.
kikyèsà? est-ce vrai?
ò, pòkpla ko! non, c'est faux!
a ne ème ne bla da mò srro? n'est-ce pas là ce que je t'ai dit?
kyèsa ème ki la, vraiment tu as dit cela.
e a ñõ èlèa gwazè né, tu as fait fétiche à cet homme là.
ā i mò bòdüru ñè, on va te donner le bois rouge.
nà wòlé na, tu as raison.
nà sa blagògo wòle, ne raconte pas les vieilles histoires.
mo bibye ò, va lui demander pardon.
srro ò s'ò zri gyé, dis lui qu'il lui enlève le sortilège.
nà ñlé a? comment t'appelles-tu?
e yi ñõ òlèa, connais-tu cet homme?
ā la gwazè, apportez le fétiche.
wòle ā ki èlèa, gwazè nà ka lè mo bi a, pòkpla ne wõ, e ku! ce que j'ai
    dit, je tourne autour du fétiche, si ce n'est pas vrai, que je meure!
la kpo sro, apportez l'huile bouillante.
wõ gròba, mets ta main dedans.
kpo ò kla, l'huile l'a brûlé.
emo naze ñõ, je ne suis qu'un pauvre homme.
la mò ñõ òlèa, amène moi cet homme.
e i ò la, je l'amènerai.
ñõ òlèa ò a nà le ba, cet homme a saisi toutes mes marchandises.
èkèza? pourquoi?
ò a ne ò wñlõ èyra, il prétend que j'ai des relations avec sa femme.
e ka nà kri koba, tu me dois dix krous.
ne èmè yi, je ne me rappelle pas cette histoire.
üro ñe mò, tu m'as trompé.

nà ba wòle mò, ne me parle pas si fort.
ki frăse wòlé, parle français.
nà ki mò brizè wòlé gò, ne me parle pas anglais.
è ne wòle õ, çà n'a pas d'importance.
è ne nà wòlé õ, ce n'est pas ton affaire.
wòle èlèa è bla mò kpai, cette affaire me cause bien des ennuis.
neka ā ble i lè wòle i kè bya, je ne rentrerai pas dans mon pays avant
    qu'on ait oublié cette affaire.
lo a ne i ò ka na wòle ki, le chef te dit de venir pour régler ton palabre.
nă blo da, j'ai fini de parler.
gogo? as-tu encore quelque chose à dire.
krwakrwa, tout est dit.
dyablabayo! les Bokra! (surnom).
dyamaduyo! les Kébé!   —   .
  ne pa sa ā ga zrekaze! on a eu une bonne journée!
blo ò blo à blè blo, là où on s'est arrêté, je m'arrête.

§ 13. — Choses domestiques.

Able ó! eh! Abley!
ó! voilà!
mo a pi ñu, va faire chauffer de l'eau.
e nwi bla? as-tu compris?
e a nu, j'ai compris.
e tè ñukrwi ko kpai, tu ne comprends rien.
sagba ne ne a? que dois-je faire?
e a bla blăkete vògo? as-tu secoué la couverture?
sro Zai ò mo no ba ka, dis à Zahi d'aller chercher du vin de palme.
da ule a? d'où viens tu?
e ule budo ka, je viens de me baigner.
mo tata nă si kpo, va graisser mes souliers.
nà kokwa ñu dodo ko, ne renverse pas d'eau par terre.
bubwo sòlu su gò, pends le seau à cet arbre.
ñu a gbèdè a òmò ne ñè mò ka mla, ne me donne à boire que de l'eau
    bouillie.
mo uro bèlè, va faire le lit.
sède tèble, mets le couvert.
gu ve, chasse le chien.
nănopo sre, balaie la case.
kla kpru, ferme la porte.
ka kpru, ouvre la porte.
kla lòkrüe, ferme la caisse.
ka kpala, débouche la bouteille.
e a nă baka te, j'ai perdu mon couteau.

ne a e nä baka yè? n'as-tu pas vu mon couteau?
ò, ne a e ama yè, non, je ne l'ai pas vu.
ò ura dapro èlèa? qui a cassé cette assiette?
nà sye bògo, ne brûle pas ce papier.
mo g'bale, va chercher du bois (à brûler).
kòkwò zu a? combien y a-t-il de poulets?
na lòkwe a rrò, mon pagne est déchiré.
üro nama lòkwe, mets ton beau pagne.
mo blabla lòkwu mo, va changer de vêtements.
mo ka budo e ka sese, va te baigner, tu es sale.
sa na lòkwe gò, ôte ton pagne.
nä le ne a yè, mon linge n'est pas sec.
è a bòbwo, il est humide.
èyra ka nä lòkwe blu pi, je veux teindre mon pagne en bleu.
ò ura nä kpala? qui a cassé ma bouteille?
ne ma yi, je ne sais pas.
i ka nä ñi sa, viens me couper les cheveux.
lègbà? qu'est-ce qu'il y a?
lègbà ne a? que fais-tu là?
nà ne sòko sètè, ne le fais plus.
bli ne ko, tais-toi.
ne nyüsu ni bi, tu n'es bon à rien.
mo kòsu kro, allume le feu.
ñumo kòsu, éteins la lampe.
ñumo kadro, éteins la bougie.
veda kòsu, souffle sur le feu.
o ka yayò kpai, il fume trop.
fle kòsu güruko, emporte le feu au dehors.
mo tutu kòkwè, va plumer la poule.
wòrò mò námása, rince bien la cruche.
mo ñu ba ka, va chercher de l'eau.
mo ñu ko, va chercher de l'eau.
mà kla gégribla a ne na, ces bananes que tu as achetées ce matin ne
     valent rien.
f'è, emporte les.
la mò ñu, apporte-moi de l'eau.
kpeta namasa bake, nettoie bien les couteaux.
nè baka, aiguise le couteau.
ò ka na baka? qui a mon couteau?
mò ka, je l'ai.
ñè mò, donne le moi.
ne a da i, je ne sais pas où il est.
ne ka mò ama ñè, je ne te le donnerai pas.
ba, tiens.
bri ko, prends-le.

mo kòkwò yègò, fais bien attention aux poules.
blablè èlèa ñu mla to bl' è, ce mouton a bien soif.
e i ò ñu ñè, je vais lui donner à boire.
sè blablè mleku, écorche le mouton.
mo lè lelò gròba, va l'aider.
èlèa a ñle a? comment appelle-t-on cela?
e mlè ñõ ka, je vais aux cabinets.
c mlè kla ko, je vais dans la brousse.
mlè èlèa ka noè, cette viande sent mauvais.
è a zè, elle est pourrie.
da ma kye ko a? où sont les allumettes?
nà wòmè? dors-tu?
e ga, je suis éveillé.

§ 14. — Divers.

è na, è na kpai, c'est bon, c'est très bon.
è ne na, è ne na bi, c'est mal, c'est très mal.
namasa ko, ça va bien.
è na, è mè, c'est bon, c'est doux (à manger).
è na nă dwo ko, çà me fait du bien, du plaisir.
è ne nă dwo ko na, çà me fait du mal, de la peine.
ñlekeyo òlèa ò na na dwo ko kpai, cette jeune fille me plaît beaucoup.
ò yi ble sa kpai, elle chante très bien.
c w'ò, je l'aime.
ne sètè ki, je n'ai pas dit cela.
nà wõ de, ne te fâche pas.
ko di (nas.), reste tranquille.
è nà è, assez.
nà né sètè, ne fais pas comme cela.
c dyò lè ne? le fais-tu exprès?
nă toè, j'ai sommeil.
nă mlè ka sa-po, je vais me coucher.
kple kla, tu crèveras dans la misère.
nè ku, que ta mère crève.
nè a ñélè (grave injure intraduisible).
nè a deba, ta mère est une catin.
gu fro c, que tu sois malade!
kwe bla, crève.
ñe gba, tu es un homme de rien.
nè a ñélè mle a ŭé (grave injure intraduisible).
ā ye ble mò ŭro kwè, que toute ta famille crève.
nè nà yè gbo, ò ka mò ñini, que rien n'arrive à ta mère afin qu'elle
   puisse me nourrir. (Réponse à *nè ku*) (de toutes ces injures *nè ku*
   et *nè a ñélè*, sont les plus usitées, la dernière est la plus grave).

ò uru uñlò ko, il a la tête dure, lourde.
ò fike, il est intelligent, malin.
ò ñátá ò le, il dépense tout ce qu'il a.
ñumo ñõ ko, c'est un mauvais homme.
ò ka myõ sò, il a deux paroles, deux langues.
da ko a? ò ko nä dè, où est-il? il est chez moi.
ò ko dè, il est ici.
ò ko ñabè, il est là-bas.
ò ko ò dè, il est chez lui.
ò ko sre, il est dans la case.
ò a budo ka mo, il est allé se baigner.
ò ne dè ko, il n'est pas ici.
ñè mò lovu kpo, donne moi du miel.
è no ko, il n'y en a pas.
daze mò èlèa, fais moi cadeau de cet objet.
e a mo frè ñè, je te le donne en cadeau.
èyr' ò, demande lui.
ò a né ò neka ulõ, il dit qu'il ne veut pas.
nà gu, n'aie pas peur.
uro mò gò mà nà bla mò, laisse-moi, tu me fais mal.
nà gbwè èlèa, ne touche pas cela.
nà plapla ñõ ñikési, ne me touche pas (m. à m. : ne touche pas cet
      homme) avec les ongles.
nà vra mò, ne m'insulte pas.
kye mò sa, laisse moi tranquille.
fro dè mĩ ou uro mò è ko, f... moi le camp.
nà ñiñra mò, ne me chatouille pas.
nà kalema mò ñukrwi, ne me casse pas les oreilles.
è kè grà ña? pourquoi ris-tu?
nè dyò, je ne fais pas exprès.
a ka mò budo, il faut me baigner. (Lorsqu'un indigène a été accusé
      faussement et qu'il a pu prouver son innocence, l'accusateur doit
      le *baigner*, le *laver*, en lui donnant une indemnité.)
ò pa iré èlèa? qui a fait ces tatouages?
è ki e néwole? parles-tu néouolé?
e yi bògo, je sais lire.
ne uru ka, tu n'as pas de tête (tu n'es pas intelligent).

SIXIÈME PARTIE

CHRESTOMATHIE

I

Légende.

Les Néyau ne possèdent qu'une seule légende dont l'origine est,
d'ailleurs, douteuse. Quelques indigènes prétendent qu'elle a été
racontée à leurs ancêtres par les matelots anglais avec lesquels
ils travaillaient à bord des voiliers, d'autres affirment qu'elle leur
a été léguée par des gens de leur race. Je me range à cette dernière
supposition, d'abord parce que ceux qui l'émettent constituent la
majorité et ensuite parce qu'en examinant le texte de la légende
en question je n'ai trouvé aucun indice me permettant de la ratta-
cher aux histoires que peuvent raconter les matelots européens;
enfin, et c'est là la principale raison qui m'a décidé à la croire
réellement indigène, elle est connue dans tout le bassin inférieur de la Sassandra, et notamment chez les Kouadia qui pourtant
ignorent la plupart des contes ou fables néyau les plus authen-
tiques.

Ceux qui, parmi les Néyau, ne veulent pas reconnaître cette
légende pour leur propriété sont sans doute inspirés par l'étonnement qu'ils éprouvent à posséder une légende; il est rare en effet
de les voir s'intéresser à des histoires qui échappent à leur com-
préhension, ou dont ils ne peuvent vérifier l'exactitude; la créa-
tion du monde, la vie future, la matérialité ou l'immortalité de
l'âme sont autant de questions qu'ils ne se donnent pas la peine
d'approfondir et ils évitent de se casser la tête avec tous les
« comment » et les « pourquoi » dont nous sommes obsédés.

De la parenté des Européens et des nègres et de leurs premières relations commerciales.

Aa ne : Lago Tapè, ò kule wñlò be youle sò, ā va gekpiyo be ñōpòpwa.
Aa ne « ā ka yo òlèa fike dodo » le ā sètè tèhle, ā wò wòròwàrò ñu, ā wò

*sèmlè be tao, aa ne : « ā mo a ka li ». A i ĩ[1], ñõpopwa ba ñu, ò wòrò ule[2],
ò sè ò lòkwe ure, gèkpiyo i ĩ, ò ba sèmlè le ò wòrò ure, ò ba tao le ò s'ò[3]
ure ; le ā mo tèble ko, ñõpopwa ò ba ò delidi, dodoko ò we, ò ba gròba ò lye ;
gèkpiyo ò ple kpata gye le ò bò-sa, ò ba fòke le ò li, le ā uro tèble ko, le ò to
be nè sò ā fa me le gòlo sò ñe gò, ñõpòpwa mo a[4] ; ò ple me gò, ò pla gòlo
a mle le ò bò-sa, gekpiyo i a[5], me a mle ò pla, ò gegra me a[6] le fè le me lu,
ñõpòpwa o ne gòlo ne sa-yi, ò ba blo ò lu le ā i, ò to be nè sò ā ne : « E ka
gèkpiyo a gò ple, ò ple gèkpiyo a gò, le ò gu, le ò mo igra da, gèkpiyo ba
lòkwu, da ò a ne « ka ma yo a le fa » gèkpiyo i ĩ, ò ñè ñõpopwa a le ; ñõpòpwa fa ble, eza blablè, kòkwò, ò a ne : « nà le e ñè mò, nã kle, eza e ñè
mo mla èlèa ». Gèkpiyo a ne ; « ma yo õ, nã daze mo », ñõpòpwa a ne :
« Neka ulõ » ; gèkpiyo a ne : « Nà ne neka ulõ a, pèro[7] e a mò sò ā ka pa,
mā nā ne n'èyra daze èlèa ; ma yo õ, e la mò le a, e a mò sò pèlo ā kaèpa » ;
eza gèkpiyo i, le ā fa è le, aa sò pèlo ā pa.*

Traduction littérale. — On dit : le-ciel Tapè, il descend
une-femme et garçon tous-les-deux, ils enfantent un-enfant-de-
navire (un blanc) et un-noir. Ils ont dit (les parents) : « nous pour
enfants ceux-là intelligence regarder » alors ils dressent-une table,
ils mettent pour-lavage de-l'eau, ils mettent savon et torchon, ils
disent : « vous allez pour manger. » Ils (les enfants) viennent, le-
noir prend eau, il lave doigts, il essuie son pagne doigts, le-blanc
vient, il prend savon alors il lave doigts, il prend torchon alors il
essuie ses doigts ; alors ils vont table à-côté-de, le-noir il prend
son manger, par-terre il met-cela, il prend main, il mange ; le-
blanc il passe chaise sur alors il s'-assied, il prend fourchette alors
il mange, alors ils sortent table à-côté-de, alors son père et sa-
mère tous-deux ils apportent paquebot et pirogue tous-deux rivière
à-côté-de, le-noir part, il passe paquebot à-côté-de, il embarque
pirogue dedans alors il s'-assied, le-blanc vient, paquebot dedans il
embarque, il arrange paquebot les-choses toutes alors le-paque-
bot pagaye, le-noir il ne pirogue faire connaître, il prend pagaie,
il pagaye, alors ils viennent, son père et sa mère tous-deux ils

1. ĩ, particule exclamative indiquant la durée.
2. *ule* ou *ure* « doigt ».
3. *s'ò*, élision, pour *sè ò* « essuyer ses ».
4. *a*, particule exclamative.
5. *a*, particule exclamative.
6. *a,* particule indiquant la dépendance, la provenance.
7. *pèro* ou *pèlo* « commerce ».

disent : « Toi pour le-blanc à-côté-de passer », il passe blanc
à-côté-de, alors il a-peur, alors il part autre lieu, le-blanc prend
pagnes, tabac, il a dit « Pour mère enfant-de (mon frère) ses
choses porter » le-blanc vient, il donne noir ses choses; le-noir
apporte bœuf, et-puis mouton, poulets, il a dit : « tes choses tu
donnes moi, j'achète, c'est-pourquoi je donne toi animaux ceux-
là. » Le-blanc a dit : « Frère tu-es, je donne-cadeau toi », le-noir
il dit : « Je-ne-pas accepte »; le-blanc a dit « tu dis tu-ne-pas
acceptes, commerce toi avec moi tous-deux nous pour faire, mais
tu dis n'avoir-pas-besoin-de cadeau celui-là; frère tu-es, je appor-
terai toi choses, toi avec moi tous-deux commerce nous pour
faire »; voilà-pourquoi les-blancs viennent, alors ils apportent
leurs choses, nous tous-deux commerce nous faisons.

Traduction libre. — On dit que Tapè, le Ciel, descendit
un homme et une femme sur la terre, et que deux enfants
naquirent de cette union, un blanc et un noir. Les parents se
dirent : « Nous allons éprouver l'intelligence de nos fils » et dans
cette intention, ils préparèrent une table garnie, avec, à proxi-
mité, de l'eau, un torchon et du savon, puis ils dirent aux enfants
d'aller manger. Le noir se lave les mains sans savon et les essuie
avec son propre pagne, le blanc se sert du savon et prend le torchon pour essuyer ses doigts, puis tous deux s'approchent de la
table. Le noir s'installe par terre pour manger sa part de nourriture, le blanc prend une chaise et mange à l'aide d'une fourchette;
quand ils ont fini, ils quittent la table. Les parents amènent ensuite
sur la rivière, un paquebot et une pirogue. Le noir s'en approche
le premier et, passant à côté du paquebot, il s'embarque dans la
pirogue et s'assied; le blanc arrive, monte sur le paquebot, met
l'hélice en mouvement et le navire commence à marcher; le noir
ne peut en faire autant avec sa pirogue et avance péniblement à
l'aide d'une pagaie. Quand ils furent de retour, les parents dirent
au noir de passer à côté du paquebot de son frère; il obéit, mais,
effrayé à la vue de ce navire, il va se réfugier dans une contrée
lointaine. Son frère blanc va le rejoindre et, comme cadeaux, lui
apporte des étoffes, du tabac, produits de sa fabrication; le noir,
à son tour, lui donne un bœuf, un mouton et des poulets, en disant :
« Voici des animaux en échange de ce que tu as apporté et que

j'ai acheté. » Le blanc répond : « Mais je ne t'ai rien vendu, c'est
un cadeau que je t'ai fait. » mais le noir ne veut rien entendre;
alors son frère vexé lui dit : « Je voulais te faire un cadeau, tu n'as
pas accepté, dorénavant, quoique tu sois mon frère, quand je t'ap-
porterai quelque chose, ce sera pour le commerce. »

Voilà pourquoi les blancs importent chez nous des marchandises et nous avons avec eux des relations commerciales.

II. — CONTES

1. — L'Enfant et la Mort.

Aa ne : yo ko a[1], *òmo i*[2] *totòire le ò nè ku, igra wñlõ òmo ñinimo, l'ò*[3]
ple zuboñõ; òmo wñlõ ò ka yo sò, ò a yo sò ā ne mo ñe a, ò ne mla[4] *yo ñe
a, ò wi, ò a ne : « mo sro kamledè wòle » ò a ne : « Wòle gba ka mò sro a*[5]*? ».*

*A ne i du, ò èyra wñlõ : « Wòle gba nà yo ka mò sro a? » ñlepaka a né « ā
ne mo ñe a, wõ fe mla lò ñe, mà wòle ko a, ò i mo sro. »*

*Le ā mo ñe, l'ò mla yo ñe, yo uro ñe, ò a ne : « Nè ò a ku, ma ñini mo le
ple zuboñõ, aza na ne ka bla*[6] *mò bla? le ā i du, l'ò èyra wñlõ « ma a bla
ku? Wñlõ a ne « ĩ, mà nè a ku »; ò a ne : « lè gba bla ma? » ò a ne « Kwe'*[7] *»
le ò nè li, ò mlè Kwe a du, le ò ñle gwazè ñézò ko, gwazè tòirè, l'ò ba gwazè
tòirè, l'ò mo, l'ò ñle Kwe a du. Ko ò ka wè gbàta, le üro bli, le ā po-sa, Ko
a ne ò ka yo bla. Ko n'a*[8] *ka la*[9] *yo bla le ò sò-gru, le zreze, le a pi le, Ko ò
wõ le gwazè, yo i a ò ne lye-li, le üro bli; ñlepaka a ne : « ā ne mo sa-po ka,
ò wè gbàta ko a, uru ano ko ñéde a, òmo ne di-ko », le ā po-sa, le ò di uru
ko*[10] *ò ko ñédé a, le ò ba òmo, le ò ye, ò ye ĩ......*[11] *Le Ko galo du l'ò gye*

1. *a*, particule exclamative.
2. *i*, abréviation (pour *yo* « enfant »).
3. *l'ò*, élision, (pour le *ò* « alors il »).
4. *mla* « boire » par extension : « faire boire de force en enfonçant sa tête dans
l'eau. »
5. *a* particule d'interrogation.
6. *bla* particule d'interrogation.
7. *Kwe* ou *Ko*, personnification masculine de La Mort.
8. *n'a* élision (pour *ne* « faire » *a*, particule, indiquant que le verbe suivant,
bla, est au passé absolu.) Voir la note suivante :
9. *la* particule qui, jointe à la particule *a* indique que le verbe *bla* est au passé
absolu. On peut remarquer la confusion des temps, tantôt l'action est au présent
absolu, tantôt au passé, ou au temps indéfini.
10. Remarquer le régime *uru* placé entre les deux parties du verbe séparable
ko di.
11. *ĩ* particule exclamative indiquant la durée.

yo, l'ò ñl'ò[1]. *Ko a bya wòle, le si bli ñézò ko, yo ne yè ple da, le yo bya wòle, le si fè uro ñezò ko; ā i i.. , le Ko bya wòle, le kikye kla ñézò, le yo bya wòle, le kikye uro ñézò ko, le ā i, le a ñle du gò, le Ko iriba, l'ò i, ò ple wñlõ, le ò mo le ò ñle yo, ò a ne « ñòto õ », le yo mo lagba sye ka, wñlõ gegra youle, l'ò mo lagba sye ka, l'ò ñe gwazè le kosu gra yo kro*[2], *le yo ku, le ò ple bòbo, eza ā ne sye lagba, bòbo mlè.*

Traduction littérale. — On dit : enfant est, lui-même enfant tout-petit, alors sa mère meurt, autre femme lui-même éleva, alors il passa homme-adulte ; elle-même femme elle a enfants deux, ses enfants deux ils si vont rivière, il si fait-boire enfant dans-la-rivière, il pleure, il dit : « Toi dirai tout-de-suite affaire » il dit « Affaire quelle pour moi dire? »

Ils si viennent village, il demande femme : « Affaire quelle ton fils pour moi dire? » vieille-femme dit « vous si partez rivière, fais fort fais-boire lui dans-rivière, mais affaire est, il va toi parler. »

Alors ils partent rivière, alors il fait-boire enfant dans-rivière, enfant sort rivière, il dit : « Mère elle est-morte, maman éleva toi alors passas homme-adulte, voilà pourquoi je dis pour moi tuer? » alors ils viennent village, alors il demande femme « Maman est morte? » Femme dit « oui, mais mère est morte » ; il dit : « chose quelle tua mère? » elle dit « La-Mort » alors il aiguise sagaies, il va la Mort village, alors il atteint fétiche chemin dans, fétiche petit, alors il prend fétiche petit, alors il part, alors il arrive La-Mort village. La-Mort il a têtes huit, alors le-soleil tombe, alors ils se-couchent, La-Mort il dit, il pour enfant tuer. La-Mort fait pour enfant tuer, alors il (l'enfant) se-lève, alors le matin, alors ils cuisent choses, La-Mort il met choses poison, l'enfant vient il ne-pas mange, alors le-soleil tombe ; vieille-femme dit : « vous si partez vous-coucher pour, ses têtes huit sont, tête celle-là est milieu, elle-même fais tu-coupes. » alors ils se-couchent, alors il coupe tête, elle est milieu, alors il prend elle-même, alors il vient, il vient... Alors La-Mort se-réveille village alors il poursuit enfant, alors il atteint lui. La Mort crie parole, alors arbres tombent chemin dans, enfant ne-pas voit passer endroit, alors enfant crie

---

1. *ñl'ò* élision, (pour *ñle ò* « atteint lui »).
2. *gra yo kiò* (*kro-gra*, verbe sép. « cerner », *yo*, régime « enfant »).

parole, alors arbres tous sortent chemin dans ; ils viennent...,
alors La-Mort crie parole, alors colline ferme chemin, alors enfant
crie parole, alors colline sort chemin dans, alors ils viennent,
alors ils arrivent village à-côté-de, alors La-Mort retourne, alors
il (la Mort) vient, il passe femme, alors il va alors il atteint enfant,
il dit : « mari tu-es », alors l'enfant va plantations brûler pour,
la-femme arrange garçon, alors il va brûler les plantations, alors
il fait fétiche alors le-feu cerne l'-enfant, alors enfant meurt, alors
il passe épervier, voilà-pourquoi on si brûle plantation, épervier
part.

Traduction libre. — On raconte : Il y avait un enfant en
bas âge dont la mère était morte et qui fut recueilli et élevé par
une autre femme. Cette dernière avait un fils. Un jour que l'enfant adoptif devenu grand allait se baigner avec l'autre, il lui
enfonça la tête dans l'eau pour le faire boire, le petit se mit à
pleurer et dit : « J'ai quelque chose à te faire connaître. » « Quoi ? »
demanda l'autre.

De retour au village il s'adresse à la femme : « Qu'est-ce que
ton fils avait à me dire ? » la vieille répondit : « Si vous allez encore
à la rivière, fais-le boire de force et alors il te dira ce qu'il y a. »

Quelque temps après les enfants retournèrent à la rivière et, le
jeune homme ayant plongé dans l'eau la tête de son frère, celui-ci
lui dit, dès qu'il put se dégager : « Ta mère est morte, c'est la
mienne qui t'a élevé, est-ce pour cela que, maintenant que tu es
grand tu essaies de me tuer ? »

Interrogée par son fils adoptif aussitôt après le retour des enfants au village la vieille femme répondit : « Oui, c'est vrai, ta
mère est morte. » — « Qui l'a tuée ? » demanda-t-il, « La Mort. »
Alors l'enfant aiguise des sagaies et se dirige vers le village de La
Mort. En chemin il rencontre un petit fétiche, il s'en empare,
continue sa route et, bientôt, arrive au village en question où il
constate que La Mort a huit têtes ; la nuit vient, on va se coucher
et La Mort manifeste l'intention de tuer l'enfant. Mais ce dernier
se réveille au moment de recevoir le coup fatal, le jour se lève,
on prépare le repas du matin et La Mort y met du poison pour tuer
l'enfant ; celui-ci arrive, mais ne touche pas aux aliments.

A la tombée de la nuit une vieille femme lui dit : « Quand vous

serez couchés, regarde bien celle des têtes de La Mort qui se
trouve au milieu, c'est celle-là qu'il faut couper. » Le moment
venu l'enfant coupe la tête du milieu, s'en va et l'emporte. Il
marche, marche sans trève, mais La Mort se réveille, se met à sa
poursuite et finit par l'atteindre. La Mort pousse un cri : des arbres
tombent dans le chemin et l'enfant ne voit plus aucune issue, il
crie à son tour : les arbres s'écartent de la route et la poursuite
recommence... La Mort pousse un cri : une colline se dresse au
milieu du chemin, l'enfant crie à son tour : la colline s'éloigne et
la course reprend, on arrive près du village et La Mort est obligé
de retourner en arrière. Mais il se métamorphose en femme,
retourne près de l'enfant et lui dit : « Tu seras mon mari. » L'autre
accepte et va mettre le feu aux broussailles dans ses plantations.
La Mort le rejoint, se métamorphose en homme et jette un sortilège sur le feu qui entoure alors l'enfant et le brûle. L'enfant
meurt et son âme s'envole sous la forme d'un épervier : Voilà
pourquoi lorsque nous brûlons les broussailles de nos plantations,
nous voyons toujours un épervier planer au-dessus des flammes.

2. — Trois maris pour une femme.

*Aa ne : ñò ko a, òmo và ñlekeyo, namè zi ò uru[1], zòkpa a ta ko a aa ne ā
ka yo ba ; ò to a ne : « ā ne a aka[2] nà yo ba ; ā i be[3] ka mò kòsyè ko kye »,
le ā i, ò ñè ñò anõ kòsyène le ā mo kòsyè ko, ā bli ñézò[4] ï.... le tyo bya. Sò
tyo mo ā ñle du a mle : ñò anò kla lwè a go, anò kla mododolè, anõ kla
gbite. O ka mododolè a, ò dodoè e mle, ò a ne : « ñlekeyo ò ko za ā i a, ò a-
ku » ò ka gbite a, ò a ne : « ā i ā po gbite gye[5] » ò a ne : « ā mumo ye ko, ā
po fi, ā urè ye, du òmo ā uro a, aa mõ ñle ». Aa ñle ñlekeyo üro ko[6], ò ka
lwè a go a, ò zubo lò lè[7] go le ò galo.*

1. *namé zi ò uru*, « la beauté dépasse sa tête, elle a de la beauté par dessus la
tête », idiotisme signifiant : « elle est d'une beauté remarquable. »

2. *ā ne a aka nà yo ba.* L'*a* qui suit la particule *ne* « si » est lui-même une particule exclamative.

3. *be*, particule exclamative.

4. *bli ñézò* « tomber dans le chemin », idiotisme qui signifie « marcher ».

5. La particule du verbe *sa-po* « se coucher » est supprimée à cause de la présence de la particule *gye* « sur ».

6. *ñlekeyo üro ko*, « le jour de la jeune fille », abréviation pour : « le jour de la
mort de la jeune fille. »

7. *zubo lo lè.* Verbe séparable *lè-zubo* « frapper », la particule est rejetée après
le régime *lò* « elle ». Voir : conjugaison.

O ka mododolè, ò a ne ò k'ò ba.
O ka gbite a, ò a ne ò k'ò ba.
O ka lwè a go, ò a ne ò k'ò ba.
ñlekeyo ò to a ne : « Aa ta mimi ko. a, ñõ neka nä yo ba, mà aa yo sò li bei' ».

Traduction littérale. — On dit : homme est, lui même enfanta jeune fille, beauté dépasse sa tête, jeunes-hommes trois sont ils disent ils pour enfant épouser ; son père dit : « Vous si pour mon enfant épouser, venez pour moi traite-des-esclaves prendre-marchandises » alors ils viennent, il donne homme chaque marchandises-d'échange, alors ils vont traite à, ils tombent (marchent) chemin…. alors le mois finit.

Deuxième mois pendant, ils arrivent un-village dedans : homme l'-un achète éléphant sa queue, l'autre achète miroir, l'autre achète natte.

Il (celui-qui) a le-miroir, il regarde dedans, il dit : « Jeune-fille elle est à-cause-de nous venons, elle vient de mourir ». Il (celui-qui) a natte il dit : « Venez vous coucher natte sur.» il dit : « Fermez les yeux, reposez-vous un moment, ouvrez les yeux, village lui-même nous avons-quitté, nous dedans arrivés.» Ils arrivent jeune-fille jour (s. c. de la mort) est, *il* (celui-qui) *a* éléphant sa queue, il frappe elle queue alors elle réveille.

Il (celui-qui) a miroir, il dit il pour elle épouser.

Il (celui-qui) a natte, il dit il pour elle épouser.

Il (celui-qui) a éléphant sa queue, il dit il pour elle épouser.

Fille son père dit : « Vous trois semblables êtes (êtes égaux, avez les mêmes droits), homme ne pas mon enfant épouser, mais vous enfant tous-deux manger ami (ayez des relations amoureuses).

Traduction libre. — Il y avait, dit-on, un homme dont la fille était d'une beauté si remarquable que trois jeunes garçons se disputaient sa main. Le père dit : « Puisque vous voulez épouser ma fille, je vais vous donner des marchandises et vous irez acheter des esclaves pour moi » (Il voulait voir quel serait le plus adroit

1. *li-bei* « manger ami ». Cet idiotisme signifie « avoir des relations amoureuses, illégitimes. »

commerçant); il leur donne donc une pacotille d'échange puis les jeunes hommes partent dans la brousse et marchent, marchent jusqu'à la fin du mois.

Ils arrivent dans le mois suivant à un village où l'un achète une queue d'éléphant (pour servir de chasse-mouches), l'autre un miroir et le troisième une natte.

Le propriétaire du miroir ayant jeté les yeux sur la glace s'écrie : « La jeune fille que nous aimons et pour l'amour de laquelle nous sommes ici vient de mourir! » Alors l'homme à la natte conseille : « Couchez vous sur ma natte, fermez les yeux, là…. attendez un peu… ouvrez les yeux : nous voici de retour à notre point de départ. » (Grâce aux propriétés merveilleuses de la natte) ils étaient en effet de retour au village le jour même de la mort de la jeune fille ; alors le propriétaire de la queue d'éléphant en frappe la fillette et celle-ci ressuscite….

Les trois amoureux font alors valoir leurs droits : « Je l'ai méritée! » dit l'homme au miroir. « Elle sera ma femme! » dit le propriétaire de la natte. « Non, la mienne! » s'écrie l'acquéreur de la queue d'éléphant.

Mais le père dit à son tour : « Tous trois vous avez le même mérite et il m'est impossible de donner trois maris à ma fille. Je ne peux donc que vous autoriser à être ses amants. »

3. — Pourquoi la Mort peut venir.

Aa ne : ñò blègbe ko a, ò ñwa fè aa ku le ò mo Bleñiba[1], ò a ne : « ñè mò lè a ka mo ka Kwi[2] a ñèzò kla. » Le ò ñè tyòko kado, le ò ye, le Nèmla[3] a ne : « ñè mò nà tyòko ka fa » le ò ñè Nèmla tyòko, Nèmla ble lo, le tyòko ne mo e[4] da, ò ünovo eza ò ne Kwi a ñèzò kla, eza ñõ kwe, ñò neka wa e[4] ku.

Traduction littérale. — On dit : homme un était, ses

1. Blegniba (*Bleñiba*), grand fétiche du Cavally.
2. *Kwi*, pluriel de *Kwe*, personnification de La Mort.
3. *Nèmla*, nom d'une petite antilope dont la robe est rouge, le ventre blanc, les pattes longues et minces, les cornes très menues. Ce joli petit animal joue un grand rôle dans les fables des Néyau qui lui attribuent une malice extraordinaire vaincue quelquefois par l'astuce de *dea*, autre biche de très petite taille, de robe jaunâtre et dépourvue de cornes.
4. *e*, particule qui accompagne un verbe au subjonctif présent et quelquefois au présent inchoatif. Voir : Conjugaison.

hommes tous ils meurent, alors il va Blégniba, il dit : « donne moi
chose pour aller pour Morts leur chemin fermer. » Alors il
donne caillou grand, alors il vient, alors Nèmla dit : « donne moi
ton caillou pour porter » alors il donne Nèmla caillou, Nèmla
chante chanson, alors caillou ne-pas part endroit, il reste-debout,
voici-pourquoi il (l'homme) ne-pas Morts leur chemin fermé, voici-
pourquoi homme meurt, homme ne-pas auparavant mouraient.

Traduction libre. — Il y avait un homme dont tous les
parents mouraient, il alla trouver Blégniba et lui demanda un
fétiche afin de fermer le chemin que suivait la Mort pour entrer
au village. Blégniba lui donna un bloc de pierre avec lequel il se
disposa à retourner chez lui, mais, en chemin, il rencontra
Nèmla qui lui offrit de l'aider à porter le caillou. Notre homme
accepta et alors Nèmla se mit à chanter et le bloc de pierre ne fut
plus transportable ; il resta dressé là et voilà pourquoi on ne put
s'en servir pour fermer le chemin de La Mort. C'est pour cette
raison que les hommes meurent mais avant cette sottise ils ne
mouraient pas.

4. — L'or de la Veuve, la panthère et Nemla.

*Aa ne : nèmle Bliüago[1], è go gye ko sika, ge a ne ò ka ò sika ba, nèmle a
ne ò neka ulõ. Ge ule kla zò a nimli fè, le nimli e[2] i ; ò ule kla zò a mla fè :
sie, kwale, e a ne a neka mo.*

*Ge ā ne : « Ne ne namè mi a, e ka e tukpo wõ », le ò wõ e tukpo, le ā f'e
elofè. Mla fè ā w'e gbo, nimle a ne ò neka gbo pla, ge a ne : « E a Ku! » ā
ñè ò dwanõ ò ka nimle a go ko-di ; nimle a ne : « Neka gbo pla mà ñõ ne ku
a, ò ne ka dwanõ ».*

Nèmla[3] mo ò ba yebè, ò wu lòkwe a mle l'ò i ge gò, ò a ne : « We! a to a

1. *bliüago*, petit oiseau noir et blanc, à bec rouge, muni d'une queue trois fois
plus longue que son corps.
2. *e*, 3ᵉ personne neutre du pronom personnel, au pluriel. Il est à remarquer
que, dans ces fables, les animaux prennent tantôt le genre neutre qui leur est
propre, tantôt le genre réservé aux êtres humains dont ils remplissent les rôles.
Le petit oiseau ne dit-il pas, en parlant de la panthère à l'agonie : homme si
meurt, etc., « un homme qui meurt, etc... »
3. *Nèmla*, la petite antilope rusée ; nous ne l'appellerons plus que de ce nom
sous lequel elle fait tant de mauvaises farces. Voir note 3 de la fable précédente.

ku! na k'ò uru ko bò' ». *Ge tizyo le ò so-gru, nimle a gu. Ge a ne :* « *Le fè èmo le* »; *ò bla mla fè. Nèmla a ne :* « *Mò ñe mo le e so-gru a, ñè nàne da* ». *Ge ñè Nèmla anè da, Nèmla a ne :* « *Na ka nà du bi ka i* » *i a sò aka mo, mà ñézò èlèa òmo ne fa* ».

Nèmla mo ò toa ge a ñézò ko besi, ò ple besi beko ò bò-sa, ge i ĩ.... ò ne besi ko-yè, e kla ge.

Nèmla a ne : « *Ne mo sro mì ñè mò mlè a?... mlè c ñè mò a, è ne zu, eza ebla mo, nà mlè è ka zumo.*

Ge a ne : « *E bibye mo, kye mò sa!..* » *Nèmla a ne :* « *Neka ulō, ba baka, bla ñòku²; ne ne ñòku bla, nà ka bu pa* ».

Ge n'aka baka pa, ò gwe. Nèmla a ne : « *Fyoko!.. fyoko!.. bla ñòku!* » *le ge bla ò ñòku le Nèmla ba ge, ò ly'ò.*

Traduction littérale. — On dit : Oiseau Veuve, sa queue sur est or, panthère dit il pour son or prendre, oiseau dit il ne-pas veut. Panthère appelle brousse en-bas ses oiseaux tous, alors oiseaux ils viennent; il appelle brousse en-bas ses animaux tous : escargots, tortues, ils disent que ne-pas aller.

Panthère dit : « Si ne-pas action-de-marcher pouvoir, je pour hotte mettre, alors il met eux hotte, alors on porte eux tous. Animaux tous on met eux case, oiseau (la veuve) dit il ne-pas case entrer, panthère dit : « Je meurs! » on donne lui coupe-coupe il pour oiseau sa queue couper, oiseau dit : « Je-ne-pas case entre, mais homme sj meurt, il ne-pas a coupe-coupe. » Nèmla va il prend piment, il brûle pagne dedans alors il vient panthère à-côté-de, il dit : « We! mon père est-mort! je pour sa tête à-côté-de asseoir. » Panthère éternue alors il se lève, l'-oiseau s'-enfuit.

Panthère dit : « Choses toutes les-mêmes choses »; il tue animaux tous.

Nèmla dit : « Moi ai-fait toi, alors tu te lèves, donne la-mienne part. » Panthère donne Nèmla la-sienne part, Nèmla dit : « Je pour mon village aller-promener, viens nous deux pour partir mais chemin celui-là lui-même je-ne-pas prends. »

Nèmla part il tend panthère son chemin dedans pièges, il passe

---

1. La particule *sa* du verbe *sa-bà* est supprimée à cause de la présence de la particule *ko* « à côté de ». Cette remarque ainsi que quelques autres formulées à la suite des fables précédentes reviendrait trop souvent. Nous ne la répéterons plus.

2. *ñòku* « personne, corps », *bla ñòku* « tuer sa propre personne, se tuer ».

pièges derrière il s'assied, panthère vient... il ne-pas pièges voit,
ils attrapent panthère. Nèmla dit : « Je-ne-pas disais donc donne
moi viande ?... viande tu donnes moi, elle ne-pas être-beaucoup,
voilà pourquoi je tue toi, ma viande elle pour devenir-beaucoup. »

Panthère dit : « Je demande-pardon toi, laisse moi !... » Nèmla
dit : « Je-ne-pas veux, prends couteau, tue ta-personne ; si tu-ne-
pas ta-personne tues, je pour fusil tirer. »

Panthère si pour couteau faire, il a-peur. Nèmla dit : « Vite !...
vite !... tue ta-personne ! » alors panthère tue sa personne, alors
Nèmla prend panthère, il mange lui.

Traduction libre. — On dit que le petit oiseau surnommé
« la veuve » avait de l'or sur la queue, que la panthère voulait
s'emparer de cet or, mais que l'oiseau s'y opposait. La panthère
appela tous les oiseaux de la forêt et ils vinrent tous, elle appela
tous les autres animaux mais les escargots et les tortues décla-
rèrent qu'ils ne viendraient pas.

« Si vous ne pouvez pas marcher, dit la panthère, je vais vous
faire porter dans des hottes. » Elle le fit et tous les animaux
furent, par ses soins, enfermés dans une case, sauf la veuve qui
n'avait pas voulu entrer.

La panthère fit alors semblant d'être à l'agonie, elle cria : « Je
meurs ! » mais se fit apporter un coupe-coupe pour trancher
la queue de l'oiseau (s'il commettait la faute de venir voir). Mais
la veuve n'entre toujours pas et fait remarquer que quelqu'un en
train de mourir n'a pas besoin d'un coupe-coupe.

Nèmla arrive, prend du piment, le fait brûler sur du charbon
dans un pagne, et, s'approchant de la panthère il crie :... « We !
mon père est mort, je vais veiller à son chevet ! »

Mais la panthère (sous l'action du piment brûlé) éternue et se
lève, l'oiseau prend la fuite. Voyant cela, la panthère dit : « Une
chose en vaut une autre », et tue tous les animaux (qui sont res-
tés enfermés).

Nèmla dit : « C'est moi qui ai fait pour toi ce qu'il fallait faire
et je t'ai ressuscité, donne moi ma part de viande. » La panthère
donne la part de Nèmla qui dit ensuite : « Je vais faire un tour
jusqu'à mon village, viens y avec moi, mais ne prenons pas le
même chemin. »

Il prend les devants et va tendre des pièges sur la route que doit suivre la panthère puis se cache et attend.

La bête féroce arrive, ne voit pas les pièges et se fait prendre : « Ne t'avais-je pas dit de me donner de la viande, demande alors Nèmla, tu m'en as offert trop peu et je l'ai pris pour compléter avec ta viande celle que tu m'as donnée. »

La panthère implore Nèmla qui (loin de se laisser toucher par ses supplications), s'écrie : « Je ne veux rien entendre, prends ce couteau et tue toi avec, sinon je te tire un coup de fusil.

Au moment de se frapper avec le couteau la panthère a peur : « Vite, plus vite! s'écrie Nèmla, tue-toi! » alors la panthère se frappe et Nèmla la mange.

5. — La jeune fille, la Mort et le Vanneau.

Aa ne : ñlekeyo ā momò bale, ñlekeyo ò ko a ò a ne : « bale èmo ā mlè a, ò ne zè gbalye le ò ne grwè gwa, ā te ā mo du ».

Gbalye ò zè a, ò ne zè a, kokro è bli le, ò ko gbalye gye le ò fro Ko a du. Ko, delidi ò ka, è zumo¹ delidi ne ko; yo plae du, ñlepaka wõ yo a uroko ò zizwo. Ko uro kla le ò i a, ò a ne : « ñõ a noè ko du ». ñlepaka a ne « pòk-pla! » Ko a ne : « kikyesa ». Ko ò momò yo l'ò ñle l'ò uroko, ò a ne : « E ka mo ba ». Yo a ne « ĩ »; ò bae yo, mla ò bla, a zumo mla ne ko.....

Yo ne aka li a, Ko èyr'ò : « Mà nä ñle a? » Yo a ne : « Ne nà ñle yi ». Ò a ne : « Neka li ». Kòòko, yo ne pi a, ò a ne : « Ne ne nä ñle zè a, neka li ».

Yo aka ku, le üro a mu ko, le yo mo ñu ko, ò ne ñle nimle ana, ò a ne : « E ñòto a ñle a? » ò a ne : « Ne ò ñle yi », le ò mo, le ò ñle ñe gò, ò a ne « Sòkodòmõ², e ñòto a ñle a? » Sòkodòmõ zè ò ñle, ò a ne : « dòmõ ayo! ayo! »

Ò ye be, ò ble ò lo ko, ò i ĩ... ò pi le, le Ko uro kla ò a ne : « nä ñle a? » le yo zè ò ñle, le ō wõ de ò a ne : « Ba delidi fè mà e i zèmle ku », ò ba li mona le ò sro ñézò ko « ò zè nä ñle a? » némli fè ko ñézò ko ā a ne : « ā ne yi, mà sòkodòmõ ò i ñe gò, òmo zè nà ñle ».

Le ò èyra dòmò : « Mo zè bla³ nä ñle? » dòmõ a ne « ĩ! »

Le Ko pa tye, dòmõ bli, è n'ò kla, ò pa li fè, e ne dòmõ kla. Le dòmõ ba ò li alofè, le ò p'è, è kla Ko, le ò pa anè, Ko a ne : « E bibye mo, ka mo sro!... » ò a ne : « i tra na baklabòye mo⁴, le dòmõ tra lè mo, ñwa ā uro mo kakakakaka⁵ cza ñwa zu kò; ñükpò kokomle ne wa kò ko.

1. *è zumo delidi ne ko*, « son davantage nourriture ne-pas est », idiotisme qui signifie : « Il n'est pas possible d'en voir davantage. »
ò nama ñõ ne ko, « son bon homme ne-pas est », il n'y a pas de meilleur homme.
2. *sòko dòmõ*, nom d'une espèce de brochet et du vanneau.
3. *bla*, particule interrogative.
4. *mo-tra*, verbe séparable.
5. *kakakaka*, particule exclamative exprimant la grande quantité.

Traduction littérale. — On dit : jeunes-filles elles cherchaient bois-à-brûler, jeune-fille elle était, elle dit : « bois lui-même nous partons, elle si casse branches alors elle si tarde lier, elles quittent elles vont village. »

Branches elle casse, elle si casse, en-avant elle (branche) saute alors, elle était branche sur alors elle sort (de la brousse) Mort son village. Mort nourriture il a, son davantage nourriture ne-pas est ; enfant entre village, vieille femme met enfant grenier elle cache. Mort sort brousse alors il vient, il dit : « homme sa mauvaise-odeur est village », vieille-femme dit : « Ce n'est-pas vrai ! » Mort dit : « C'est-vrai ». Mort il cherche enfant alors il atteint elle grenier, il dit : « Je pour toi épouser. » Enfant dit « oui » ; il épouse enfant, animaux il tue, leur davantage animaux ne-pas sont...

Enfant si pour manger, Mort demande lui : « Mais mon nom ? » Enfant dit : « Je-ne-pas ton nom connais. » il dit : « Tu-ne-pas manger. » Tout-le-temps, enfant si cuit (nourriture), il dit : « Tu-ne-pas si mon nom prononces, tu-ne-pas manger. »

Enfant pour mourir, alors jour un est, alors enfant va eau à-côté-de, elle si arrive-à oiseau quelque, elle dit : « Mon mari son nom ? » il dit : « Je-ne-pas son nom connais. » Alors elle va, alors elle atteint rivière à-côté-de, elle dit : « Vanneau, mon mari son nom ? » vanneau prononce son nom, elle dit : « vanneau merci ! merci ! » Elle vient en-arrière, elle chante, sa chanson être (elle chante le nom pour ne pas l'oublier), elle vient... elle cuit choses, alors Mort sort brousse, il dit : « Mon nom ? » alors enfant prononce son nom, alors il met colère, il dit : « Prends manger tout mais je vais aujourd'hui mourir. » Il prend lances quatre, alors il saute chemin dans « il dit mon nom ? » oiseaux tous sont chemin dans ils disent « nous ne-pas connaissons, mais vanneau il vient rivière à-côté-de, lui-même prononce ton nom. »

Alors il demande vanneau : « Toi prononces mon nom ? » vanneau dit « oui. » Alors mort jette sagaie, vanneau saute, çà ne-pas lui atteint, il lance sagaies toutes, çà ne-pas vanneau atteint. Alors vanneau prend ses sagaies toutes, alors il jette (l'une), çà atteint Mort, alors il lance l'autre, Mort dit :

« Je prie toi, pour te dire (quelque chose)... » il dit : « Viens coupe mon petit-doigt-de-pied. » Alors vanneau coupe cela,

hommes ils sortent, sont beaucoup beaucoup, voilà-pourquoi les
hommes sont-nombreux partout, humains beaucoup ne-pas auparavant partout étaient.

Traduction libre. — On dit que des jeunes filles étaient
allées chercher du bois mort dans la brousse et que l'une d'elles
invita les autres à ne pas attendre pour rentrer au village celle
qui resterait trop longtemps pour lier ensemble les branches
qu'elle aurait cassées.

Mais les branches que cette jeune-fille cassait (lui échappaient)
et sautaient loin devant elle, elle était sur le point de les atteindre quand elle sortit de la brousse et arriva au village de la
Mort. Nul ne possède plus de provisions que la Mort ; la fillette
entre dans le village, une vieille femme la voit et la cache dans un
grenier.

La Mort arrive, venant de la brousse, et dit : « Ça sent la chair
humaine ici ! » la vieille dit que non, la Mort répond : « Je ne me
trompe pas » il cherche, trouve la petite dans le grenier et lui
dit : « Tu seras ma femme », l'enfant y consent ; il l'épouse et tue
tant de gibier qu'il n'est pas possible de voir autant de gibier.

Mais quand la jeune fille veut manger, la Mort lui demande :
« Comment est-ce que je m'appelle ? » — « Je ne connais pas ton
nom, dit l'enfant. » — « Alors, tu ne mangeras pas » et, toujours,
quand la fillette avait préparé le dîner il lui disait : « Tu ne mangeras que lorsque tu sauras mon nom. »

La jeune fille était sur le point de mourir d'inanition quand un
jour, allant chercher de l'eau, elle demanda à tous les oiseaux
qu'elle rencontra : « Quel est le nom de mon mari ? » Ils ne purent
lui répondre.

En arrivant à la rivière elle trouva le vanneau et lui posa la
même question et fut renseignée. Après avoir remercié le vanneau,
elle revint sur ses pas, chantant le nom pour ne pas l'oublier.
Elle prépare le dîner, la Mort arrive et, selon sa coutume, interroge la fillette : « Quel est mon nom ? » Elle le lui dit, alors la
Mort entre dans une grande fureur, et s'écrie : « Tu peux manger
tout (toute seule), je périrai aujourd'hui ! » Prenant quatre sagaies,
il se jette dans le chemin en criant : « Qui a prononcé mon
nom ?... » Tous les oiseaux répondent : « Nous n'en savons rien,

mais demande-le au vanneau qui est venu sur le bord de la rivière. »

Alors il interroge le vanneau : « Est-ce toi qui a dit mon nom? » — « Oui », répond l'oiseau.

La Mort lui jette une sagaie, le vanneau saute et évite le coup ; il évite de même toutes les autres sagaies, puis quand la Mort a lancé la dernière, il les ramasse. Le vanneau, à son tour, lance une sagaie et blesse la Mort ; il allait jeter une nouvelle sagaie quand la Mort lui dit : « Arrête, je t'en prie, j'ai quelque chose à te dire : ... Viens, coupe mon petit doigt de pied. » Le vanneau coupe l'orteil et de la blessure sortent des hommes en grand nombre.....

Voilà pourquoi il y a maintenant de nombreux hommes partout, mais autrefois il n'y en avait pas beaucoup.

5. — La calebasse enchantée.

Aa ne : kpale toirè[1] ama ko du a bla du a ñwa fè, a bla du a mla fè, blable-ga a ka nèkpla a gu le a dwa tyòko zò le a va tyòko zò. A va blable-wa, bla-ble-wa ñinimo ò a ne : « Ma, ā ka zò-fro ». O a ne : « ā ne fro zò, ā i lè ku[2] ». O a ne : « e a zuboñõ ple ». O nè a ne : « sra tyòko èlèa uru » le ò sra tyòko uru, le ò sr'è uru, è urò degasa. O nè a ne : « A bò-sa », a zi tyoko zò lòkpa.

Yo a ne : « E a ñinimo » le ò sra sòko tyòko uru, ò lra lè mo, le ā fro-zò. A ko be kpala i, kpala a ne : « E a wa ñwa fè bla, ñõ gba èlèa? » Kpala a ne : « E a mò sò nã ka vo ». Blablè a ne : « E a ulõ » le e vo, blablè urò kpala, ñwa uro ā mo kakakaka eza ñwa ko kò.

Traduction littérale. -- On dit : Calebasse petite elle-même était village, elle tuait village ses hommes tous, elle tuait village ses animaux tous, brebis elle a ventre, elle fuit alors elle enfonce rocher sous alors elle met-bas rocher sous. Elle enfante bélier, bélier grandit, il dit : « Maman, nous pour sortir. » Elle dit : « Nous si sortons nous mourrons. » Il dit : « Je suis homme-adulte passé. » Sa mère dit : « Frappe rocher celui-là tête », alors il frappe rocher tête, alors il frappe cela tête, il casse un-peu. Sa mère dit : « Nous asseyons » ; ils restèrent rocher sous un-an.

1. *kpale toirè*; *kpala* ou *kpla* « bouteille », prend la marque du pluriel devant l'adjectif.
2. La particule *lè* indique que le verbe *ku* est au futur.

Enfant dit : « Je suis-grand », alors il frappe deuxième-fois rocher tête, alors il fend cela, alors ils sortent. Ils sont-là et calebasse vient, calebasse dit : « J'ai autrefois hommes tous tués, homme quel est celui-là? » calebasse dit : « Toi avec moi tous-deux nous pour se-battre. » Mouton dit : « J'ai accepté » alors ils se-battent, mouton (bélier) casse calebasse, hommes sortent ils sont beaucoup, voici pourquoi hommes sont partout.

Traduction libre. — On dit qu'il y avait dans un village une petite calebasse qui tuait tout le monde, hommes et animaux. Une brebis pleine réussit à s'enfuir, se cacha sous un rocher et met bas un jeune bélier. Celui-ci grandit et demande à sa mère de sortir de leur refuge : « Nous serons tués », dit la brebis. « Non, répond son petit, car je suis devenu grand. » Alors la mère lui dit : « Donne un coup de tête dans le rocher.» Le bélier frappe la pierre à plusieurs reprises mais ne parvient qu'à l'ébrécher. Sa mère alors lui conseille de se reposer et ils attendent ainsi pendant un an.

Le petit dit ensuite : « Maintenant je suis grand » et, de nouveau, il donne un coup de tête dans la roche et la brise, puis ils sortent ensemble.

La calebasse arrive et dit : « Comment! j'ai tué tout le monde, d'où viennent ces deux là? » et, s'adressant au bélier, elle le provoque à un combat, l'autre accepte, ils se battent et le bélier brise la calebasse d'un coup de tête. Alors des hommes innombrables sortirent de la calebasse et c'est pourquoi on trouve des hommes partout.

7. — Nèmla, l'antilope qui veut imiter l'éléphant.

Aa ne : Lwè ò ka gwazè a ne aka saka bli a, ò ble ò tumo ne, a n' èyra kpo a, a pie ñu sro, ò w'è mõ kple, kpo ye mõ ko. O ule Nèmla : « I nä du bi ka », le Nèmla mo.

Lwè a wñlõ n'akɩ saka bli a momò gule, lwè a ne a i, ò ble ò tumo ne, le a wõ mõ saka, le a bli a. Wñlõ a ne : « ne kpo ka » le a pi ñu, le ò wõ mõ ò kple, kpo ye mõ ko. Le Nèmla ò uro mõ, le ò mlè ò du; ò ule lwè ò a ne : « I nä du bi ka », le lwè i.

Nèmla wñlõ momò gule, Nèmla a ne a i le, Nèmla bli ò tumo ne, a wõ mõ saka üe a mu, a blie ɩ… ò ku.

Traduction littérale. — On dit : Eléphant il a fétiche il si pour riz piler, il pile (dans) son anus orifice, il si a-besoin huile, il cuit eau chaude, il met cela dedans pied, huile remplit dedans.

Il appelle Nèmla : « Viens mon village promener pour », alors Nèmla va.

Éléphant sa femme si pour riz piler elle cherche mortier, éléphant il dit elle vient, elle pile son anus orifice alors elle met dedans riz, alors elle pile.

Femme elle dit : « Je-ne-pas huile ai », alors elle cuit eau, alors il met dedans son pied, huile remplit dedans.

Alors Nèmla il sort dedans, alors il va son village, il appelle éléphant, il dit : « Viens mon village promener pour », alors éléphant vient.

Nèmla femme cherche mortier, Nèmla dit elle vient, alors Nèmla pile son anus orifice, il met dedans riz grain un seul, elle pile.... il meurt.

Traduction libre. — On dit que l'éléphant avait un fétiche grâce auquel il lui était permis de se servir de son anus comme d'un mortier pour piler le riz, et qui avait la propriété de changer en huile de palmes l'eau chaude dans laquelle il mettait son pied. Un jour l'éléphant invita Nèmla à venir faire un tour jusqu'à son village et Nèmla y consentit.

La femme de l'éléphant cherchant un mortier pour piler le riz, son mari l'appelle, elle met son riz dans l'anus de l'éléphant et le pile. La femme dit ensuite : « Je n'ai pas d'huile », alors elle fait chauffer de l'eau, l'éléphant y met le pied et l'eau se trouve transformée en huile de palmes.

De retour chez lui, Nèmla appelle à son tour l'éléphant et ce dernier accepte l'invitation. La femme de Nèmla cherchant un mortier, son mari l'appelle et lui dit de broyer le riz dans son anus. Un seul grain de riz peut y tenir place, la femme le pile et Nèmla meurt.

8. — Une mauvaise farce de Nèmla.

Aa ne : Nèmla òmo ko du, wñlō blègbe òmo ko ò na, Nèmla a ne « I aka bei li!...[1] *» Wñlō a ne ò neka ulō, le Nèmla mo ñe gò.*

1. Voir la note 8 du deuxième conte.

Tyòküe ko a, zri ko e mle, è ñe u..... (prolongé), ne yè nà ne zri[1], *le Nèmla
fa mõ uri, l'ò sò mè mò.*

*Nèmla ko le wñlò i, ò a ne : « I aka mò nà zri sa!... » le wñlò a sò mè
mò, ū ko, le Nèmla anè sò uro mò, wñlò kpli, le Nèmla kri ò*[2].

Traduction littérale. — On dit : Nèmla lui-même est village, femme une elle-même est, elle est-jolie. Nèmla dit : « Viens
pour ami manger ! » Femme dit elle ne-pas accepte, alors Nèmla
part rivière à-côté-de.

Rochers sont, fétiche est dedans, il fait hou!... si (tu) vois tu
dis poisson, alors Nèmla porte dedans doigts, alors son bras colle
dedans.

Nèmla reste alors femme vient, il dit : « Viens pour dedans mon
poisson retirer!... » alors femme son bras colle dedans, ils restent,
alors Nèmla le-sien bras sort dedans, femme est-courbée *atque*
Nèmla *copulavit eam.*

Traduction libre. — On raconte que Nèmla se trouvait un
jour dans un village où il y avait une très jolie femme. Il tenta,
mais sans succès, de la séduire.

Nèmla s'en alla sur le bord du fleuve et rencontra des rochers
diaboliques dont les creux faisaient du bruit comme s'ils étaient
pleins de poissons.

Nèmla y mit la main mais son bras resta collé à la pierre. Il
restait là sans pouvoir se dégager quand la femme vint à passer :
« Viens m'aider à retirer mon poisson! » lui cria-t-il.

Le bras de la femme fut fixé à la pierre à côté de celui de
Nèmla; ils étaient depuis quelques instants dans cette position
quand Nèmla réussit à se dégager, mais la femme resta courbée,
la main collée au rocher. *Atque* Nèmla *copulavit eam.*

III. — CHANSONS

Les Néyau, quand ils se réunissent, le soir, autour d'un feu, se
racontent des fables dans le genre de celles que nous venons de

---

1. *ne yè nà ne zri* : « Si tu vois tu dis poisson. » Idiotisme dans le genre de
notre : « On dirait du poisson ».

2. La majeure partie des contes et fables des Néyau sont dans le goût de celle-ci

voir ; les contes sont souvent accompagnés d'un refrain que tout le monde chante en chœur. Ils prennent alors le nom de *nunwo* (pl. *nunwi*), les fables sans refrain s'appellent *gribò*. Voici l'un de ces *nunwi* à titre d'exemple :

Le mariage de l'antilope Nèmla.

Nèmla wñlõ mo Giawñlõ. Wñlõ a ne ò nek' ò ba, Nèmla i beko ; ò a mo besi toa ka, bosu urò ye. ò mo debe ò bri wñlõ papako ko', ò a ne : « Uro mõ e ko!... » Nèmla a ne : « ĩ ! e a nã ye ura !... » ò to a ne : « e a ò ye ura e a sò mo ». A mo e a, zreze wñlõ mo ñu ko. O ko mõ, le ò yo wi, le Nèmla ba yo ko le ò ba lo ko :*

— « Giawñlõ owe ! tetra e wñlõ owe ! Giawñlõ neke nă yi ura, tetra gbosu ura ke nă yi, a toa gbosu, aka wñlõ ba, bosu-toa-ñõ kro me ko. — Giawñlõ owe ! tetra yi wñlõ owe ! »

— ñlepaka ule wñlõ, ò a ne : « I pla sre, lo e ñòto ble a po ñukrwi, k'o nu », le Nèmla ble, wñlõ uro sre a, ò a ne : « Ba nà yo mà ne wa yo la, ba na yo, mà nă mlè ! »

(*Nota*. — La partie entre les deux — est chantée par le narrateur et, ensuite, reprise en chœur par ceux qui l'écoutent ; elle contient un grand nombre de mots bété).

Traduction littérale. — Nèmla femme était *Giawñlõ*, femme dit elle-ne-pas lui épouser, Nèmla vient en-arrière ; il va pièges tendre pour, piège crève œil. Il va de-nuit, il prend femme épaule, elle dit : « Sors dedans je suis ! » Nèmla dit : « Ah ! tu mon œil a-crevé ! » Son père (à la femme) dit : « Tu son œil as-crevé tu avec lui partir. » Ils vont, matin femme va eau à-côté-de, elle est dedans, alors son enfant pleure, alors Nèmla prend enfant (dans ses bras) alors il lève chanson : — « *Giawñlõ* ohoué ! agile femme ohoué ! *Giawñlõ* ne-pas-a mon œil crevé (phrase moitié bêté moitié néouolé), agile piège crevé a mon œil (même observation), j'ai tendu le piège, pour femme épouser, l'homme-qui-tend-

---

et de la précédente. J'ai donc cru devoir les donner comme exemples, malgré leur caractère un peu spécial.

1. *ko*, particule du verbe séparable *ko-bri* « saisir, attraper », rejetée après le régime *papako* « épaule ».

2. Même observation pour *ko-ba* « soulever », verbe séparable qui a ici deux sens différents : *ò ba yo ko* « il soulève l'enfant, le prend dans ses bras », *ò ba lo ko* « il soulève une chanson, il commence à chanter ».

les-pièges, *kro me ko* (La plupart des Néyau ne connaissent pas le
sens de ces mots bêté). — *Giawñlõ* ohoué! agile œil femme
ohoué! » — Vieille-femme appelle femme, elle dit : « Viens
entre chambre, chanson ton mari chante, écoute pour cela
entendre. » Alors Nèmla chante, femme sort chambre, elle dit :
« Prends ton enfant mais je-ne-pas auparavant enfant apporté,
prends ton enfant mais je pars! »

Traduction libre. — La femme de Nèmla s'appelait *Giawñlõ*, elle ne voulait pas l'épouser et Nèmla s'en retourna et ten-
dit des pièges. La branche d'un de ses pièges creva son œil en se
redressant, alors il s'en va de nuit saisir le bras de sa femme qui
le repousse en disant : « Retire-toi de là! » Nèmla crie : « Ah! tu
m'as crevé un œil ». — « Puisque tu as crevé son œil, dit le père
de la femme, il faut le suivre. »

Elle le suivit donc, mais un beau matin, elle était allée pour
chercher de l'eau et, pendant son absence, son enfant (qu'elle
avait laissé à la maison) se mit à pleurer. Nèmla le prit dans ses
bras et (pour le calmer) se mit à chanter :

« *Giawñlõ ohoué!* (interpellation moqueuse), femme adroite
ohoué! Tu n'as pas crevé mon œil, *Giawñlõ!* c'est le piège agile
qui l'a crevé! j'ai tendu le piège, j'ai attrapé une femme, je suis
l'homme aux pièges, *kro me ko*, ohoué *Giawñlõ!* femme à l'œil
agile ohoué! »

Une vieille appelle *Giawñlõ* et lui dit : Écoute donc un peu ce
que chante ton mari, dans la chambre », et Nèmla reprend sa
chanson. La femme sort en lui disant : « Garde ton enfant, car je
n'avais pas d'enfant quand je suis venue chez toi, garde ton enfant,
mais moi je m'en vais! »

Chansons de femmes.

Les femmes néyau improvisent des chansons qui, si on les
trouve jolies, se répandent, sont chantées pendant un certain
temps et finissent par tomber en désuétude pour céder la place à
d'autres. Le texte de ces chansons n'est pas toujours compréhensible car les auteurs s'ingénient à les émailler de mots étrangers,
d'onomatopées ou même de mots sans signification qu'elles

fabriquent de toutes pièces. Il n'est d'ailleurs pas nécessaire qu'on les comprenne pour qu'elles aient du succès.

Généralement pour chanter ces couplets les femmes se mettent debout en cercle, avec, dans les mains, des planchettes ou des calebasses-crécelles qu'elles frappent ou agitent en cadence. L'une d'elles chante le couplet, puis le refrain qui est repris ensuite par le chœur.

Les chansons de femmes sont les seules chansons du Nihiri composées en néouolé à peu près pur, presque toutes les autres sont dans la langue des pays voisins auxquels on les emprunte fréquemment.

1° Le télégraphe.

1er couplet :   *A ne i ka ka lè*
        le ā ne i kaka
        Dali a i lè Bugri
        Bugri n'èyra mo
        le ne sa nă glodyo' le
        le Bugri wezei :
        « *nă wñlõ ñè mò uruble* ».

Refrain :   « *Gòmlă uruble a ki lè mo*
        nă wñlõ ñè mò uruble
        nă wñlõ ne ñè uruble
        bifò² ā bri uruble ko. »

2e couplet :   *a ne i kaka lè*
        le ā ne i kaka
        Dukwa a i lè Aura
        Aura n'èyra mò
        le ne sa nă glodyo lè
        le Blake³ pa e sa :
        « *nă wñlõ ñè mò zuku.* »

Refrain :   « *Gòmlă zuku a ki lè mo*
        nă wñlõ ñè mò zuku
        nă wñlõ ne ñè zuku,
        bifò ā bri zuku ko. »

---

1. *glodyo*, nom inventé par l'auteur de la chanson pour remplacer le mot *wòle* « palabre ».

2. *bifò* « anglais *before* », signifie là « alors ».

3. *Blake*, surnom de *Dukwa-Aura*.

TRADUCTION

1er couplet :   Après avoir marché pendant longtemps
Après avoir marché longtemps,
nous arrivons chez Dali-Bougri ;
Bougri nous demande les nouvelles,
alors quand je lui donne les nouvelles,
Bougri regarde derrière lui :
« Ma femme donne moi mon chapeau ! »

Refrain :   Un chapeau pour aller voir le commandant
Ma femme donne moi mon chapeau,
Si ma femme me donne le chapeau
Alors je prendrai le chapeau. »

2e couplet :   Après avoir marché pendant longtemps
Après avoir marché longtemps,
Nous arrivons chez Doukoua-Ahoura,
Ahoura nous demande les nouvelles,
alors quand je lui donne les nouvelles,
Blakè s'écrie :
« Ma femme donne moi mon paletot ! »

Refrain :   « Un paletot pour aller voir le commandant
Ma femme donne moi mon paletot
Si ma femme me donne le paletot,
Alors je prendrai le paletot ! »

EXPLICATION : L'administrateur a mandé par télégraphe le chef Dali-Bougri, du village de Niéga, limite ouest du Nihiri. Bougri prend son chapeau pour être plus convenable et se met en route...

En arrivant à Drewin, on voit Ahoura auquel on raconte ce qui se passe, Ahoura consent à accompagner Bougri et demande à sa femme son paletot... et ainsi de suite pour tous les chefs de tous les villages placés sur la route jusqu'à l'arrivée à Sassandra, les paroles restent les mêmes, seuls le nom du chef et celui de l'accessoire de toilette choisi pour « aller voir le commandant » changent à chaque couplet.

2. — La guitare.

Vuba [1] *o, nà lè tè bla mo ?..*
chœur : *Vuba !*

TRADUCTION : Vouba ô, la corde est-elle tendue ? Vouba !

1. Sorte de guitare monocorde.

3. — Doubo lo, ou Nyama.

ò ne iri o, o o o
Bwa ka le bwa gibwo lètè
Lètè ne iri o,
Bwa ka le.
        (Le chœur répète le tout).

TRADUCTION : Il n'est pas grand, mais il ne fait pas bon le toucher, le fer de hache de la brousse, la hache n'est pas grande, mais il ne fait pas bon la toucher.

Nota : Ceci est le sens général de ce couplet, qui ne veut pas dire grand chose, mais n'en est pas moins très à la mode. La langue en est tronquée, pleine d'élisions et de mots forgés qui n'ont aucun sens réel.

4. — Chanson funèbre de Urouweya.

Aa fa mò Gbòkwe o
Ka üruwɛya yè o,
Gbòkwe a ka üruweya yè o !
        (On répète le tout en chœur).

TRADUCTION :   Conduisez-moi à Gbokoué ó
        Pour voir Urouweya o,
        Gbokoue pour voir Urouweya !

Nota : Autre chanson favorite des femmes néyau. Malgré son caractère funèbre (elle a été composée lors du décès de Urouweya dit Mosès, grand chef de Drewin), elle est chantée à chaque occasion.

5. — Chanson de l'administrateur.

ü ka gòmlã o...
ü ne kè o (bis) [1].
ā n'èyra wòle !
        (On reprend en chœur).

TRADUCTION : Nous avons un maître, qu'est-ce que cela peut nous faire, nous ne voulons pas de palabres.

Nota : Cette chanson qui signifie : « Que nous importe d'être surveillés puisque nous ne voulons rien faire de mal » prouve le bon esprit des Néyau ; on a vu plus haut une longue chanson, celle du télégraphe, fort à la mode dans le pays, qui ne contient aucune allusion malsonnante. Il en est de même de tous leurs chants, aucun n'attaque l'administration française ; le mot le moins convenable qu'ils aient jamais employé contre nous est celui-ci : *gye ye !* « la lame arrive ! » cri du barreur à l'équipe de la baleinière pour la mettre sur ses gardes quand une grosse lame de la barre menace l'embarcation. Lorsqu'un fonctionnaire français surprend un groupe de Néyau en train de faire quelque sotise, le premier qui l'aperçoit pousse ce cri d'avertissement.

6. — Jalousie.

E mlè ilè grwè ka
Ilè ñè nä séli bese.
« E yè tè yè o!
Nànc kò tè ñle zè
E dyò le e èyra mò! »
    (Le chœur reprend).

TRADUCTION : Je vais rester un peu avec un jeune homme, il me donne cinquante centimes!... (s. e. Mon mari me demande la provenance de la petite pièce d'argent): « Tu l'as déjà vue (il y a longtemps que je l'ai). Tu veux que je dise le nom de celui qui me l'a donnée, oui tu essaies, tu me le demandes! »

7. — Le seau.

ñu budo solu
ka nä ñu budo ka mo!

TRADUCTION : Le seau pour l'eau du bain. Je vais le prendre pour chercher de l'eau pour me baigner !

8. — La crevette.

Na ñama nekpa,
Bagbo na ne ne bya uru,
Sò kle mõ ko,
E i nä iri fa!
    (Chœur : *Amalubwo!*)

TRADUCTION : (Mots forgés à peu près intraduisibles). Ma chanson : « Je ne joue pas avec la crevette », elle n'est plus dans ma tête, elle est dans le filet, je la porterai chez moi pour les jeunes hommes.

9. — Zaérékprou.

Zacrekpru o... Chœur : Aè!
Mò i ba yo!... Chœur : Aè!

TRADUCTION : « Zaérékprou ò » (En chantant on prend la main d'une jeune fille et on l'entraine). Le chœur dit : Aè (approbation). On la ramène en cou-

rant et chantant : « Je viens prendre une jeune fille ». Le chœur répond :
Aè. On prend ainsi toutes les femmes les unes après les autres en leur
faisant traverser au galop aller et retour la place où l'on danse.

Chansons de guerre.

Celles-ci sont presque toutes empruntées aux Bêté et aux
Bakoué. Je vais cependant en insérer deux ou trois dans ce manuel,
comme exemples :

1° *ò doba yo üro üro sa, kalemañõ Baa-Dukwa, ò doba yo üro üro sa.*
Il tue (mot bêté) les hommes, en employant la ruse, homme-courageux
Baa-Doukoua, il tue les hommes en employant la ruse.

2° *Bà kesi o o! ò ya yo e a mo ò sro yo grali wole... Ba kesi o!* Fusils
des Baniuas (mots bêté) s'il s'en va avec des jeunes guerriers, il leur donne
de mauvais conseils.

3° *à wa Zàgyè be li nā lè.* Nous Zaguiè (tribu baniua) on ne peut rien
nous prendre.

Chansons de pirogues et de baleinières.

Les chants des pagayeurs, sur mer ou en rivière, sont
empruntés aux kroomen de Berebi, Tahou ou du Libéria (dialectes bakoué) et quelquefois aux pagayeurs d'Elmina ou d'Axim
(langue agni-achanti).

Ils n'ont en néouolé pur que quelques ritournelles comme la
suivante, accompagnant le mouvement des pagaies.

Les courtes phrases sont scandées par l'un des hommes
d'équipe et immédiatement répétées par tout le monde.

> *ò, Dukwa,* oh ! Doukoua
> *ò èyra Able,* il a demandé à Ablé
> « *ò, ne ya!* oh ! je suis malade !
> *ò, ñè mo bli ga,* je te donnerai une vache.
> *ò, sro gòmlã,* oh ! dis au commandant
> *ò, ne fa mò Ba* », qu'il ne m'emmène pas chez les Baniuas.
>   etc., etc.

Généralement on se moque ainsi d'un individu qui s'est rendu
ridicule.

Chansons de tam-tams.

Les chants qui accompagnent les grands tam-tams sont com-

posés en langage de Grand-Lahou, quelquefois en agni de Tiassalé, est aussi en dialecte godié.

APPENDICE

Cet ouvrage n'étant pas exclusivement destiné à l'étude du langage des Néyau mais au contraire à donner quelques détails sur
tout ce qui a rapport à ces indigènes, j'ajoute à ce chapitre des
chansons la musique de celles dont l'origine néyau est certaine
et qui sont en vogue dans le pays. Cette musique, dictée par un
Néyau de Sassandra, a été notée par M. E. Volpilhac qui, sur ma
prière, a, pour ne pas dénaturer le caractère de ces chants pri-
mitifs, reproduit le thème indigène aussi exactement que possible
sans essayer d'atténuer ses incorrections.

Le télégraphe.

(*Voir page* 150).

Doubo lo, ou Nyama.

(Voir page 152).

Chanson funèbre de Urouweya.

(Voir page 152).

SEPTIÈME PARTIE

QUELQUES MOTS D'ETHNOGRAPHIE

I

Différentes races et tribus.

Le néouolé, nous l'avons dit dans la préface, est le dialecte des Néyau qui, eux, ne forment qu'une petite partie de la grande famille bêté-bakoué; on verra plus loin par les tableaux de comparaison la similitude des vocabulaires appartenant aux diverses tribus de ces peuplades.

Groupe bêté. — Les Bêté proprement dits, habitent la région comprise entre environ 5° 30′ et 7° 15′ de latitude nord, d'une part et, d'autre part, entre la limite ouest des pays Gouro (limite située à peu de distance de la rive droite du Bandama) et la rive gauche de la rivière Sassandra. La tribu des Niaboua placée à l'extrémité nord-ouest de ce territoire est formée d'un mélange de Bêté et de Bakoué; les villages de Noucpoudou, Gnikédi, Zoukobié, Zoukpoblé, Sérayo et Soubré placés sur les bords de la Sassandra appartiennent au groupe bêté.

Ces indigènes sont presque tous marqués d'une longue cicatrice qui part du sommet du front pour aboutir à l'extrémité du nez, quelquefois une mince tige de bois est cousue sous la peau et donne du relief à la cicatrice; leurs incisives et canines sont taillées en pointes aiguës, les oreilles des femmes percées de trous plus ou moins larges selon les tribus; dans certains villages elles introduisent des corps étrangers, morceaux de bois ou rouleaux de feuilles dans ces orifices et distendent tellement le bout de l'oreille que parfois il se rompt et pend en deux franges informes.

Les femmes bêté du Guidaboué, du Baleko et de quelques autres tribus ont la lèvre supérieure perforée dans son milieu et y fixent quelquefois un petit cylindre de faux corail ou simplement un morceau de bambou; dans un fragment d'un vieux livre sur la côte de Guinée j'ai retrouvé une description des indigènes qui s'applique encore assez bien aux Bêté, ce qui prouve qu'à cette époque les naturels du littoral avaient les mêmes coutumes que ceux qui habitent encore la forêt et avec lesquels, d'ailleurs, leur parenté est indiscutable. Quoique les Néyau aient depuis longtemps rompu avec ces usages, on retrouve encore chez eux quelques vieillards qui portent les tatouages ou cicatrices des peuples de l'intérieur, mais leurs femmes ont complètement perdu l'habitude de se percer les lèvres ou les oreilles.

Voici le texte en question :

« Aucuns s'estre forez le dessous des levres, y passent leur
« langue a travers par forme de gentillesse. Se font habits de
« l'interieure et plus deliee escorce des arbres, et en couvrent
« gentiment leurs parties honteuses : et de telles nattes font, non
« pour usage mais à plaisir et gaillardise, des peaux aux Singes
« et Marmots avec la sonnette. Se paignent de rouge l'un des
« yeux et l'autre de bleu. Les plus riches femmes attachent a
« leurs cuisses de gros anneaux de Fer, qui de Cuivre rouge, qui
« de Plomb et d'Estain a leur plaisir. Se précient et plaisent en fin
« a merveille, en si grossiere et sotte façon barbaresque. »

Il n'y aurait rien à ajouter ni à retrancher à cette description en ce qui concerne les Bêté actuels, les vêtements sommaires en écorce (*gòdè lòkwe*), les peaux de singes servant de feuille de vigne et les sonnettes existent toujours, seuls l'étain et le plomb sont devenus rares.

Font partie du groupe bêté :

1° LES GODYE qui occupent la région du Baleko, du Godiéko, du Niagorou, du Nogbo, l'île de Lauzoua dans la lagune de Lahou, le territoire compris entre cette lagune, au Sud, les pays Garo et Ménaïri, au Nord, enfin le village de Griguible sur la Sassandra. Les tribus de Kotrou (*Lègrè*) et Fresco (*Kwayre*), qui habitent le littoral, appartiennent à la famille *godye*. Ces indigènes dérivent directement des Bêté, avec lesquels ils ont de multiples points de ressemblance; ils sont rarement tatoués;

2° LES GUIBO (*Gibo*), dont les villages sont situés dans les bassins de la Dobo, de la Kédé et du Bo, affluents de gauche de la Sassandra;

3° LES KOUADIA (*Kwadya*), installés dans le pays de Kouadre, sur le fleuve, où ils occupent les villages de Kouati, Boutoubré, Grihiri, Douïri, Zaébré et Gaouloubré.

Groupe bakoué. — Les Bakoué (*Bakwe*) occupent toute la rive droite du fleuve Sassandra, moins les villages que nous venons de citer et le petit territoire habité par la tribu néyau de Drewin (*Kebe*), sur le littoral. Ils ont sur la rive gauche de la Sassandra le village de Inaïri.

Leur domaine s'étend sur toute la partie Ouest de la Côte d'Ivoire — englobant le bassin du San-Pedro et la majeure partie du bassin inférieur du Cavally — et empiète sur le territoire de la république de Libéria où ils occupent, notamment, les régions du Cap des Palmes, de Settra-Krou et de Bassa ; au sud ils sont limités par la mer et au nord par les tribus gouro des *Wòbè*, *Mau* et *Ngere*, un peu au dessus du septième degré de latitude.

Les Bakoué sont marqués d'une large ligne de tatouage bleuâtre qui coupe verticalement le front en deux parties égales. Leur couleur est plus claire que celle des Bêté, ils paraissent plus intelligents, plus doux et surtout plus vigoureux. Ils sont bien connus par les navigateurs depuis de longues années sous le nom de Krou, Krouboys, Kroumen et le pays qu'ils occupent porte même sur certaines cartes le nom de « Côte de Krou ». D'où vient cette appellation ? L'administrateur Delafosse avait cru d'abord pouvoir l'attribuer aux marins anglais qui, habitués à recruter des équipes de Bakoué pour la manœuvre des voiliers, l'armement des baleinières et autres allèges et surtout pour la manipulation des colis et ballots de marchandises, les auraient appelés tout naturellement *Crew-men* « hommes d'équipe », comme ils ont l'habitude de désigner les indigènes de l'intérieur sous le nom de *Bush-men* « hommes de brousse ».

Il paraît renoncer maintenant à cette hypothèse, qui me semblait pourtant vraisemblable, et se ranger à l'avis de Bishop Payne d'après lequel le mot *Kru* (écrit *Kru*, *Croo*, *Krou*, *Carow* ou *Crew*) est une corruption de *Kráo*, appellation indigène de la tribu qui habite Little-Kru, Settra-Kru, Krubah, Nannakru et King Will's town. Cette tribu fut la première à s'engager à bord des navires ; les peuplades de même famille, de Monrovia à la rivière Sassandra, suivirent l'exemple et on leur donna le même nom. Enfin M. Delafosse donne comme principal argument que les marins portugais et autres connaissaient déjà ces mêmes indigènes sous le nom de Krou bien avant que les Anglais les aient employés et qu'il est impossible de supposer qu'ils aient emprunté, pour les désigner, un nom appartenant à une langue aussi étrangère à la leur qu'à celle des indigènes.

Voilà la seconde hypothèse, qui est en même temps la plus ancienne ; au lecteur de décider quelle est la meilleure, mais, puisque j'ai été amené à parler de mon collègue et ami Delafosse, qu'il me soit permis de lui emprunter sa description des Krou ou Bakoué en question, elle achèvera de les dépeindre avec une exactitude frappante :

« Tous ces Krou de la côte, perpétuellement en contact avec
« des Européens, et cela en dehors de leur pays, ont contracté
« des habitudes de fierté, d'indépendance, qui frisent souvent
« l'insolence.

« Ce sont des gens « qui la connaissent » et qui le font voir.
« Tous parlent plus ou moins ce jargon anglais qu'on appelle le
« *pigeon-english* et qui est la langue franque de la côte occiden-
« tale d'Afrique.

. . . .

« Tels sont les Krou que nous connaissons, sauvages, vêtus de
« défroques de civilisation, hâbleurs (qu'on me passe le mot)
« gueulards, habiles à tout faire et même à voler, difficiles à con-
« duire, mais forts comme des taureaux et souples comme des
« anguilles, musclés comme Hercule, engouffrant l'alcool comme
« un chameau assoiffé engouffre l'eau, et, en définitive tellement
« utiles à notre commerce et à notre marine, qu'on ne sait trop
« comment nous ferions sans eux... »[1].

D'un mélange intime de Bêté et de Bakoué dérivent les Ouaya (*Waya*) ou Boboua (*Robwa*) ou Baniua (*Bañüā*), qui occupent une petite bande de terrain entre 7° 15′ de latitude Nord et le huitième degré, s'étendant à l'Est jusqu'à une très petite distance du fleuve Bandama dont ils ne sont séparés que par quelques villages de la tribu gouro des Niangoro. On ne connaît pas exactement leur limite Ouest, je crois que dans cette direction ils doivent se fondre complètement avec les Bakoué ; un *Wobè* des bords du *N'zo*, affluent de droite de la Sassandra, que j'ai eu l'occasion d'interro-

---

1. Maurice Delafosse : « Un État nègre ; la République du Libéria ». *Bulletin du Comité de l'Afrique française*.

ger et dont le village se trouvait presque à la limite sud des peuplades de sa race (gouro), a pu me donner les noms des dix premiers nombres dans le dialecte des indigènes qui étaient les voisins immédiats de sa tribu : c'était du pur bakoué tel qu'il est parlé dans les pays de Péhiri et Dougrou.

A l'Est, au contraire, les Boboua proprement dits, contractant des alliances avec les Lo, au Nord, les Gouro, à l'Est, et surtout avec les Bêté du Sud ont acquis un caractère distinct ; j'ai été amené à classer leur langage dans le groupe bêté plutôt qu'avec les dialectes bakoué.

C'est d'ailleurs le cas des Néyau, mélange ancien de Boboua, de Bakoué du Nord et du Sud, de Bêté proprement dits et de Godye. Nous venons d'étudier leur langage qui a beaucoup d'affinité avec les dialectes bakoué et bêté, quoi qu'il ait emprunté à ce dernier beaucoup plus d'éléments qu'à l'autre, nous allons maintenant parler un peu de leurs coutumes et raconter ensuite leur histoire, telle qu'elle leur a été transmise par leurs pères.

II. — LES NÉYAU

Les Néyau (*Néyo* ou *Niyo*), se divisent en deux tribus bien distinctes :

1° Les *Bòkra* (surnommés *Bitié*) qui habitent Sassandra ou *Bòkrè* et ses dépendances ; les villages de Blihiri, le groupe Batélébré à l'Ouest, les villages de Gaoulou, Missé, Lekoudou, Dabeda, Nani, sur la rivière, possèdent le groupe Trépoint à l'Est et, au Nord-Est, dans la forêt, la tribu godye de *Ikpò* qui, depuis longtemps immigrée, fait partie actuellement des Bokra ;

2° Les *Kebe* (surnommés *Madu*) comprenant les villages de Dableko et Vodiéko, Datèko, Bassa, Fahé, Gouadè, et le groupe Niéga. Au milieu d'eux la tribu bakoué de Pauli est venue fonder deux villages qui portent son nom et sont situés l'un à une dizaine de kilomètres au nord ouest de Bassa, l'autre sur la plage, entre Gouadè et Niéga ; ils tendent d'ailleurs à être absorbés par la population néyau et à oublier leur propre dialecte pour ne plus parler que le néouolé.

Les Néyau sont de robustes gaillards d'une taille un peu au-dessus de la moyenne, avec des muscles d'hercules de foire. Leurs visages sont peu sympathiques, le nez est court et tout à fait écrasé, la bouche grande avec de fortes lèvres, le front bas, presque entièrement recouvert par les cheveux crépus. Ils sont de couleur relativement peu foncée si on les compare aux Apolloniens ou à certaines races de Sénégalais. Leurs femmes, de taille généralement petite, ont des voix et des visages masculins. Elles sont presque toutes laides et déformées de bonne heure par les dures corvées auxquelles elles sont astreintes, fument comme les hommes et comme eux s'abrutissent par de bonnes doses du terrible *gin* importé par les Anglais.

DONNÉES ANTHROPOMÉTRIQUES. — Je crois devoir joindre à cette étude les mesures que j'ai prises à Sassandra sur douze individus parmi lesquels deux seulement n'ont pas atteint leur complet développement ; l'un de ces derniers n'est d'ailleurs pas de race néyau absolument pure, sa mère étant d'origine godye et son père inconnu.

Voici les renseignements et mesures qui correspondent aux numéros des deux tableaux ci-contre ; les instruments dont je me suis servi étant un compas de Broca, un compas à glissière, un mètre ruban et une table chromatique de la Société d'anthropologie :

1. Nom du sujet.
2. Nom de son père.
3. Nom de la famille.
4. Sexe.
5. Age.
6. Taille du sujet debout.
7. Diamètre antéro-postérieur maximum de la tête.
8. Diamètre transverse maximum de la tête.
9. Diamètre bizygomatique maximum.
10. Hauteur de la face, du point le plus saillant entre les sourcils au-dessous du menton.
11. Largeur du nez, aux ailes.
12. Hauteur du nez, prise de sa base au point le plus creux de la racine.
13. Hauteur totale du sujet assis.
14. Hauteur du sujet assis prise à la fourchette sternale.
15. Longueur du bras, de l'extrémité externe de la clavicule à l'extrémité du médius.
16. Couleur de la peau (n° de la table chromatique.)
17. Couleur des yeux (n° de la table chromatique.)
18. Forme du nez, de profil.
19. Forme de la figure.
20. Grosseur des lèvres (comparée aux autres races nègres).

1	*Ñeba*	*Able*	*Tosa*	*Zabo*	*Kokŭa*	*Ñeba*
2	*Kaku*	*Dable*	. . . . . .	*Grate*	*Kugwa*	*Keke*
3	*nukuiri*	*naduyo*	origine douteuse	*sawa*	*sawa*	*sawa*
4	masculin	masculin	masculin	masculin	masculin	masculin
5	adulte	adulte	adolescent	adulte	adulte	adulte
6	1^m,710	1^m,602	1^m,597	1^m,625	1^m,635	1^m,740
7	0^m,193	0^m,196	0^m,194	0^m,202	0^m,188	0^m,194
8	0^m,142	0^m,158	0^m,140	0^m,142	0^m,150	0^m,152
9	0^m,148	0^m,149	0^m,128	0^m,140	0^m,140	0^m,140
10	0^m,146	0^m,131	0^m,129	0^m,143	0^m,128	0^m,122
11	0^m,046	0^m,0415	0^m,040	0^m,0465	0^m,0435	0^m,039
12	0^m,040	0^m,042	0^m,038	0^m,049	0^m,042	0^m,0405
13	0^m,870	0^m,825	0^m,790	0^m,835	0^m,844	0^m,900
14	0^m,580	0^m,570	0^m,550	0^m,585	0^m,590	0^m,620
15	0^m,780	0^m,710	0^m,750	0^m,690	0^m,720	0^m,760
16	n° 28	n° 28	n° 28	n° 28 foncé	n° 28	n° 29
17	n° 2	n° 2	n° 2	n° 2	n° 2	n° 2
18	légèrement concave	convexe	droit	presque droit	droit	droit
19	losangique	losangique	longue	longue	longue	ronde
20	très grosses	grosses	moyennes	moyennes	moyennes	moyennes

	Djigre	Aigrè	Traï	Kòmle	Weya	Dyadya
1	Djigre	Aigrè	Traï	Kòmle	Weya	Dyadya
2	Bugré	Gra	Nyebato	Dukwa	Gite	Wawa
3	govya	bokra	bokra	misse	kekeyo	bokra
4	masculin	féminin	féminin	féminin	masculin	féminin
5	adulte	adolescente	adulte	adulte	adulte	adulte
6	1^m,650	1^m,478	1^m,505	1^m,503	1^m,630	1^m,506
7	0^m,186	0^m,180	0^m,181	0^m,180	0^m,197	0^m,174
8	0^m,146	0^m,143	0^m,144	0^m,142	0^m,159	0^m,141
9	0^m,133	0^m,130	0^m,126	0^m,129	0^m,145	0^m,124
10	0^m,1325	0^m,129	0^m,1215	0^m,1155	0^m,125	0^m,119
11	0^m,046	0^m,037	0^m,037	0^m,036	0^m,044	0^m,036
12	0^m,048	0^m,0355	0^m,0435	0^m,040	0^m,040	0^m,0375
13	0^m,865	0^m,755	0^m,745	0^m,770	0^m,800	0^m,755
14	0^m,590	0^m,500	0^m,490	0^m,530	0^m,530	0^m,520
15	0^m,775	0^m,650	0^m,690	0^m,673	0^m,760	0^m,700
16	n° 28 plus foncé	n° 28	n° 28	n° 28	n° 28	n° 28
17	n° 1	n° 2	n° 2	n° 2	n° 2	n° 2
18	droit, fort	concave	droit, long	droit, bien fait	droit	droit, bien fait
19	longue	ronde	longue	ronde	ronde	ronde
20	épaisses	moyennes	minces	moyennes	épaisses	minces

ORGANISATION SOCIALE. — COUTUMES. — Le Néyau, lorsqu'il est dans son pays, ne fait pas grand'chose ; le plus clair de son temps se passe à palabrer longuement avec ses camarades couchés nonchalamment autour d'un feu, mais il aime à s'expatrier pour peu de temps et à s'embarquer à bord des navires anglais où on le fait, il est vrai, beaucoup travailler, mais où il est largement payé et reçoit une nourriture assez abondante, car il faut bien dire que, par la faute des indigènes, la famine règne fréquemment dans le Nihiri.

Le Néyau aime donc ces voyages de courte durée et les stations dans les ports de la côte où il achète les pagnes dits de Quitta qui ont pour lui la plus grande valeur. Ces étoffes solides, tissées par les indigènes de la Côte-d'Or sont payées là-bas quelques shillings et valent de 40 à 50 fr. dans la région de Sassandra où elles sont très recherchées ; les commerçants européens n'ont jamais eu assez d'initiative pour tirer parti de ce caprice des indigènes et les retenir chez eux, où la main-d'œuvre manque, en leur vendant les marchandises qui leur plaisent au lieu d'une pacotille anglaise dont ils n'ont que faire.

Ce sont les femmes qui, en compagnie des esclaves, font presque tous les travaux de culture, elles préparent en outre la nourriture de toute la famille et vont chercher à des distances quelquefois assez considérables l'eau, le bois et les récoltes ; quand l'heure du repos a sonné pour tout le monde, il reste encore à ces malheureuses à assouvir les désirs de leurs maîtres ; elles ont à peine le temps de s'occuper de leurs enfants qu'elles emmènent avec elles au travail lorsqu'ils sont en bas-âge, les portant attachés sur leur dos à l'aide d'un pagne ; elles ne sont respectées en aucune façon et presque immédiatement après leurs couches doivent reprendre la besogne quotidienne. Il est vrai qu'en revanche elles jouissent d'une certaine liberté, les femmes non mariées, veuves ou divorcées peuvent faire ce qu'elles veulent, l'adultère est très fréquent, et le mari trompé généralement peu sévère quand il trouve des cas de flagrant délit, surtout si l'amant apaise sa colère en lui donnant une indemnité.

Les degrés de parenté sont très mal définis. Il faut de longues périphrases pour arriver à les déterminer. Les cousins, même à des degrés très éloignés, s'appellent *frères*. On nomme l'oncle *père* et la tante *mère*, de sorte qu'il est impossible de s'y reconnaître. Quand on montre à un individu l'un de ses jeunes neveux, il dit : « C'est mon fils ». Il en dit même souvent autant quand il ne s'agit que du fils d'un ami. On peut cependant savoir s'il s'agit réellement de son propre enfant, car dans ce cas il déclare : « *Nǎ mlè a yo ko*. C'est le fils de ma chair.

Les enfants adoptés ont généralement une situation inférieure dans la tribu qui les a recueillis.

Les pères, oncles et grand-pères sont responsables des dettes de leurs enfants qui, réciproquement, les aident à faire face à leurs propres engagements. Ils se doivent une mutuelle assistance dans tous les autres cas, mais cette solidarité n'existe pas entre les indigènes qui, quoique faisant partie d'un même village, sont de tribus différentes. La *polygamie* est tolérée et l'homme peut acheter autant de femmes que ses ressources le lui permettent; la *polyandrie* n'existe pas. Chaque femme a son habitation particulière et, à moins de circonstances spéciales, reçoit régulièrement à son tour le *mouchoir de l'époux*. La première épousée a, de droit, la suprématie sur toutes les autres, les commande et dirige la maison et les esclaves de son mari. Elle est aussi la gardienne de son trésor et, seule avec le frère aîné, sait en quel endroit de la forêt les richesses sont enterrées.

Les enfants sont mariés dès l'âge de cinq ou six ans. On cherche les femmes le plus loin possible; il faut qu'elles n'aient avec le futur mari aucune trace de parenté, pas même à un degré très éloigné. Elles sont achetées au prix de quarante paquets de manilles, soit 160 fr. environ, un fusil, un baril de poudre, cinq pagnes ordinaires et cinq pagnes de Tiassalé ou de Quitta. Si elles ont déjà été mariées, leur valeur augmente et le prix est alors de : soixante paquets de manilles (240 fr.), un fusil, un baril de poudre, dix pagnes ordinaires, dix pagnes de Quitta ou de Tiassalé et quelquefois même un esclave par dessus le marché. Quand la femme est nubile, on la remet à son mari, sans autre forme de procès. Il n'y a aucune cérémonie de mariage. Cependant, après l'expiration de la lune de miel, les anciennes compagnes de la jeune mariée viennent lui apporter des présents consistant en riz, bananes ou autres fruits et légumes, ainsi que quelques poulets; le mari à son tour donne quelques morceaux d'étoffe et tout le monde est content. La femme mariée est considérée comme faisant partie de la tribu du mari.

Les naissances ne donnent lieu à aucune fête spéciale, sauf quand il s'agit de jumeaux. On se livre alors à certaines réjouissances, on donne à boire et à manger aux parents et amis et on fait un peu de musique; un petit bal de famille termine ces aimables fêtes.

Dès que les enfants savent marcher, ils se vautrent sur le sable de la plage, ou se poursuivent dans les lames de la barre quand la houle est faible. On ne leur apprend rien, on ne les surveille même pas et ils s'élèvent ainsi tout seuls. Le père emmène quelquefois son fils à la pêche, quand lui-même y va, c'est-à-dire assez rarement; la fillette suit la mère aux plantations. Les vieillards sont très respectés, mais ne possèdent quelque autorité que lorsqu'ils sont riches et puissants, on affecte d'écouter avec attention leurs conseils, quitte à n'en tenir aucun compte. Quant aux infirmes, ils sont protégés et n'ont à se plaindre ni d'une moquerie, ni de mauvais traitements.

Les cases des Néyau sont entièrement faites avec les produits du *raphia vinifera*. Elles sont de forme rectangulaire et placées autour d'une cour tracée sur le même modèle. Sur l'un des petits côtés s'ouvre un hangar meublé de troncs d'arbres en guise de bancs, c'est là que le propriétaire de la maison séjourne habituellement et qu'il reçoit ses visiteurs. Les deux grands côtés du rectangle sont occupés par de longues baraques divisées en autant de chambres que le propriétaire a de femmes.

La case de la favorite se trouve à gauche en sortant du hangar; enfin, le dernier côté de la cour est fermé par une palissade au milieu de laquelle se trouve la porte d'entrée. Derrière le hangar, une petite case isolée est l'habitation particulière du chef, un entourage en bambous sert à ce dernier de salle de bains. Au milieu de la cour principale une petite hutte ronde abrite le fétiche protecteur de la famille.

Les Néyau n'ont aucun tatouage distinctif. Leur peau est couverte de nombreux dessins formés par de petites incisions longues de 10 millimètres au maximum. En pratiquant ces incisions ils ont soin de les remplir de poudre de charbon de bois et du suc d'une plante douée de propriétés spéciales. Il en résulte qu'en se cicatrisant les petites entailles deviennent très visibles et forment quelquefois un gros relief sur la peau, elles prennent d'ailleurs une couleur très foncée. De plus hommes et femmes ont les deux grandes incisives de la mâchoire supérieure limées de telle sorte qu'elles sont séparées par un intervalle en forme de triangle dont le sommet se trouve près des gencives. Ils ne se percent ni le nez, ni les oreilles.

Contrairement à ce qu'on observe généralement chez les nègres, la plupart des Néyau possèdent une belle barbe qu'ils portent souvent nattée. Les hommes, quand ils ont atteint l'âge mûr, laissent pousser leurs cheveux et les tressent d'une façon pittoresque. Les femmes, au contraire, ainsi que les jeunes gens et les enfants, ont presque toujours les cheveux coupés très court, quelques parties de la tête sont même rasées pour former des dessins bizarres en forme de cercles ou de croissants.

La peuplade est divisée en un grand nombre de tribus ou plutôt de familles qui ont une origine distincte et sont indépendantes les unes des autres ; nous aurons plus loin l'occasion de donner la formation de quelques-uns de ces groupements.

Le doyen de chaque tribu en est le chef et le chef de la plus puissante tribu commande les autres par la seule raison qu'il est le plus fort et qu'il peut faire respecter ses volontés. Cette autorité n'est donc pas exercée de droit et ne doit son existence qu'à l'impossibilité où se trouvent les tribus de s'aider ou de se secourir entre elles et de lutter ensemble contre la famille puissante qui abuse du nombre et de la force. D'ailleurs, dans chaque tribu, le chef n'est respecté que comme un père et ne peut guère se faire obéir. Rien que dans le petit village de Sassandra, nous nous trouvons en présence de plus de neuf tribus qui sont : Kékéyo, Oupoyo, Léguéyo, Koudouyo, Zaénoucouyo, Ohibouo, Sahoua, Derriyo, Bâdiyo.

Il n'y a pas, dans ce pays, de castes bien définies, pas même une sorte d'aristocratie, la hiérarchie sociale entre Néyau de race pure n'est basée que sur l'âge et sur la richesse. Un vieillard est respecté à cause de ses cheveux blancs, un homme riche a beaucoup de partisans, parce qu'il peut aider beaucoup de monde. C'est ainsi que le chef Zago, de Sassandra, par exemple, a pu réunir autour de lui un grand nombre de *clients*, soit en payant leurs dettes, soit en les aidant quand ils étaient dans le besoin, et, notamment, en leur fournissant la dot nécessaire pour leur permettre de se marier ou plutôt d'acheter une femme.

L'esclavage existe, la fortune d'un individu est même évaluée d'après le nombre de ses femmes et de ses captifs. Il y a, comme chez la plupart des peuples nègres, deux catégories d'esclaves : le captif de case et le captif de brousse. Le premier est né dans le pays, en connaît parfaitement la langue et les usages, souvent même, il provient de l'union clandestine d'un homme libre et d'une esclave. D'autres captifs de case ont été achetés dans les pays voisins, mais étaient si jeunes alors, qu'ils avaient promptement oublié leur langue maternelle pour adopter celle de leurs nouveaux maîtres. Les captifs de case sont à peu près aussi bien traités que les hommes libres, mais ne peuvent rien posséder, les biens qu'ils acquièrent reviennent de droit à leur maître qui, en revanche, les protège, les nourrit, et s'il en a les moyens, les marie. Sont traités de la même façon les jeunes gens que leur père donne à l'un de ses compatriotes comme garantie d'une dette ou d'un engagement. Les biens acquis par ces derniers appartiennent à celui auquel ils ont été donnés en otage, et leur valeur n'est jamais déduite du montant de la dette. Ce n'est qu'après le paiement intégral de celle-ci, que ces enfants sont remis en liberté.

Les captifs de brousse sont sous les ordres des femmes et ne s'occupent que des cultures. Ils sont installés dans la forêt où ils construisent de petits villages près des plantations de leurs maîtres sur lesquelles ils prélèvent d'ailleurs une large part. Leurs arbres à vin de palme sont connus d'eux seuls, ils en boivent le produit sur place. A ces ressources ils ajoutent celles que leur procurent la chasse et la pêche, et, en somme, sont loin d'être malheureux. Restant entre eux et conservant les mœurs et coutumes de leurs pays d'origine, ils arrivent à préférer leur sort à celui des compatriotes qu'ils ont laissés dans les régions plus sauvages dont ils proviennent et qui sont continuellement exposés aux attaques et razzias de leurs voisins. Leur maître, craignant une désertion ou une révolte, évite avec soin de les contrarier et se contente de jouir du nombre de ses esclaves comme un avare de ses trésors et de la considération que lui témoignent ses concitoyens quand il a à sa disposition un troupeau humain considérable. D'ailleurs les

captifs bêté et bakoué, se reproduisant chez les Néyau, finissent
par acquérir droit de cité et se fondre avec les autochtones. On
comprendra que dans ces conditions il nous est difficile de renvoyer dans leur pays des indigènes qui n'ont aucune envie d'y
retourner et qui, accoutumés à l'oisiveté, seraient réduits à la
famine si on les rendait à la liberté.

Depuis le temps que je suis chargé du cercle de Sassandra je
n'en ai pas encore vu un seul venir me réclamer son affranchisse-
ment et, pourtant, ils n'ignorent pas qu'une pareille revendication
serait sûre d'être bien accueillie et savent venir trouver l'administrateur quand ils ont à se plaindre d'un mauvais traitement
ou d'une injure. J'ai vu, en revanche, plusieurs Néyau se plaindre
amèrement de leurs esclaves qui avaient commis quelque grosse
faute à leur égard (il leur arrive fréquemment de séduire les
femmes de leurs maîtres) et les captifs me prier d'intercéder pour
qu'ils ne soient pas chassés de la tribu où ils avaient exercé leurs
méfaits ; enfin j'avais parmi le personnel de ma récente mission
plusieurs Bêté et Bakoué, captifs de Néyau, qui ont traversé avec
moi leurs pays d'origine, aucun n'a fait mine de vouloir y rester
et tous m'ont suivi de bon gré jusqu'à Séguéla pour revenir ensuite
à Sassandra retrouver leurs maîtres.

Les prisonniers faits jadis dans les guerres entre tribus néyau
n'étaient pas réduits en esclavage ; s'ils n'étaient pas tués par
vengeance on les rendait à leurs parents contre une rançon ou
en échange d'autres individus.

L'industrie des Néyau se réduit à très peu de chose : ils sont
habitués depuis trop longtemps à se munir dans les factoreries
des outils et des ustensiles à bon marché de provenance européenne, qui suffisent à leurs besoins, pour tenter de surmonter
leur paresse native, pourtant ils forgent quelques haches très
petites et grossières, des herminettes du même genre, pour la
confection des pirogues et des harpons qui leur servent à captu-
rer les tortues, les lamantins et les gros poissons.

Ils savent fabriquer avec les lianes plusieurs sortes de paniers,
de vans et de nattes. Avec les fibres de l'aloès, de l'ananas et du
raphia vinifera, ils font de bonnes cordes, de la ficelle pour la
pêche et des filets du genre dit *épervier*. Le bois de l'acajou et du
fromager leur sert à faire des pirogues de toutes les dimensions,

depuis celle qui ne peut contenir qu'un pêcheur et un enfant, jusqu'à la lourde embarcation qui transporte aisément cinquante hommes. Ces pirogues, très bien faites, très régulières, sont maniées par eux avec la plus grande dextérité. Elles sont de forme très allongée, avec les deux extrémités relevées pour faciliter le passage de la barre et leur fond est rond, afin de n'opposer aucune résistance au mouvement des lames.

Comme poteries, nous ne trouvons que des écuelles grossières, très mal cuites, et des jarres de forme sphérique pouvant contenir quelquefois 25 litres d'eau.

Quant aux arts, presque inutile d'en parler. Citerai-je les grossières peintures murales remarquées dans les cases, les navires à voiles et à vapeur et les bonshommes crayonnés au charbon, naïfs dessins inférieurs à ceux de nos écoliers de six ans? les objets informes en bois sculpté, grossières figurines fétiches représentant des hommes et des femmes amplement munis de tous les détails anatomiques? les petites pirogues en fromager dont la coque est peinte en noir avec une sorte d'encre extraite d'un fruit et sur lesquelles des entailles forment de géométriques dessins qui se détachent en blanc sur le fond? Enfin, puisqu'il faut parler de la musique, je n'aurai à mentionner que les chants rythmés des équipes de baleinières, espèces de scies monotones, les tamtams dont la musique et les paroles ont presque généralement été empruntées aux peuplades voisines, surtout à celles du cercle de Lahou. Tous ces chants sont meurtris par la voix gutturale des Néyau, saturée de gin et ne font que briser les oreilles des Européens. L'accompagnement se fait avec des tambours de toutes les dimensions sur lesquels les Néyau cognent avec un véritable acharnement, mais aussi, il faut bien le reconnaître, avec une précision remarquable. Les chansons des femmes sont moins pénibles à entendre. L'accompagnement en est fait par le bruit de deux planchettes qu'elles frappent l'une contre l'autre en cadence ou simplement par le claquement de leurs mains.

Comme tous les nègres, les Néyau adorent la danse, et leurs rondes autour des tambours, lorsqu'ils ont revêtu leurs meilleurs pagnes multicolores, sont loin d'être disgracieuses. Ils ont quelques danses caractéristiques. Deux danses de guerre, empruntées aux Bêté, sont fort curieuses. Armés de fusils, les indigènes s'agenouillent derrière un chef qui, après plusieurs chants bizarres répétés par le chœur, les entraîne dans une charge furieuse contre un ennemi imaginaire, pour les arrêter net à quelques pas plus loin et recommencer ensuite. Pour l'autre danse, ils galopent à la file indienne, serpentant autour des groupes de spectateurs, des arbres ou des cases, et brandissent leurs fusils d'un air farouche en poussant des cris furieux. Plus intéressante est *Grè, danse de caractère*, si j'ose m'exprimer ainsi, cette danse vient des Bakoué de San Pedro et de Berebi et a été importée récemment chez les Néyau. Tout le monde s'assied sur trois des côtés d'une cour de forme rectangulaire, le dernier côté est occupé par les tambours. Après plusieurs instants pendant lesquels se fond entendre des mélopées bizarres, *Grè*, le génie de la danse, apparaît comme s'il sortait d'une boîte ; il mérite une petite description. L'individu chargé de ce rôle est vêtu, comme nos danseuses, d'une sorte de tutu formé par une ceinture autour de laquelle pend une quantité considérable de longues fibres de raphia ; le nombre de ces fibres est suffisant pour donner l'idée d'un jupon qui cache complètement les jambes du personnage. Sa face est couverte par un horrible masque en bois, représentant une figure hideuse de démon, peinturlurée en noir, sur laquelle se détachent d'énormes dents et des yeux blancs, ainsi que des ornements de toutes les couleurs. La longue barbe en raphia est ornée de coquillages et de perles, enfin la chevelure est figurée soit par une perruque en peau de colob noir à longs poils, soit par une couronne de plumes. Dans un espace très restreint, le danseur se livre à des gambades et des pirouettes fantastiques, mais vraiment remarquables. Il tourne sur lui-même avec une rapidité inouïe, pendant que, dans un mouvement centrifuge, toutes les fibres de sa robe se soulèvent et se maintiennent sur un plan horizontal. Cette danse est la plus intéressante que j'aie vue en Afrique et il faut dire que les Néyau l'exécutent à merveille. Dans les intervalles de repos, l'homme qui joue le rôle de *Grè* déguise sa voix à laquelle il donne un son très rauque et très guttural et va interviewer l'un après l'autre tous les assistants, leur posant des questions bizarres et les accablant de quolibets.

Le costume des Néyau est très simple. Il se compose d'un long

pagne qui s'enroule plusieurs fois autour des reins et passe entre
les jambes. Un grand pagne dans lequel ils se drapent *à la romaine*
forme le complément de cet habillement sommaire. Quelques-
uns, maintenant, commencent à porter des vestons, des chapeaux,
des cravates et des parapluies, ils ont peu de goût pour les panta-
lons. Les femmes sont vêtues aussi sommairement. Elles ont une
ceinture de plusieurs rangs de perles. Un morceau d'étoffe plus
long que large est simplement fixé par devant sur cette ceinture
qui, seule, le maintient. Il passe ensuite entre les jambes, puis
sous la ceinture et retombe par derrière comme une queue longue
de plus de 50 centimètres. C'est le *gavra*, il est généralement de
couleur rouge. Devant, pour cacher le *gavra*, un mouchoir largement déployé est fixé par ses deux coins qui sont simplement
passés sous la ceinture, c'est le *dyepro*, les femmes nubiles seules
ont droit de le porter. Le pagne principal est le *lòkwu dre* qui
ceint les reins et que la femme porte quelquefois sur l'épaule
comme les hommes. Le 14 juillet, les dames de grands chefs s'ha-
billent à l'européenne, c'est-à-dire mettent des robes à falbalas
par-dessus le *dyepro* et le *gavra* qu'elles ne quittent jamais et
ornent leurs têtes gracieuses de grands chapeaux à plumes.

Quand un indigène meurt, on le revêt de ses plus beaux pagnes,
on le couvre de ses bijoux les plus riches et on expose son cadavre
dans une cour où ses parents et amis viennent lui faire les derniers adieux. Près du défunt, une table est dressée et les visiteurs
y trouvent du gin et du vin de palme à discrétion. Quand la nature
a fait son œuvre et que l'état du cadavre nécessite son inhuma-
tion, quelques vigoureux gaillards le prennent sur leurs épaules
et, suivis par les femmes qui poussent des hurlements, se dirigent
vers le cimetière. Les proches parents restent pendant quatre
jours sans manger, mais ils ont le droit de boire et ne s'en privent
pas. Ils se rasent complètement la tête, se teignent la face en noir
avec un mélange d'huile de palmes et de charbon de bois pilé et
portent un large collier blanc en fibres de raphia. Les clôtures de
la case du défunt sont renversées. Sur la tombe on dépose quelques étoffes, des ustensiles de ménage et de cuisine et toujours la
cuvette dans laquelle le mort avait coutume de se laver. De temps
en temps on lui apporte un peu de riz et d'huile de palmes, les
corbeaux mangent ces aliments et les indigènes les croient hantés

par les âmes des défunts. C'est l'aîné des frères qui hérite, ou, a défaut, un autre frère. Enfin s'il n'y a plus de parents en ligne collatérale, l'héritage revient au fils aîné du défunt. Les femmes et les esclaves font partie de la succession et appartiennent de droit à l'héritier. Si celui-ci est mineur, l'usufruit des biens revient à son tuteur ou au chef de la tribu, jusqu'à ce qu'il ait atteint l'âge mûr. Les comptes de tutelle sont d'ailleurs rendus très rarement et les successions vacantes sont généralement accaparées quand il n'y a aucun héritier assez âgé pour faire valoir ses droits. Les femmes ne possèdent rien que leurs pagnes et leurs ustensiles de ménage, elles n'héritent jamais.

Chaque tribu a son petit domaine que, seule, elle peut exploiter. La propriété est privée; chaque homme marié a ses plantations séparées de celles des autres membres de la famille; elles ne sont cultivées que par ses femmes et ses esclaves et leur produit appartient à lui seul. Le droit aux arbres fruitiers qui poussent spontanément dépend du droit au sol, celui-ci n'appartient ni au chef de village, ni à un individu quelconque, mais à la communauté.

Chez les Néyau, il n'existe aucune espèce de magistrature, aucune juridiction. Ils n'ont même pas de lois; quand un différend survient entre deux individus, ils vont, s'ils ne peuvent tomber d'accord, trouver un notable influent ou un chef, en le priant d'être leur arbitre. Les décisions de ce juge ne sont pas toujours respectées. Il y a d'ailleurs pour cela une bonne raison; les intéressés offrent chacun clandestinement un cadeau au chef qui doit servir d'arbitre, et ce dernier donne tous les torts à celui dont l'offrande n'a pas été assez forte pour faire basculer le plateau de la balance de Thémis. Quand l'arbitre est puissant et, comme jadis Niéba Bougri, abuse de sa force, non seulement il sait faire respecter ses décisions, mais encore il contraint celui qui a perdu son procès à lui verser une forte amende à titre de *dépens*.

Il y a aussi une sorte de jugement de Dieu pour trouver les voleurs. On installe chez un féticheur une marmite remplie d'huile bouillante et chaque accusé vient à son tour y plonger la main droite. S'il est brûlé, c'est une preuve de sa culpabilité. Quelquefois on remplace l'huile par une décoction de plantes douées de vertus fétiches. Les indigènes tournent plusieurs fois autour de la marmite diabolique en disant au fétiche de les tuer s'ils sont coupables de ce dont on les accuse. Il paraît qu'après ces sorcelleries, le coupable meurt au bout de quatre jours s'il n'a rien avoué devant le fétiche; les chefs et les féticheurs doivent aider un peu à ces morts surnaturelles. Fréquemment le coupable préfère avouer que de faire le tour de la marmite, car le Néyau, très superstitieux, se prête de bonne foi à ces cérémonies et croit en leur puissance.

Il est presque impossible de savoir au juste par les indigènes ce qu'ils entendent par *fétiche* et qu'elle est leur religion. Ils croient en un seul dieu, *Lago* ou *Lago Tapè*, le maître du tonnerre, mais n'ont pour lui aucun culte. Ils adorent en revanche tous les phénomènes de la nature qui frappent leur imagination. Un passage dangereux dans la rivière, comme le rapide *Gobo* et, à l'embouchure, la roche *Lokrê*, sont fétiches. Il en est de même pour les rochers élevés ou les grottes comme *Troblo*. Tous ces lieux sont habités par des monstres malfaisants, dont l'indigène ne peut définir la nature et qu'il s'agit de conjurer en leur offrant de temps en temps des présents. Mais ce qui effraie le plus le Néyau, c'est le sorcier, l'homme qui a le pouvoir de tuer les autres, *ñõ ka gwazè*. D'après les indigènes, un certain nombre d'entre eux ont le pouvoir surnaturel d'aller la nuit au sabbat (*Kpè*) sans qu'on puisse s'apercevoir de leur absence. Les individus réunis à *Kpè* y mangent la soupe infernale, préparée avec la chair des morts. J'ai d'abord refusé de croire à l'existence des sorciers, mais j'ai fini par me convaincre qu'il y a effectivement dans le Nihiri une sorte de société secrète de malfaiteurs dont les moindres méfaits sont de rôder au clair de lune et d'effrayer les passants ou les indigènes endormis. On m'avait affirmé que le chef Zago possédait le gris-gris dit *aragwè* et le mot d'ordre permettant d'aller assister aux festins de *Kpè*. J'ai fait l'impossible pour essayer de pénétrer ces mystères et finalement j'ai pu constater que Zago ne savait rien du tout et ne prétendait avoir vu *Kpè* que pour se donner de l'importance. Ce qui est certain, c'est que ces pratiques décèlent un restant de cannibalisme et qu'elles existent réellement, quoique les indigènes, effrayés, s'en exagèrent beaucoup la portée.

Ils sont, en effet, convaincus que personne ne meurt de sa mort naturelle, et que c'est toujours au pouvoir magique d'un *ñõ ka*

gwazè qu'il faut attribuer le décès d'un individu. De là à chercher
ce sorcier il n'y avait qu'un pas. Ce pas est franchi depuis longtemps. Voici comment on opère : On place dans un pagne du défunt
une poignée de ses cheveux et les rognures de ses ongles. On étale
le pagne et ce qu'il contient sur un long bambou ; puis, après avoir
recouvert cet appareil de fibres de raphia et de roseaux, deux
hommes le promènent dans le village en invoquant l'âme du mort
et l'appelant par ces mots : « *I a ka mo!* viens avec nous! » Ces
individus ont d'abord jeûné pendant vingt-quatre heures, et passé
une nuit sans dormir, pendant laquelle les danses et la musique
les ont surexcités outre mesure. Ils titubent comme des gens ivres
en portant le *bagbè*[1]. Conduits, soi-disant, par l'âme du défunt, ils
vont se précipiter sur la case où habite celui qui l'a ensorcelé et
en enfoncent la cloison avec le bambou qu'ils portent. C'est alors
qu'on soumet tous les habitants de la dite case à l'épreuve du « bois
rouge » qui doit purger le pays des *ñwa ka gwazè* qu'il contient. On
leur fait boire une décoction de l'écorce d'un arbre nommé *bòdüru* par les indigènes. Ils doivent ensuite courir jusqu'à ce que
cette liqueur ait produit son effet ; s'ils sont innocents, elle est rejetée par l'estomac ; dans le cas contraire le patient meurt après
d'atroces souffrances et des convulsions.

Il est évident que les chefs se servent de cette épreuve pour se
débarrasser de qui leur déplaît. Les indigènes conservent cependant une grande confiance dans la justice du « bois rouge » et le
boivent volontiers. J'ai eu le plus grand mal à faire disparaître
cette coutume barbare, et les Néyau la reprendront dès que la
surveillance se relâchera. Il est aisé de savoir quand un indigène
a bu le bois rouge. S'il est sorti indemne de l'épreuve, il se peint le
visage en noir et porte au cou, pendant plusieurs jours, un
énorme collier de filaments de raphia. Pour obtenir des résultats, je punissais très sévèrement, non seulement le chef, qui avait
donné le bois rouge, mais encore celui qui avait lancé l'accusation,
les porteurs du *bagbè*, les spectateurs ou les chefs qui avaient
laissé faire, et même l'individu qui avait bu le poison. Beaucoup
d'indigènes, en effet, absorbent par bravade cet affreux breuvage
et, souvent, en meurent ; j'étais ainsi arrivé à supprimer complète-

---

1. Le *bagbè* est l'appareil dont on vient de parler.

ment les épreuves par le bois rouge, mais ce ne fut pas sans peine.

Il fallait cette intervention énergique, le poison d'épreuve dépeuplait le pays à vue d'œil. Chaque décès *naturel* occasionnait la mort par le fétiche de quatre ou cinq individus. Quand *Mosess*, principal chef de Drewin mourut, *quinze* Néyau mâles et femelles, furent tués par l'épreuve sans que le douanier qui commandait alors le cercle fît la moindre tentative pour intervenir.

Les indigènes regretteront longtemps encore la suppression de cette coutume, car ils sont persuadés que le bois en question épargne les bons et ne tue que les sorciers. Il serait inutile d'essayer de leur faire entendre raison.

LA LÉGENDE DU NIHIRI. — Voici comment les Néyau racontent leur propre histoire, telle qu'elle leur a été transmise par leurs pères :

Il fut un temps où la rivière Sassandra, la Niéma (*ñemă*), n'avait pas d'embouchure ; elle s'élargissait considérablement et formait une grande lagune sur le bord de la mer ; le trop-plein des eaux se perdait dans les sables. Un roi puissant était à cette époque le maître du pays et habitait avec ses nombreux sujets les territoires de Missey et de Goualou. Il s'appelait Taka Inagohi. Il n'y avait sur les bords de la mer qu'une tribu sauvage, la tribu des Govia (*govya*) qui reconnaissait l'autorité du grand chef.

Il advint que ces Govia, peu habiles comme pêcheurs, manquèrent de poisson, et ils eurent l'idée de creuser un canal dans le banc de sable afin de diriger vers la mer les eaux de la lagune et de s'emparer de tous les poissons qu'elles laisseraient à sec en se retirant[1].

Quand le chenal fut ouvert près des roches Locrêco, la Niéma se précipita avec violence dans l'Océan, abandonnant sur le sable une si grande quantité de poissons que les Govia ne purent tout consommer et que l'atmosphère fut infectée par les détritus en décomposition de ceux qui restaient. Mais cette destruction d'une

1. Les indigènes emploient chaque année ce procédé pour prendre le poisson des petites lagunes qui abondent sur la côte. Il est donc possible qu'ils disent vrai en ce qui concerne la Sassandra, d'autant plus que l'embouchure de ce fleuve est entourée d'immenses terrains bas et marécageux.

grande partie des hôtes de la rivière appauvrit les indigènes de Missey et Gaoulou qui ne purent, dès lors, trouver qu'une insuffisante quantité de poissons. Furieux de ce que les Govia s'étaient permis de vider la lagune sans l'avoir consulté, le roi Taka Inagohi déclara la guerre à cette tribu ; les Govia furent taillés en pièces et se dispersèrent de tous les côtés[1].

Sur ces entrefaites deux frères, deux chasseurs d'éléphants, originaires de Boutoubré, s'égarèrent dans la brousse. Ils s'appelaient Crapa-kiakia et Crapa-locpa. Après avoir longtemps erré à travers la forêt vierge, ils arrivèrent un jour au village de Taka Inagohi où ils reçurent l'hospitalité la plus cordiale. Le roi les engagea à rester auprès de lui et leur offrit le terrain dont il venait de déposséder les Govia. Les deux frères acceptèrent et s'installèrent près de l'embouchure de la Sassandra avec les femmes que Taka Inagohi leur avait données. Crapa-kiakia eut un fils auquel il donna le nom de Zié. Le fils de Zié fut Oua-Oua. Oua-Oua enfanta Oupo, lequel Oupo a donné à la tribu le nom qu'elle porte actuellement : *Upo yo* « les enfants de Oupo. »

Un peu avant le règne de Taka Inagohi des indigènes de la race des Baniua (probablement des *Bobwa*) dont Kéké était le chef, vivaient dans le bas Cavally à l'endroit nommé Bli-ron (village des bœufs). Ils eurent une guerre avec les habitants de ce pays à cause de l'enlèvement d'une femme. Kéké fut tué, enterré près de Bassa, au pied de deux grands fromagers, et la tribu, privée de chef, émigra vers l'Est. Elle arriva ainsi à Niéga où se trouvaient alors les gens de Ohibouo, famille presque disparue, dont les derniers descendants sont actuellement à Sassandra. Continuant sa route, la tribu des Baniua émigrés vint s'arrêter à Drewin qui était alors inhabité et fonda un village sur le haut de la montagne. Le chef Kéké avait eu de sa femme Ouo-Ouo deux fils auxquels il avait donné les noms de Couïré et Boto. Ces deux frères étaient en désaccord et se séparèrent ; le premier fonda le village appelé aujourd'hui Gouadè, l'autre fonda Boboco.

Boto eut un fils nommé Bléyo et par Bléyo un petit-fils nommé Craco. Ce Craco, brouillé avec les autres membres de sa tribu, quitta Boboco en emmenant sa famille et vint s'installer en un

---

1. On trouve à Drewin quelques descendants de la tribu des Govia.

lieu qu'il appela Bassa, c'est-à-dire : village sans querelles. A peu
près vers la même époque, une autre femme de Kéké, nommée
Boutou, s'étant, elle aussi, séparée des siens, fondait avec ses
enfants la tribu de Boutoulocpa.

Laissons un peu maintenant les immigrants qui ont fondé Drewin,
pour en revenir à Sassandra. Là, de nouvelles tribus avaient
grossi peu à peu le noyau formé par les gens de Oupoyo. Un jour
qu'un voilier naviguait dans les parages de Sassandra, Taka Inagohi et quelques indigènes de Gaoulou se rendirent à bord pour y
vendre de l'Ivoire. Quelques pirogues, au moment du retour,
furent entraînées très loin par le courant et abandonnées par les
autres et par le chef. Les malheureux indigènes, à bout de forces,
vinrent à pied à Sassandra, et, mécontents d'avoir été laissés, sans
secours par leurs compatriotes de Gaoulou, restèrent au milieu de
la tribu des Oupoyo qui leur offrait l'hospitalité.

Pris de remords, Taka Inagohi, les engagea vainement à le
rejoindre, et finalement se décida à les laisser à Sassandra. Il
leur donna, pour les protéger le puissant gris-gris, Zri-Blowa,
composé de pierres plates roulées par les eaux. Ce fétiche a le
pouvoir de sauver tout Néyau qui se trouve en danger loin de son
pays et de garder le village contre une attaque d'un ennemi. Les
tribus réunies prirent alors le nom de Bokrè qu'elles ont actuellement.

Un homme de Bokrè était allé au Godiéko pour acheter un
esclave à la tribu de Groguédounion, mais, à ce moment là, les
indigènes n'avaient aucun captif à vendre. Ils prirent néanmoins
les marchandises de traite qu'apportait le Néyau et lui donnèrent
comme garantie un jeune enfant nommé Koudou, qui devait être
libéré dès que l'esclave serait remis à l'acheteur. Les années
se passèrent, Koudou grandit, se maria à Sassandra et quand, trop
tard, ses compatriotes le rachetèrent en amenant l'esclave qu'ils
devaient, il refusa de les suivre et resta dans le pays de Bokrè.
Ce fut lui qui fonda la tribu de Koudouyo ou Groguédounion, à
laquelle appartient Zago, chef actuel du pays.

On donne encore à cette famille le nom de Grounioua (hommes
du marais). Cela tient à ce qu'un indigène de Koudouyo, étant
allé à la chasse, s'embourba dans les marais et fut obligé pour
sauver sa vie de grimper sur le haut d'un palmier et d'y rester

jusqu'à ce que des gens de Sassandra vinssent lui prêter secours. Ceux qui le trouvèrent dans cette position ridicule donnèrent à la famille le surnom de Grounioua.

L'autorité de Taka Inagohi n'était déjà plus reconnue par ses sujets devenus trop nombreux. Ces derniers attaquèrent la tribu de Baniua qui venait de s'installer à Drewin et dont j'ai parlé plus haut. Ils furent vaincus et obligés de solliciter la protection du vieux chef, Taka Inagohi, qui vint à leur secours. Le meilleur guerrier de Drewin, un esclave nommé Do, originaire de Badi (ancien Kouati) fut fait prisonnier par Koudou.

Ayant remarqué la bravoure et l'intelligence de ce captif, Taka Inagohi l'affranchit, lui donna une femme et l'installa à Sassandra, au milieu des autres tribus. Ce fut Kéké, le fils de ce Do, qui fonda la puissante famille de Kékéyo. Les indigènes de cette tribu devinrent rapidement plus nombreux que les autres; ils s'emparèrent bientôt du fétiche Zri-Blowa, prirent le commandement du pays, et secouèrent définitivement le joug des gens de Missey et de Gaoulou qui étaient cependant les légitimes propriétaires du sol.

Voici, en quelques mots, qu'elle est l'origine des autres tribus :

Un chasseur de la race des Bakoué, surnommé *Koko* « les singes », était pauvre et vint demander l'hospitalité à Bialé, fils de Kéké et roi de Sassandra. Il fut bien accueilli et considéré comme faisant partie de la tribu de Kékéyo. Il eut pour fils Dioko qui enfanta Guité, père de Guité-Moni qui est, parmi les notables de Sassandra, un de nos plus fidèles alliés. Un homme du Godiéko, Gniplé, de la tribu de Niagoué, vint un à jour Bokrè pour y faire du commerce : le chef Kéké-Bialé le reçut fort mal, mais Niébalé de la tribu de Koudouyo lui offrit l'hospitalité et le traita si bien que Gniplé repartit pour chercher à Godiéko ses femmes et ses enfants et s'installa avec eux à Sassandra. Ce fut l'origine de la tribu actuelle de Léguéyo, qui est restée alliée de Koudouyo et dont le chef est aujourd'hui Niadré-Grah.

L'importante tribu de Sahoua est originaire de Kotrou et fut fondée par une femme nommée Badia.

J'ai déjà parlé de la famille Ohibouo qui, primitivement, était installée à Niéga. Bobo-Youa, indigène de cette tribu, l'amena à Sassandra.

La famille Zaé-Noucouhiri ou Zaé-Noucouyo fait partie du groupe Noucouhiri qui a fondé les villages de Vodiéco et Dabléco, près Drewin. Des querelles s'élevèrent dans cette tribu et, après une bataille, le parti le moins fort vint se réfugier à Sassandra.

La tribu de Bazeréblé provient d'une immigration de Bakoué.

Des indigènes de Yagrocpa avaient tué par accident un homme de Sassandra. Ne pouvant obtenir d'eux l'indemnité qu'ils réclamaient, les Bokra les retinrent comme otages. Ces indigènes restèrent à Sassandra et fondèrent la tribu et le village de *ñafi-du* « village des palmiers nains ».

Nous allons maintenant dire quelques mots des premières relations entre les Néyau et les Européens.

Dans les premières années du règne de Taka-Inagohi, les indigènes étaient envahis par une terreur superstitieuse quand les navires passaient dans leurs parages. Dès qu'une voile était en vue, les nègres affolés fuyaient dans la brousse avec leurs femmes et leurs enfants. Un beau jour, un pêcheur de Yagrocpa, nommé Niéba-Pétré, fut avec sa pirogue, entraîné par les courants très loin du rivage. Il fut recueilli par le capitaine d'un voilier qui lui fit donner à manger et le renvoya chez lui après lui avoir offert quelques cadeaux. Dès lors, les indigènes cessèrent de craindre et entrèrent en relations avec les Européens, qu'ils appelèrent *gèkpi-yo* « les enfants des voiliers ».

Du temps de Niali (tribu de Koudouyo), il y avait près de l'embouchure de la Sassandra, à l'emplacement actuel de la résidence, sur la pointe Locrêco, une maison de commerce espagnole ou portugaise. Cette maison devait être construite avec des matériaux peu durables, car je n'en ai retrouvé aucune trace. On retrouve, dans le *pigeon-english* parlé par les Néyau, quelques vestiges de leurs relations avec les Portugais. C'est ainsi qu'on les entend dire : *You savé* ou *you sabé*, au lieu de *you know*.

Les étrangers installés sur la pointe Locrêco faisaient la traite des esclaves. Les captifs leur étaient échangés contre des fusils et de la poudre et ils les envoyaient ensuite dans l'Amérique du Sud ; quelquefois aussi, mais rarement, ils achetaient de l'ivoire. A cette époque, un grand nombre de voiliers de toutes les nationalités se livraient à ce honteux trafic de la chair humaine ; en outre, ils s'approvisionnaient à Sassandra de volailles, d'œufs et de maïs.

Plus tard, sous le règne de Ouéya, fils de Kéké, on commença la traite de l'huile et des graines de palme, concurremment avec celle des esclaves. Deux Anglais, Hattine et Hamma[1], vinrent avec une équipe d'indigènes de la Côte d'Or, construire une maison sur le sommet de la colline Guézékla. Hattine mourut avant l'achèvement des travaux. Un nommé Box (?) lui succéda et resta à Sassandra pour diriger le petit comptoir. Pendant quelque temps tout alla bien, et la traite de l'huile de palmes et des graines, ainsi que le trafic, moins honorable peut-être, mais plus avantageux, du *bois d'ébène*, marchèrent au gré du commerçant anglais. Mais un jour que ce dernier avait reçu d'un navire une grosse quantité de marchandises, les indigènes chargés de transporter les colis de la plage au magasin les brisèrent sur les roches, volèrent le contenu et ne remirent au nommé Box que les débris des caisses vides. Box, effrayé par cette manifestation, remit au chef Ouéya, qui régnait alors, la clef de sa factorerie et le supplia de lui laisser la vie sauve. On le laissa partir et le malheureux n'était pas encore arrivé à bord du navire où il se réfugiait, que la maison était démolie et les marchandises pillées. Les indigènes ont pu me montrer l'emplacement exact de cette factorerie. On y trouve encore les traces des fondations et quelques ardoises, car les Anglais avaient adopté ce système de toiture si peu pratique en Afrique.

Plus tard le roi Ouéya, qui avait si bien traité les Anglais, eut des relations commerciales avec les voiliers de la maison King, de Bristol, dont il devint le traitant. Un nommé Diama Grah, de la branche **Derriyo** (tribu de Kékéyo), était traitant des maisons Rider et Lucas, de Bristol. Il prit un jour à crédit une grande quantité de marchandises.

Jaloux de ce que ses concurrents avaient reçu des voiliers, le chef Ouéya les dépouilla complètement de leurs biens. Ne pouvant dès lors payer la dette qu'ils avaient contractée envers les marins anglais, Diama Grah et sa tribu se réfugièrent dans la brousse. Ce fut le commencement d'une scission entre les deux groupes de la famille Kékéyo, scission qui, avec le temps, devint de plus en plus profonde.

---

1. Noms déformés par la prononciation des indigènes.

Sous le règne du cruel Ako, fils de Ouéya, auquel les Anglais ont donné le nom retentissant de « King George », un capitaine de voilier, nommé Fish (?) faisait la traite de l'huile et des graines de palme avec les Néyau, auxquels il achetait aussi de l'ivoire. On commençait déjà, à cette époque, à recruter comme hommes d'équipe, les indigènes de cette région et il arriva qu'un jour le capitaine Fish engagea à Sassandra quelques marins auxiliaires, pour faire avec eux un voyage dans le Sud. La plupart de ces hommes moururent en route et le navire anglais n'en ramena qu'un petit nombre dans leur pays. Les Néyau semblèrent accepter les excuses et les explications qui leur furent prodiguées par le capitaine. Ils vinrent en grand nombre sur le navire, n'ayant aucune arme apparente et apportant des moutons, des poules, des bananes et autres provisions. Pendant que l'équipage sans méfiance débattait avec eux le prix des vivres, les Néyau se jetèrent sur le capitaine et les matelots et les massacrèrent. Quelques Anglais qui racontent cette histoire sans la connaître d'ailleurs, prétendent que le mousse parvint à échapper à la mort et se sauva jusqu'à la Côte d'Or où il fut recueilli par un navire de guerre anglais que son capitaine amena jusqu'à Sassandra pour venger ses compatriotes. Je ne crois pas qu'un enfant seul et sans ressources ait pu échapper à tant de périls. La route est longue de Sassandra à la Côte d'Or et, à cette époque, les indigènes de tous les villages situés sur le chemin étaient sauvages et inhospitaliers. De plus, la barre est partout mauvaise. Avec les moyens dont nous disposons actuellement, il serait déjà difficile de faire cette pénible route à pied ou en pirogue, je considère la chose comme absolument impossible à l'époque du massacre de Fish et de ses matelots. Les indigènes sont, d'ailleurs, d'accord pour dire qu'aucun Anglais n'a survécu. J'ai même pu voir le dernier témoin de ce carnage. Il était très jeune au moment de la mort de Fish, depuis, il est mort fou, mais avant il a pu compléter pour moi l'histoire de ce drame.

Quand le dernier matelot fut égorgé, les indigènes levèrent l'ancre du navire, hissèrent ses voiles et lui firent franchir la barre de la Sassandra. Le bateau vint s'échouer dans la lagune, sur un banc de sable. Il fut peu à peu recouvert par les alluvions, des plantes germèrent et maintenant une végétation luxuriante recouvre l'épave du navire anglais. L'îlot ainsi formé a reçu le nom de l'infortuné capitaine, il s'appelle *Fizo-lòkpo* « île de Fish ». Un navire de guerre anglais vint pour venger les morts, il bombarda et incendia les paillottes de Sassandra, dont les habitants avaient fui; puis, après ces représailles peu sévères, il s'en retourna. Pratiques, les Anglais jugèrent à propos d'oublier le massacre de leurs compatriotes et de reprendre leurs fructueux commerces avec les Néyau. Le roi Ako, paya, paraît-il, une légère indemnité et les relations recommencèrent.

Le chef actuel des Kékéyo, Niéba Bougri m'a fait voir une plaque en cuivre gravée qui avait été donnée à son prédécesseur comme un signe de réconciliation et que le *King George* montrait aux capitaines de navires de guerre quand ceux-ci faisaient une tournée sur la Côte de Krou. Je donne, ci-dessous, un fac-similé de ce document :

1842

Palaver settled with

KING GEORGE

and the natives of St-Andrews

—— (BY) ——

Captain John Wood

BRIG JOHN CABOT

for Richard and William King

BRISTOL

——

« *1842, Palabre réglé avec le roi George et les indigènes de Sassandra par le capitaine John Wood du Brick « John Cabot » pour le compte de Richard et William King, de Bristol.* »

Le capitaine Fish et ses compagnons ont donc été massacrés plusieurs années avant 1842. Il y a encore quelques traces de ce drame. Quand les eaux sont très basses, les enfants du village vont creuser le sol de l'île Fisolocpo et y trouvent des débris d'armatures en cuivre ou des boulons, dont ils font des jouets.

Il y eut quatre guerres entre les peuplades de Sassandra et Drewin. La première eut lieu du temps de Taka Inagohi et, comme nous l'avons vu plus haut, amena comme conséquence la captivité de Do et la fondation de la tribu de Kékéyo.

La deuxième guerre fut faite par le chef de Sassandra, Kéké Bialé. Les gens de Drewin furent battus.

Sous le règne de Ouéya (King George) les hostilités recommencèrent. Les villages de Drewin, jusqu'à *Bassa*, furent pris et brûlés par les indigènes de Sassandra auxquels les Kébé durent payer une forte amende.

Ce fut du temps de Ako, fils de Ouéya, que survint le quatrième conflit.

Voici comment les Néyau racontent l'histoire de cette guerre. Les indigènes de Drewin avaient défendu de cueillir les noix de coco pour en boire le lait avant leur maturité. Les gens de Blihiri et de Batélébré ayant promis à ceux de Drewin de tenir compte de leurs recommandations, se virent retirer par le chef Ako, de Sassandra, l'autorisation qu'ils avaient de venir chercher sur les bords de la lagune les bambous et les feuilles de raphia dont ils auraient besoin. De plus en plus excités, les gens de Drewin se livraient constamment à des manifestations hostiles contre ceux de Sassandra.

Le groupe Noucoubiri, armé en guerre, vint faire une démonstration jusqu'à Niéziéco Batélébré. Pendant cette manifestation, on tirait des coups de fusil en l'air, un esclave de Noucouhiri tua accidentellement un de ses camarades. Les Kébé prétendirent alors que ce meurtre avait été commis par les Bokra de Blihiri et forts de ce prétexte, commencèrent la guerre. Les indigènes de Dabléco attaquèrent Blihiri et tirèrent même sur des gens de Sassandra qui se trouvaient sans armes sur leur chemin.

Le roi Ako entra à son tour dans la lutte : sous la conduite de Guiéné-Zago, chef de guerre, les Bokra prirent d'assaut les villages de Niéziéco et Dabléco et les incendièrent. Poursuivant leur marche en avant, ils entrèrent à Vodiéco, mais, se heurtant à une résistance inattendue, ils prirent la fuite, abandonnant le chef Zago qui dut revenir seul à Sassandra en se cachant dans la brousse. Cependant les indigènes de Niéziéco qui, par la première attaque, s'étaient rendu compte de la valeur de Zago et se trouvaient sans ressources depuis que leur village était brûlé, se soumirent au roi Ako et lui fournirent des auxiliaires. Dès lors, les gens de Drewin, affaiblis par cette défection, ne pouvaient plus continuer la lutte. Ils prièrent Derri-Bougri, chef de Niéga, de servir d'arbitre pour rétablir la paix. Les indigènes de Sassandra ayant accepté l'arbitrage, les hostilités cessèrent aussitôt. Cette guerre, la plus meurtrière de toutes, a pris fin vers 1880. Elle avait duré pendant trente mois.

Les Bokra, très belliqueux, ne s'étaient pas contentés de ces luttes contre Drewin. Sous le règne de Kéké Bialé, ils attaquèrent les indigènes de Yagrocpa qui furent obligés de se réfugier à Fresco. Mécontents de voir leurs alliés ainsi maltraités, les indigènes de Fresco vinrent en grand nombre à Sassandra et brûlèrent le village. Il y eut aussi plusieurs guerres entre les gens de Sassandra et ceux de Kadrocpa qui, primitivement, étaient installés ensemble près de l'embouchure du fleuve. Les indigènes de Kadrocpa, vaincus, s'installèrent à Niafidou, sur l'autre rive.

Ils y furent encore attaqués par les Bokra auxquels ils avaient tué un homme, Giolo, de la tribu de Léguéyo. Cette fois, les gens de Kadrocpa furent complètement battus. Ils prirent la fuite, se réfugièrent d'abord à Missey, puis à Drewin, et enfin à Trépoint où ils ont fondé un beau village.

Je n'en finirais plus si je voulais raconter toutes les querelles qui ont été soulevées par les Bokra et les luttes qu'ils ont eues à soutenir. Ces indigènes étaient intraitables, et, sous la direction du cruel Niéba-Bougri, commirent de multiples exactions. Ils attaquaient les voyageurs, les dépouillaient de tous leurs biens, enlevaient de nuit le bétail des villages voisins et même les jeunes enfants qu'ils vendaient ou gardaient comme esclaves. La tribu de Kékéyo opprimait toutes les autres. Bougri en voulait surtout à Zago qui était aimé par les indigènes pour sa générosité et craint à cause de sa valeur comme chef de guerre. Il voulait faire assassiner cet homme dont la fortune naissante menaçait d'éclipser la sienne. Maintes fois, Zago échappa aux embûches qui lui étaient tendues par le sauvage tyranneau et dut faire prendre les armes à sa tribu pour défendre sa vie. Dans ces escarmouches, Bougri n'était pas toujours le plus fort et les gens de Zago, quoique moins nombreux que les siens, le chassèrent un jour de son village et le contraignirent à chercher un refuge dans la tribu de Sahoua.

Pour montrer l'odieux caractère de ce chef, je vais citer un fait
que les Néyau eux-mêmes regardent comme un acte de cruauté
sauvage et inutile. Un jour que le repas de Bougri n'était pas prêt
à l'heure habituelle, ce chef, qui était à jeun, aperçut un esclave
en train de manger sur le seuil d'une case. Il passa derrière cet
homme qui déjeunait sans méfiance et, lâchement, le tua d'un
coup de couteau.

Étant donné la conduite de ce roitelet et de ses partisans, il
n'est pas étonnant que les indigènes et particulièrement Zago,
aient considéré l'occupation du pays par les Français comme une
délivrance. Actuellement encore il est parfois difficile de décider
les Apolloniens, les gens de Grand-Bassam, de Grand-Lahou et
d'autres points de la Côte à venir travailler dans les factoreries
de Sassandra, le souvenir des anciens méfaits de la tribu de Kékéyo est resté vivace et, quoique les descendants des farouches
partisans du « King George » et leur chef Niéba Bougri lui-même
soient devenus absolument inoffensifs, le nom de Bokrè ou
Gbékrè est universellement connu et continue à inspirer la terreur.

II. — LE NÉOUOLÉ COMPARÉ AUX AUTRES DIALECTES DE LA FAMILLE BÈTÉ-BAKOUÉ

Il me paraît peu utile d'entamer ici une longue dissertation,
accompagnée de comparaisons savantes pour démontrer, ce qui
est irréfutable, l'étroite parenté de la langue néouolé avec les
dialectes des différentes peuplades de la grande famille Bèté-
Bakoué. La légende des Néyau qui termine le précédent chapitre
vient confirmer les quelques indices probants que nous avons pu
recueillir sur l'affinité des diverses tribus entre elles, il suffira de
quelques vocabulaires pour prouver la connexion des langages.

On trouvera plus loin deux tableaux donnant : l'un, les noms
des dix premiers nombres dans les différents dialectes du groupe
bété, l'autre, les même noms dans les idiomes bakoué ; enfin un
tableau un peu plus complet établissant une comparaison entre
quelques mots empruntés aux diverses tribus du bassin de la
rivière Sassandra.

GROUPE BAKOUÉ

	dialecte du pays Oboua et de Inaïri (Nd Drewin)	dialecte du pays Obli Ot Kouati	dialecte de Victory	dialecte des Bakoué du nord de Kouati	dialecte des *Ba* ou *Bañña* bakoué des pays *Peiri, Dugru, Zagyè*	dialecte de Berebi *	dialecte de Tabou *	dialecte des Tépo (Bassin du Cavally) *	dialecte des Grebo (cap des Palmes) *	dialecte des Ouatè (Settra-Kroo) *	dialecte de Bassa *
1	lo	lo	lo	do	do	dȯ	do	do	du	do	do
2	sȯ	sȯ	sȯ	sȯ	sȯ	hwĩ	hwĩ	ha	su	sõ	sã
3	ta	ta	ta	ta	ta	ta	ta	ta	tũn	tã	ta
4	hyĩ	mona	hyĩ	hyĩ	ñe	hã	hã	hi	hã	ñyĩ	hyĩ
5	hwu	nbœ	hwu	hwu	hmu	hũ	hũ	hũ	hmu	mũn	mu
6	hwukrolo	mulo	hwukrolo	mèlo	mèlo	hũ-dȯ	wuno-do	huna	hwuledu	muñĩdo	bedo
7	hwuso	muso	hwuso	mèso	mèso	hũ-wē	wuno-hwĩ	nepaha	hmulesu	muñĩsõ	besã
8	hwuta	muta	wuta	mèta	mèta	brèmvye	menehĩ	hapata	boba	muñĩtã	beta
9	wuñĩ	mumlõ	wuñĩ	mèñĩ	mèñĩ	ihãndo	iledo	sèrido	sedu	spãdo	behyĩ
10	èpu	po	ebu	bu	bue	pu	po	po	pu	pwè	blabwe

Nota. — Les vocabulaires marqués d'une * ont été communiqués par M. l'administrateur Delafosse.

GROUPE BÊTÉ

	newole de Sassandra, Drewin et Trépoint	godye du Godyeko du Niagorou et du Nogbo	kwadrewole de Gaouloubré	godye de Kotrou	godye de Fresco	godye [1] de Lozoua Djivo, Dida	kwadrewole de Boutoubré	kwadrewole de Kouali	gibowole de Mabouïri	bête de Gozroboué	bañūa bobwa ou waya du Nord-Est
1	bolo	blo	bolœ	bolo	bolo	m'bolo	bolo	bolœ	bolo	blo	blo
2	sò	sò	sò	sò	sò	mosso, so	sò	sò	sò	sò	so
3	ta	ta	ta	ta	ta	motta, ta	ta	ta	ta	ta	ta
4	mona	mona	mona	mona	mona	mona	mona	mona	mona	mona	mna
5	gbe	ngbœ	ngbœ	hengbe	ngbe	mbi	ngbœ	ngbœ	ngbœ	ngbi	bu
6	gbefro	ngbœupro	ngbœblo	hengepro	ngepro	mboflo	ngbœblo	ngboble	nbopro	ngbopro	gberibro
7	gbàso	ngbàso	ngbàso	ngbàso	gboso	mbosso	ngbœso	ngboso	nbiso	ngbiso	beso
8	gbàta	ngbàta	nbàta	ngbàta	gbàta	mgwata	ngbœta	ngbota	bota	ngbota	beta
9	fèna	pèna	pèna	fèna	vona	mbona	ngbœmona	ngbœmona	bumona	ngbumœ	bomna
10	koba	koba	koba	koba	koba	kogba	koba	koba	koba	koba	bwa

1. Dialectes de la lagune de Lahou et des pays situés entre cette lagune au Sud, les Garo et les Ménaïri au Nord. (Communiqué par M. M. Delafosse.)

	bakwe du haut Sassandra Peiri, Dugru, Zagyé.	bakwe du pays Obli	bakwe du pays Oboua.	bakwe de Victory	newole	bété du Godiéko (godye).	bété de Gaouloubré (kwadre).	bété de Kouati (kwadre).	bété de Mabouïri (gibo).	bété de Gozroboué (bété pur).
arbre	tu	tu	tu	tu	su	su	su	su	su	su
eau	ñe	ni	ñu	ñė	ñu	ñu	ñu	ñu	ñu	ñu
feu	nė	kapu	nė	nė	kosu	kăpe	kăpe	kosu	kape	kosu
vin de palme	nô-mô	napu-no	napô-no	ñŭ-no	wakye-no	ga-lô	ga-lô	ga-no	ga-no	ga-no
bœuf	bli	bli	bile	blie	ble	ble	ble	ble	bli	ble
mouton	blable	bablė	bâbwè	babè	blablè	blablè	blablè	blablè	bablè	blablè
homme (homo)	ñŏ	ñŏ	hi	ni	ñŭkpô	ñekpô	ñekpô	ñepô	ñŭkpô	nekpė
femme	ñilô	ulô	nô	yebaka	wñlô	wñlô	wñlô	wñlô	wñlô	wñlô
tête	dru	uri	lukô	ŭru	uru	uru	uru	uru	ukple	uru
banane	perė	ñine-mė	nã-ma	no-ma	mà	ñinegbu	mayĩ	ma-ya	ge-ma	batei
poule	soô	sapè	kôkô	sapė	kôkwė	kôküė	kôküė	kokwè	kôkô	nunu
poisson	zibi	sriė	ñini	ñini	zri	zre	zre	zri	zri	zibi
pagne	irye	lôo	dė	lo	lôkwe	lôküė	lôküc	lokwou	lokwou	lôkwi
manioc	bâle	patė	soklo	soklo	sokle	sekle	sekele	sekle	basye	bwiyo
fusil	bu	pu	bu	bu	bu	kosu	kosu	kosu	kosu	kosu
poudre	bu-ñi	pu-mla	bu-mlu	bu-mlu	bu-mlu	kesi-ñi	kesi-ñi	kesi-ñi	kesi-ñi	kesi-ñi
sel	ta	taulô	tro	ta	gu	grü	grü	gru	grü	gibu
ciel	Yawô	Kyė	Dyakô	Yakwė	Lago	Lăgô	Lăgô	Lăgô	Lăgô	Inago
venir	dro	gi	li	li	i	i	i	yi	i	gi
partir	mu	mi	mu	mu	mo	mo	mo	mô	mo	mo
1	do	lo	lo	lo	bolo	blo	bolœ	bolœ	bolo	blo
2	sô	sô	sô	sô	sô	sô	sô	sô	sô	sô
3	ta	ta	ta	ta	ta	ta	ta	ta	ta	ta
4	nye	mona	hyĩ	hyĩ	mona	mona	mona	mona	mona	mona
5	hmu	nbœ	hwu	hwu	gbe	ngbœ	ngbœ	ngbœ	ngbœ	ngbi
6	mèlo	mulo	hwukrolo	kwukrolo	gbefro	ngbœpro	ngbœblo	ngboble	nbopro	ngbopro
7	mèso	muso	hwuso	hwuso	gbàso	ngbàso	ngbàso	ngboso	nbiso	ngbiso
8	mèta	muta	hwuta	wuta	gbàta	ngbàta	nbàta	ngbola	bota	ngbota
9	mèñĩ	mumlô	wuñĩ	wuñĩ	fèna	pèna	pèna	ngbœmona	bumona	ngbumœ
10	bue	po	èpu	ebu	koba	koba	koba	koba	koba	koba

Nota. — Les grosses différences dans les noms des bananes et du manioc peuvent provenir de ce qu'il y a plusieurs espèces de manioc et de bananes qui ont toutes des noms différents. Les indigènes prennent l'habitude de donner comme nom général le nom de l'espèce qu'ils possèdent dans leur pays.

BIBLIOGRAPHIE

RELATIVE AUX LANGUES DITES KROU
ET A LA RÉGION DU SASSANDRA

Nota. — Cette bibliographie m'a été communiquée par M. Maurice Delafosse, administrateur à la Côte d'Ivoire, auquel j'adresse ici mes plus vifs remerciements. Dans la liste ci-après sont classés par ordre alphabétique :

1º Les ouvrages qui traitent des langues dites Krou d'une façon générale, ils sont marqués de la lettre K ;

2º Un ouvrage renfermant quelques renseignements sur la langue néouolé ; je l'ai fait précéder de la lettre N ;

3º Les ouvrages qui contiennent des renseignements géographiques, historiques ou ethnographiques sur la région du Sassandra et qui sont marqués de la lettre S.

Les cotes indiquées sont celles de la Bibliothèque Nationale.

K. The Missionaries of the AMERICAN BOARD of Commissioners for foreign missions. — *A vocabulary of Greybo words.* — Fair Hope (Cape Palmas), 1837, in-8.

K. Les mêmes. — *A brief grammatical analysis of the Greybo language.* — Fair Hope (Cape Palmas), 1838, in-8.

K. Les mêmes. — *First reading book of the Greybo language.* — Fair Hope, 1837, in-12.

K. Les mêmes. — *A revised edition of the first reading book.* — Fair Hope, 1838, in-12.

K. Les mêmes. — *Third reading book.* — Fair Hope, 1840, in-16.

K. Les mêmes. — *The first part of the Grebo reader, with notes and a dictionary for the use of beginners.* — Cape Palmas, 1843, in-12.

S. Lieut. ARMAND. — *Note adressée au sous-secrétaire d'État des colonies sur les établissements français de la Côte-d'Or.* — Paris, 1891, in-8 (LK¹¹, 418).

K. B.-J.-G. AUER. — *Elements of* THE GEDEBO *language.* — Stuttgart, 1870, in-8. (Gedebo est le même mot que Grebo).

S. E. BOUET-WILLAUMEZ. — *Description nautique des Côtes de l'Afrique Occidentale.* — Paris, 1846, gr. in-8.

S. Le même. — *Esquisse commerciale de la Côte Occidentale d'Afrique.* Paris, 1843, gr. in-4.

K. A. |F. R. G. S. (R. F. Burton). *Wanderings in West Africa from Liverpool to Fernando Po.* — London, 1863, 2 vol. in-12. (Deux chapitres consacrés aux krumen; page 38 du IIe volume, court vocabulaire krao ou krou).

K. Dr.-C.-G. Büttner. *Zeitschrift für Afrikanische Sprachen.* — Berlin, 1887-89, 3 vol. gr. in-8, 4° X, 321.

N. J. Clarke. — *Specimens of dialects, short vocabularies of languages and notes of countries and custums in Africa.* — London, 1849, in-8, INV, X, 23,071. (Renferme un vocabulaire souvent inexact de dix mots dans les dialectes de : Fresco (sous le nom d'*Eple*), Grand-Drewin (sous le nom de *Grabwa*), Sassandra (sous le nom de *Bukra*); les dix premiers nombres dans les dialectes de Drewin (*Grabwa*), Sassandra (*Bukra*), Kotrou (*Kotrahu*), Trépoint (*Andoue*), Fresco (*Friesko*); vingt et un mots en dialecte de Drewin (*Grabwa*); plus quelques mots en un certain nombre de dialectes du groupe Bakoué, parlés de Victory à Monrovia; il fait mention de la tribu des Kouadia sous le nom de *Quadya* ou *Quodjas*).

S. F.-J. Clozel et R. Villamur. — Les coutumes indigènes de la Côte d'Ivoire. — Paris, in-4.

S. W.-J. Crocker. — *Grammatical observations on the Basa language.* — Edina (Liberia), 1844, in-16.

S. Feuriot de Langle. — *Croisières à la Côte d'Afrique.* — Paris, Tour du monde, 1872, 1er semestre; 1873, 1er et 2e semestres; 1876, 1er semestre.

K. G. von der Gabelentz. — *Kru Sprache.* Allg. Encycl. v. Ersch. w. Gruber. Sect. II, Bd. 40.

K. Mrs. Hannah Kilham. — *Lessons in Basa and English.* — London, 1828, in-12.

K. La même. — *Elementary sounds or general spelling lessons.* — London, 1827, in-12.

K. La même. — *Specimens of dialects of African languages spoken in the Colony of Sierra Leone.* — London, 1828, in-12.

K. S.-W. Koelle. — *Polyglotta Africana.* — London, 1854, gr. in-folio. — INV. X. 1,022. (Renferme environ 300 mots dans les dialectes *De* (ou *Dewoï*), *Bassa*, *Kra* ou *Kru*, *Krepo* ou *Grebo* et *Gbe*, ce dernier parlé sur la rive droite du Cavally au nord des Grébo).

S. Père Labat. — *Voyage du chevalier Des Marchais en Guinée, isles voisines et à Cayenne.* — Paris, 1730, 4 vol. in-16. (Pour la région du Sassandra, voir tome I, pages 174 et suivantes).

K. Dr Friedrich Müller. — *Die Sprachen Basa, Grebo und Kru im Westlichen Afrika.* — Wien, 1877, in-8. (Courte, mais savante étude des langues de la famille Krou, basée sur les ouvrages de Crocker, Payne et Usera y Alarcon).

K. J. Payne. — *Grebo grammar.* — New-York, 1864, in-12.

K. Le même. — *Dictionary of the Grebo language.* — New-York, 1860, in-8.

K. Le même. — *A dictionary of the Grebo language.* — Philadelphia, 1867, in-12.

S. H. Poréguin. — *Notes sur les lagunes de Grand Lahou et Fresco et les rivières Bandama et Yocoboué.* Bulletin de la Société de Géographie. — Paris, 1897.

S. Le même. — *De Lahou au Cavally*, ibidem. — Paris, 1898.

S   G.-A. Robertson. — *Notes on Africa, particularly those parts which are situated between Capo Verde and the River Congo.* — London, 1819, in-8 (cité par Walckenaer, t. II, pages 424 et suivantes).

K. J. Smith. — *Trade and travels in the Gulf of Guinea.* — London, 1851. (Le chapitre X parle des Krumen).

S. G. Thomann. — *La Sassandra.* Publication du bulletin du Comité de l'Afrique française. — Paris, 1901.

S. Le même. — *De la Côte d'Ivoire au Soudan français.* La mission Thomann. (*Renseignements coloniaux*, publiés par le comité de l'Afrique française. — Paris, 1903).

K. Don Geronimo. Usera y Alarcon. — *Ensayo gramatical del idioma de la raza Africana de ñano, por otro nombre Cruman, raza noble, y una de las mas relacionadas en todo el golfo de Guinea y costa del Africa.*

S. R. Villamur et L. Richaud. — *Notre colonie de la Côte d'Ivoire.* — Paris, 1903, in-12.

S. Villault de Bellefonds. — *Voyage des Côtes de l'Afrique appelées Guinée.* — Paris, 1669, in-8.

S. Walckenaer. — *Histoire générale des voyages.* — Paris, 1826-30, 21 vol. in-8.

K. Le même. — *Collection des relations de voyage par mer et par terre en différentes parties de l'Afrique depuis 1840 jusqu'à nos jours.* — Paris, 1842, 21 vol. in-8. (2ᵉ édition de l'ouvrage précédent).

K. J.-L. Wilson and Mrs. Wilson. — *A small elementary school book.* — Monrovia, 1835, in-12. (Notions de langue Grebo).

K. J.-L. Wilson. — *Comparison between the Mandingo, Grebo and Mpongwe dialects.* — New-York, 1847, in-8. (Vol. IV, n° XVI *of the Bibliotheca sacra and Theological Review*).

K. Le même. — *Comparative vocabularies of some of the principal Negro dialects of Africa.* — New-Haven, 1849, in-8. — Oˢ. 374. (Renferme un vocabulaire Grébo).

K. Rev. Dʳ Wilson. — *Western Africa; its History, Condition and Prospects.* — New-York, 1856. — (Le chapitre VI est consacré aux Krumen.)

ERRATA

Page 5. **Ajouter** :
 Grain de beauté, *patrukpe*. Marque congénitale, *kumlé*. Pellicule, *kokwe*.

Page 6. **Ajouter** :
 Antilope noire, petite, *boble* (pl. *bobli*).

Page 7. **Ajouter** :
 Calao, *kpè* (pl. *kpà*).

Page 8. **Ajouter** :
 Guèpe, *kofye* (pl. *kòfo*). Larve qui vit dans le sol et s'introduit sous la peau des hommes endormis (ochromya anthropophaga?) *dodrone* (pl. *dodronô*). Limace, *syônè*. Mouche, grande, bleue, à pattes jaunes, qui passe pour faire les funérailles des petites bêtes, *kuzizyegbamô*.

Page 29. **Ajouter** :
 Gangrène amputante, *irairè* (bref). Goundou (maladie), *izòve*. Pian (maladie), *memi*.

Page 30. **Ajouter** :
 Bonheur, *tòlo*. Chance, *gyòlo*, *dyùlo*. Chose. **Ajouter le mot** *nènè*. Ex. : Cette chose là, *lè èlèa* ou *nènè èlèa*.

Page 31. **Ajouter** :
 Malchance, *kplé*. Serment, *gbà*.

Page 45. **Au lieu de** :
 Différent, voir : « autre » ; **Lire** différent, *igra kapakapa*. Ce dernier mot peut signifier aussi : « sans valeur ». Ex. : *kapakapa le*, différentes choses ou choses sans valeur.

Page 45, 2ᵉ colonne, **Lire** :
 Élégant, *dyãbè* (av.), *ñubodo* (av.).

Page 46. **Lire** :
 Gourmand, *leli* (av.), *kãfa* (accompagné de l'aux. *ka* « avoir »).
 Lire : léger, *fi* (accompagné de l'aux. *ko* « être »).

Page 47. **Lire** :
 Profond, *kòble* (av.), *tromo* (ap.).

Page 53. **Ajouter** :
 Le même, *bisa*, *bisako*.

Page 65. **Ajouter** :
 Déposer (en parlant d'un liquide), *gbc-sa* (sép.). Désobéir (raisonner, être indocile), *fèlè*, *fèlyè*, *fèlya*.

Page. 66. **Ajouter** :
 Draguer (avec un filet), *dà*. Éclore (faire des œufs), *kòtò* (v. a), les indigènes croient que c'est la couveuse qui brise les coquilles.

Page 67. Ajouter :

Enduire, *ñŭdo*, *teta*. S'enduire la peau de pommade, *teta ñoku*. Enjamber, *myamŏ-ko*, (sép.). Entourer (avec un lien), *bibye*. Essayer. **Ajouter le mot** *nyaka*. Étaler (s'). *gădò*.

Page 71. Ajouter :

Jurer (prêter serment), *gbà pa.*

Page 74. Passer. **Ajouter le mot** *ble*.

Page 81. Ajouter : vider (un animal, une volaille), *pòswè*.

Page 95, 2ᵉ colonne, 9ᵉ ligne, lire : (encore maintenant), *sa*. Ex. : Il y en a encore, *A kɔ sa*.

Page 96, 2ᵉ colonne, 11ᵉ ligne, lire : voici que, voilà que, *èlèbè, èdènà*.

Page 113, 29ᵉ ligne, **lire :** *Akadùbo*.

Page 115, 2ᵉ ligne avant la fin, lire : *lago*, etc.

Page 116, 16ᵉ ligne, **au lieu de** *ñugozo a ka i*, lire : *ñugozo n'a ka i*. 34ᵉ ligne, **au lieu de** *tyò küé*, lire *tyòküé*.

Page 118, 7ᵉ ligne **au lieu de** *é lye blable*, etc., **lire** *e lye bla blable mlè ?*

Page 121, 6ᵉ ligne avant la fin, lire *bliki ko bla ñe kro ?* 5ᵉ ligne avant la fin, **au lieu de** *ñubwo* lire *dida*.

Page 122, 20ᵉ ligne, **lire :** *e a ñò òlèa gwazè pa*. 27ᵉ ligne, **lire :** *e yi bla ñò òlèa ?*

Page 123, 13ᵉ ligne, **lire :** *dyablaboyo !* 35ᵉ ligne, **lire :** *sète tèble*.

Page 125, 11ᵉ ligne, **lire :** *dà makye ko a ?* 5ᵉ ligne avant la fin, lire : *nè*, etc.

Page 126, 8ᵉ ligne avant la fin, **au lieu de** *nè*, **lire** ne.

Page 130, 13ᵉ ligne, **au lieu de** *kaèpa*, lire *ka è pa*.

Page 139, 3ᵉ ligne, remplacer par une virgule le » qui se trouve entre les deux *i*. 8ᵉ ligne, **lire :** *e bla mo*.

Page 144, 8ᵉ ligne de la fable 5, **au lieu de** *A ko be*, **lire :** *A ko, le …*

Page 145, 10ᵉ ligne, **lire :** se cache. Avant-dernière ligne, **lire :** *Nèmla a ne a i lè*. Le mot *lè* ou *dè* signifie « ici ».

Page 155, 2ᵉ ligne, **au lieu :** de est aussi, **lire :** et aussi.

La publication de cet ouvrage ayant déjà subi un retard de plus d'un an, causé par le va et vient des épreuves entre la France et la Côte d'Ivoire, j'ai prié mon ami, M. Damourette, de corriger les dernières feuilles.

Qu'il me soit permis de lui adresser ici l'expression de ma vive gratitude pour le service qu'il m'a rendu en se chargeant de cette ingrate besogne.

Guidéko (Côte d'Ivoire), juillet 1905.

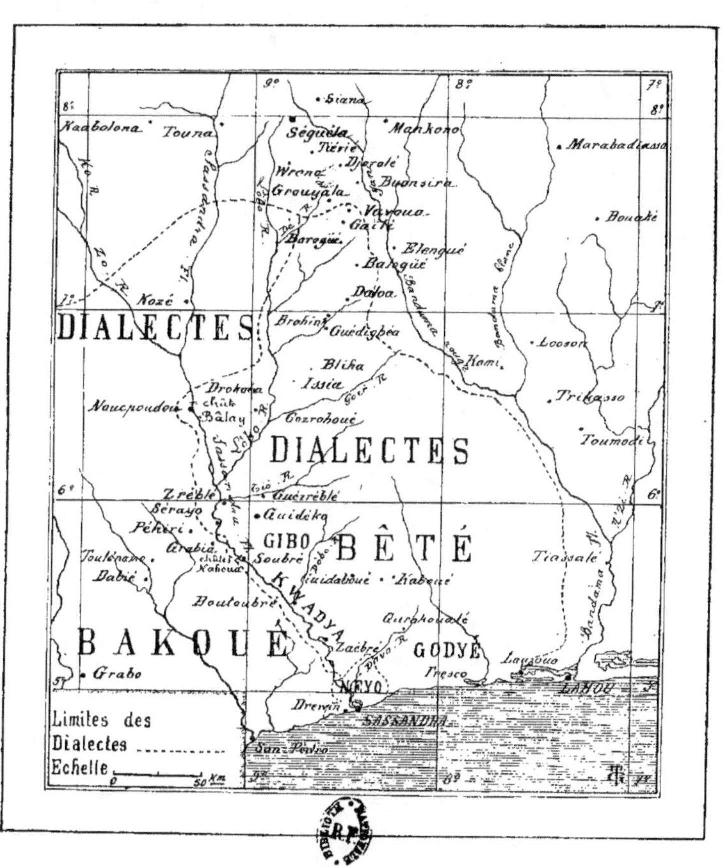

Carte du bassin inférieur de la rivière Sassandra (Côte d'Ivoire).

TABLE DES MATIÈRES

ERNEST LEROUX, ÉDITEUR
28, RUE BONAPARTE, PARIS, VIe

LANGUES D'AFRIQUE

Cust (Rob.). Les langues d'Afrique. Traduit par L. de Milloué. In-18.   2,50
Grimal de Guiraudon. Notes de linguistique africaine. Les Puls. In-8.   3,50

CÔTE D'IVOIRE

Delafosse (M.). Vocabulaires comparatifs en plus de 60 langues ou dialectes africains, parlés à la Côte d'Ivoire et dans les régions limitrophes, avec des notes linguistiques et ethnologiques et une bibliographie. In-8, carte.   15 fr.

DAHOMÉEN

Courdioux (Ph. E.). Dictionnaire français-dahoméen. In-8.   4 fr.
Delafosse (M.). Manuel dahoméen. Grammaire. Chrestomathie. Dictionnaire français-dahoméen et dahoméen-français. In-18.   10 fr.

HAOUSSA

Dirr (A.). Manuel pratique de langue haoussa, langue commerciale du Soudan, chrestomathie et vocabulaire. In-18.   5 fr.

MANDE

Delafosse (Maurice), administrateur-adjoint des colonies, ancien chargé de cours à l'école des Langues Orientales vivantes. Essai de Manuel pratique de la langue Mandé ou Mandingue. I. Étude grammaticale. — II. Vocabulaire français-dyoula. — III. Histoire de Samori, texte et vocabulaire. — IV. Étude comparée des principaux dialectes mandé. Un volume grand in-8, avec carte.   15 fr.

PAHOUIN (Congo français)

Largeau (V.), administrateur principal des Colonies. Encyclopédie pahouine. Éléments de grammaire et dictionnaire français-pahouin. Un fort volume in-18 de 700 pages.   10 fr.

WOLOF

Faidherbe (Le Général). Langues sénégalaises. Wolof, arabe-hassania, soninké, sérère. Notions grammaticales, vocabulaires et phrases. In-18, percaline.   7,50
Rambaud (Le Capitaine J.-B.), professeur à l'École des Langues. La langue wolof. In-8 écu.   2,50

ZAMBÈZE

Jacottet (E.). Étude sur les langues du Haut Zambèze. Première partie. Grammaires Soubiya et Louyi. In-8.   6 fr.
— Deuxième partie. Textes Soubiya. Contes et Légendes, superstitions, etc. Fasc. I et II. In-8. Chaque.   6 fr.
— Troisième partie. Textes Louyi. Contes, légendes, superstitions et vocabulaires. Fasc. I. In-8.   3 fr.
— — Fasc. II. In-8.   7,50

ANGERS, IMP. ORIENTALE DE A. BURDIN ET Cie, 4, RUE GARNIER.